U0816379

“十五”国家重点图书出版规划项目

现代课程与教学研究新视野文库

ZHISHI QUANLI KECHENG

ZHENGCE SHIYE ZHONG DE KECHENG YANJIU

现代课程与教学研究新视野文库

◎ 丛书主编：裴娣娜

知识·权力·课程

——政策视野中的课程研究

◎ 蒋建华　著

教育科学出版社

·北　京·

总 序

探索与创新

——现代课程与教学论研究的新视域

课程与教学，作为基础教育的核心工程，是教育思想和教育制度的具体表现，是保证教育质量的重要措施，是实现教育目标的基本途径。教育现代化，核心问题是课程与教学改革问题。正是基于此，在教育学范畴内，以基础教育与教学改革为重点研究对象的课程与教学论学科建设成为人们关注的重点。

进入21世纪，立足于现代教育的高度，依据教育实践的发展，如何构建有中国特色的现代课程与教学论体系，关键的问题是：回应中国社会的现代化发展以及基础教育课程与教学改革提出的新矛盾、新问题，从历史、现实与理论三个维度，从哲学、心理学、社会学、文化学和信息技术学等不同视角，把握中国课程与教学论学科的发展趋势，真正促进我国基础教育课程与教学改革的创新、发展。应该看到，伴随着我国教育改革深化发展的进程，在教育现代化发展的目标要求下，正实现着我国课程与教学论学科建设从传统走向现代的深刻转变。

进入21世纪，课程与教学论学科发展处在一个重要的转折点，并面临三个挑战性的背景：经济结构转型与城市化建设的推进；区域性发展的极不平衡；多元文化、多种价值取向并存的发展环境。现代课程与教学论学科发展，面对着三个最紧迫的问题，集中表现为：如何把握课程与教学理论研究主题及界定研究域；如何在多种教育思潮理论并存的环境下，寻求研究的理论基础；在方法与方法论不断创新的现今，如何形成课程与教学论研究基本方法体系的新思路。也就是说，课程与教学论的发展，必须不断增强和提升自己的学科意识。

在这一深刻的变革中，我国基础教育课程与教学研究以现代化发展为主题，正在形成符合中国实际的研究问题域及研究的新视野。目前，研究主要聚焦于以下问题。

1. 课程与教学目标价值取向的重新审视

课程与教学论的现代化发展研究，首要的问题是目标的定位问题。由于历史和文化的原因，在课程与教学论发展社会价值取向与个体价值取向的论争中，我国长期以来居核心和主体地位的是工具理性论。即强调知识专精化和窄化，过分强调学科体系的形式化，主要表现在：从概念定义出发，着眼于逻辑上的严密，重视形成演绎推理系统，忽视从实际出发，忽视掌握科学事实与现象；过分强调本学科地位作用，忽视学科体系整体的综合功能；片面强调知识的全面性、系统性和基础性，忽视对学生发展的作用；片面强调技能方面的训练，忽视人文精神、文化素养的陶冶。也就是说，没有把人格的完美发展作为课程建设与教学实施的重要目标。

通过我国教育工作者的理论研究与实践探索，正在逐步形成对课程与教学目标价值取向选择的新思路。这就是：从我国产业结构的非均衡性调整所导致的劳动力结构、人口结构的变化，探讨高素质人才培养问题；从我国经济、科技、文化、社会发展极不平衡的区域性发展实际出发，考虑课程目标如何适应多样化人才规格需要以及区域适应性的要求；面对市场经济发展导致的价值观基本取向的变化以及网络文化背景下新的伦理问题的挑战和困惑，面对多元文化并存的格局，课程与教学目标价值选择如何处理传统与现代、国际化与本土化的关系，在继承与改造、创新中推进现代社会的发展问题；在重新审视“基础性”的同时，以促进儿童生动、活泼、主动发展为目标，既有正常儿童超常发展，又关照了特殊儿童群体和处境不利儿童群体，从而在课程与教学目标、内容及实施上体现基础教育课程与教学的基础性、全面性和发展性特点。

2. 面向现代化的基础教育课程结构与形式问题

根据中国经济、文化发展极不平衡与区域性发展的特点，尝试建构与中国社会现代化发展和市场经济体制发展相适应的基础教育课程结构体制，从而突破了长期以来计划经济体制下形成的大一统课程结构体制。这方面的研究，不仅涉及突破时空局限形成立体的发展性课程结构体系，从而体现课程结构的灵活性、多样性和选择性，而且涉及如何依据学科发展的内在规律形成学科群，如何根据自然科学、社会科学、思维科学发展的新成果不断调节和完善课程结构，从而使基础教育课程结构成为一个开放的、不断生成发展的系统。

3. 基于现代化发展的课程与教学内容的选择与建构问题

应该说，该问题的探讨成为近年来研究的重点和热点。主要涉及：关于课程与教学的基础性问题，关于基础教育课程与教学面向生活实际的问题，关于科学教育与人文教育的结合与双向拓展问题，以及课程的综合（整合）问题。尽管至今未取得共识，但在课程内容选择与建构问题上已形成明晰的研究域。特别是，学者们从课程哲学角度，从新的知识观对课程知识问题进行审视和反思，通过课程知识的重新定位，而使课程与教学回归个体精神自由，体现了课程与教学研究的价值反思与人文倾向。

4. 现代课程文化建设问题

面对我国经济体制改革所导致的中国民众文化心态的根本变革，社会经济转型导致的文化转型，以及改革开放后多元文化并存导致的文化价值冲突，我国的课程改革与建设面临复杂的文化生态环境。我国的学者从文化学、社会学视野对现代课程文化建设以及课程改革中涉及的若干基本问题进行了理性思考。

在课程文化建设方面，首先将学校课程文化定位于按照一定社会对下一代获得社会生存能力的要求，对人类文化的选择、整理和提炼而形成的一种课程观念和课程活动形态。也就是说，将课程文化作为现代学校文化的重要内容，作为学校教育活动的生存方式，从而从理念和活动形态上来加以把握。其次是课程文化的内涵、特点问题，即关于课程文化的存在形式、存在形态问题，形成了在课程目标、课程内容及课程实施三个层面的分析框架。在课程目标上，凸显为多元化的课程目标价值取向；在课程内容上，借助于学科课程的文化价值和精神财富，把蕴涵在学科知识技能中的价值观念、审美情趣、思维方式和行为规范等加以挖掘和提升，结合不同学科特点，在差异中存在共同的标志性话语，这是在深层次上的文化价值定位；在课程实施上，体现为以参与、合作、理解、体验等为标志的课程实施文化。

关于课程改革的文化研究，将课程改革作为一种价值负载活动，并在价值、制度、行为三个方面形成课程改革文化研究的分析思路。

对课程建设的文化学研究，这是一种建构新课程理论形态的积极尝试，不仅拓展了课程理论研究的视野，而且对我国基础教育课程开发和建设将具有根本性的导引意义。

5. 体现现代化发展的教学策略问题

如何构建体现发展性的教学活动实施方式，核心的问题是学习观问题。重新界定“学习”的概念，揭示学习过程的基本结构与要素，重点阐明现代学习的自主性、选择性、实践性、社会性与创新性，从而揭示学生学习与发展的真实过程。正是基于“在活动、实践基础上通过交往促进学生发展”这一基本思路，形成了不同的教学活动方式，从而使教学活动体现出以“参与、合作、体验、探究”为特征的发展性特点。

作为发展性教学策略问题的延伸，则触及现代意义视角下的课堂教学特征的研究。基于对现代教学的现代意义的理解，课堂教学应体现建构性特征、过程性特征、交往性特征和情境性特征，并对有效课堂教学教与学的行为进行分析。终极目标在于使学生获得真实的发展，而不是虚假的发展。

6. 现代课程与教学发展的教育技术支撑问题

现代教育技术的开发，对课程与教学产生了重大的影响，导致了教学活动的时间和空间的变化。数字化学习资源和教学资源等课程资源的开发，促成了网络学习、虚拟学习、弹性学习、远程学习等新的学习方式的出现。人们开始思考，如何从多媒体技术的应用层面、工具功能提升出更上位的研究问题。以计算机和网络为核心的现代教育技术的发展，不仅提高课堂教学效率，更重要的是影响课程资源的开发，促成学习方式的变革，以及在课程开发和课程研究方面的方法论意义。

7. 课程与教学现代化发展研究的方法论问题

基础教育现代化发展，重要的是取决于研究方法论的科学化。为构建具有中国特色的教育体制，1985 年以后在中国大地上兴起的这场声势浩大的教育改革实验，以“发展”为主题，以基础教育课程与教学现代化发展为研究内容，以马克思主义关于人的发展学说以及先进教育理论为基础，以不同层次、多样化的实验类型，优势互补的科研群体为支撑，创建了中国教育实验观以及实验方法论特色。“教育实验首先是教育思想实验”这一重要命题的提出及论证，激发了广大教育工作者潜在的巨大创造力，使中国基础教育改革走在了国际先进行列。

在教育实验研究基础上，不断提升研究的理论概括程度，将“形而上”理论引导与“形而下”实验研究相结合，从而形成我国基础教育课程与教学现代化发展研究的基本范式：“理性 + 实验”。正是研究方法论的现代化变革，促进了现代课程观念的变革和现代课程与教学体制的构建。

现代课程与教学论研究视野的扩展，要求在现代教育观指导下不断寻求学科发展的新基点，重新构建学科的理论框架，并为新的观点、思路、理论的产生提供基础和条件。这也正是“现代课程与教学研究新视野文库”诞生的必然。

“现代课程与教学研究新视野文库”将依托课程与教学改革的理论与实践，整合我国高校课程与教学论学科队伍各研究方向的优势，对我国基础教育乃至高等教育课程与教学改革中的重大现实问题进行理性思考与实践探索，并以国际视野把握世界课程与教学发展的新动向。通过对 21 世纪我国基础教育课程与教学改革发展基本规律的探索，促进我国课程与教学论学科的建设，并为国家基础教育、高等教育课程与教学改革提供理论依据与政策建议。

文库的选篇及分册撰写，要求努力体现以下特点：选题是理论前沿；研究有新视角；体现学术性和个性特色；立足现实，强调实践性、规范性和可读性。

文库包括两个系列，一是课程研究系列，二是教学研究系列。文库的出版是开放式的，将以专题形式确定每一批著述的研究域和选题，以跟进国家课程与教学改革的发展进程。每一本书都以专著形式出版，强调研究的原创性，反映作者个人的研究成果。力求做到立论严谨、观点鲜明、论述清晰、资料丰富翔实、研究方法合理，且文字简洁流畅。

为保证该文库的出版永葆学术生命力，核心的问题在于，在回答不同时期课程与教学研究发展的重大问题中，我国的学者们如何以敏锐的学术意识，实现基于原创的研究方法论的不断自我超越。而研究方法论的现代构建，涉及“理论先导”、“现实指向”、“历史回溯”三个维度的结合问题，涉及对教育实验首先作为教育思想实验的研究特质的把握，涉及课程与教学研究的跨文化性质及文化学分析，涉及哲学方法论基础、心理学方法论基础的审视以及现代科技发展的方法论启示等诸多问题。我们相信，伴随文库系列专著的出版，研究方法论将会有新的突破。

我们企盼，借助“现代课程与教学研究新视野文库”的出版，张扬我国课程与教学论学科发展与建设的理性与发展价值，为我国课程与教学理论的世纪转换、教育思想流派的孕育和产生，以及我国课程与教学改革实践的深化发展，提供一个交流、探讨的平台；同时为我国的课程与教学论研究工作者，特别是中青年学者们提供一个发展和展示自我的平台。

文库的出版得到了教育科学出版社副总编辑李东的真切关注和大力支持，责任编辑尽心尽力，对书稿从内容到形式都提出了弥足珍贵的意见，在此一并深致谢忱！

裴娣娜
2005 年 1 月

目 录

前　言

时代呼唤课程政策研究

研究离不开问题，政策研究更离不开现实问题。从政策角度研究课程问题，是因为我的感同身受。20 世纪 90 年代初，我在原国家教委中小学教材办公室（与国家教委中小学教材审定委员会办公室合署办公）工作，经历了 1994 年整建制改革为国家教委基础教育课程教材研究中心，1995 年又整建制合并到中央教育科学研究所成为中央教育科学研究所基础教育课程教材研究中心的过程。原因是复杂的，当时，我能记得的且是我个人知晓和感觉的教材改革中的利益冲突导致四件重大事情：一件事是西部某省政府发文要求必须选用某种教材，从而导致利益相对方紧急投诉的情况；另一件事是某国家部委违背常规，到主管领导那里去告其平级部门的下级部门的状，请求协调课程改革中的有关事宜；还有一件事是为了构建全国课程改革与研究的分支机构，使国家教委基础教育课程教材研究中心成为真正的中心，在某沿海省成立了分中心，被当地编制部门告到有关部门，被斥责为非法机构；第四件事是为了维护教材建设的权益，保障教材建设能持续健康发展，当时设想的教材建设基金和教材著作权等问题，要么面临激烈的冲突，要么胎死腹中。1998 年左右，又恢复重建了基础教育课程教材研究中心，后改为发展中心。当我与课程改革没有直接关系的时候，又一轮基础教育课程改革开始了，而且声势浩大。没几年，作为一个旁观者，感受到了历史的重演。从文献中、从言谈中，体会到了权力与利益在课程改革中的游动，这其实就催生了研究课程政策的朴素想法。一则新闻报道和关于知识问题的争论，则是我们研究课程政策的现实理由。

一、新闻报道和知识争论

1. 教材多样化遭遇利益冲击①

最近，一位课改实验区的教育工作者来信反映，在实验区选用教材中出现了一些事情：上级领导、出版部门和新华书店要求本实验区对正在使用和已经选定的教材进行调整，选其所指定的教材，否则将直接影响对实验区经费的划拨。令这位教育工作者不解的是，为什么要选用指定的教材才有配套经费？实验区究竟有没有选择教材的权力？

根据教育部开展新课程实验推广工作的意见，2002 年秋季基础教育课程改革实验区将进一步扩大，义务教育新课程体系将进入全面实验阶段。眼下，各实验区正在加紧工作，为新课程的实验做好各方面的准备。然而，一场教材选用大战也悄然开始。在教材选用工作中，一些地方由于受经济利益驱动和经费不足的困扰，出现了许多不和谐的现象，干扰和影响了教材选用工作的正常进行。

一些出版社为了占领更多更大的市场份额，采取各种措施，比

① 节选自李建平《教材多样化遭遇利益冲击》，载于《中国教育报》2002 年 4 月 14 日。

如通过租型①使地方出版局、出版社以及新华书店获得较大的利益，使地方相关利益集团联合起来，促成所在地方中小学选择指定教材；有的出版社还向地方教育行政部门和教研部门提供经费。这些优惠条件无疑会使一些部门和单位获得利益，然而却剥夺了以县为单位选用教材的权力，干扰了中小学教材选用，甚至有可能重蹈上一轮基础教育课程改革教材大战的覆辙，冲击教材多样化建设。

有些地方提出，教材选用要考虑本省的实际，尽可能选本省出版社租型的教材。据一位教育局长反映，出版单位派人到实验区强行征订指定教材。

一些省教育行政部门明确提出，本地区选择某种教材必须达到一定的比例，否则将会减少省里下拨的实验经费。也有的地方提出，实验区的实验教材只能在教委规定的两套教材中选用。有的省教研室、教育出版社联合拟订合作协议，提出任何其他出版社出版的教材要想进入本省中小学教材用书目录，必须与本省出版社合作出版，与教材相关的配套材料，只能由本省教研室组织编写，并由本省教育出版社出版。还有的省组织教材介绍及教材选用会议，只邀请部分出版社与会，其他出版社对此反应强烈。据一位市教委主任反映，省教委已内定了本省的实验教科书目录。一位校长反映，选教材时根本见不到教材，只是在限定的书目上画勾，表面上看好像来自基层，实际上学校一点权力也没有。这些做法严重影响了教材多样化的健康发展，直接违反了教育部关于教材选用的规定，违反了《国务院关于基础教育改革与发展的决定》的有关精神。上述现象如不及时采取有力措施加以治理，将严重影响教材多样化建设的推进。

本次课程改革实行了国家基本要求指导下的教材多样化政策，

① 所谓租型，即教材原创单位将定稿、定型的中小学教材制作成型板或胶片（封面、正文）交给租型单位（现为地方出版集团、总社），由租型单位转手将印制教材的胶片转给印刷厂印制，印刷完成后，租型单位通知印刷厂将成品教材送往各省新华书店仓库；新华书店按教材总价格的72%（彩色）向租型单位付款后，租型单位再按教材总价格的3%或4%向教材原创单位支付租型费，按教材总价格的42%左右向印刷厂支付有关教材印装材料费用。按照租型模式，租型单位将获得教材总价格的27%净折扣利润。

许多出版部门及有关机构积极参与编写中小学教材，涌现出一批有创新、有特色的好教材，使我国中小学教材建设迈出了由单一走向多样化的实质性一步。然而，由于经济利益的驱动，教材的选用工作已经成为制约教材多样化顺利发展的瓶颈。

……

为落实《国务院关于基础教育改革与发展的决定》的有关精神，针对教材选用工作中出现的问题，最近，教育部基础教育司发出紧急通知，要求省级和地市级教育部门要加强对实验教材选用的监督、检查和指导，保证实验区教材选用工作规范有序地进行。对实验区教材选用工作提出具体要求，为确保各省课程改革实验区教材实验品种的多样化，教育部明确规定，实验区选用的国家课程标准实验教材应是教育部印发的《义务教育课程标准实验教学用书目录》中的教材，省级教育部门必须全部印发教育部的《义务教育课程标准实验教学用书目录》，实验区根据情况自行选用，并且规定以县级实验区为单位组织实验教材的选用。同时规定了教材选用的一般程序：实验区领导小组负责组织成立教材选用委员会，该委员会主要由专家、优秀教师、校长和占一定比例的学生家长代表组成，其中教育行政和教研部门的代表人数不超过1/4。委员会成员应按民主程序产生，并经过公示。教材选用委员会在认真阅读教材的基础上，经集体审议，投票决定各学科选用的教材，并由当地教育行政部门报省级教育行政主管部门。为了保证每一套通过审查的实验教材都有一定的使用范围，通知还提出了选用教材的基本比例：每一种实验教材都应不少于10%的使用比例，同一学科如有两种教材，任何一种教材的选用比例均不得超过70%，同一学科如有三种或三种以上教材，任何一种教材的选用比例均不得超过60%。同时重新下发了义务教育课程标准实验教学用书目录。

教育部有关部门负责人强调，这些改革举措，充分表明了本次课程改革实现教材多样化的决心坚定不移。各地应当认真贯彻教育部基础教育司紧急通知的精神，从课程改革的大局出发，从学生的根本利益出发，逐步建立规范有序、公正透明、民主科学的教材选用机制，促进基础教育新课程实验推广工作的顺利进行。

2001 年的《国务院关于基础教育改革与发展的决定》中明确指出，“实行国家基本要求指导下的教材多样化”，“改革中小学教材指定出版的方式和单一渠道发行的体制”。但是时至今日，依然难以见效：一些完全背离教材多样化初衷的“教材选用”现象在新课程实验区仍然存在。其根本原因，就在于教材多样化政策使原来统一教材制度下的利益既得者的利益受到了损失，一些利益集团（如出版社等）为了维护自己的既得利益，就阻止这种制度的实施（张万波，2006）。其实，1993 年 4 月 6 日，《光明日报》头版就刊登了类似的文章，题目为《教材、教材、纷争何时了》。历史是多么的相似，相似的历史又说明了什么？这只能说明，教材选择权的监督不到位或者难以到位。这是一个案例，这只是课程改革中权力运行和利益调整的一小部分，只是因为其中经济利益比较明显，从而引起了人们的关注。其实，自从 1987 年“审定制”代替“国定制”，实行“一纲多本”乃至“多纲多本”以来，我们从中已可看到一个十分重要的事实，即队伍庞大的出版企业、地方政府、学术组织以及各种社会利益集团在课程知识供应权上的争夺与反争夺（郭晓明，2005）[214]。这一挑战除了经济利益的驱动外，就课程知识多样化而言，则是值得欢迎的，也正是课程管理体制改革的意义所在。

作为政策研究而言，就不仅是去发现这些争夺，也不仅是去指责这些争夺，而应将其作为教材多样化过程中的必然，从而规范这些争夺，为完善政策提供可供参考的建议。

2. 关于知识问题的争论

除了经济利益的争夺外，还有知识问题的争论。随着义务教育课程改革的进行，由于政策的调整，带来了思想的活跃，同时也带来了思想的冲突。义务教育课程背后的思想冲突尤为显著，这绝不能仅仅看成是理论上的百家争鸣。从争鸣双方的言说中，我们已经能够发现这涉及课程改革的政策导向问题，是由于政策导向所带来的思想冲突和舆论冲突。传统上，知识作为课程内容，没有疑问，可是义务教育课程改革中，在对待知识的地位问题上，有些观点甚至针锋相对，在理论界陷入困惑，实践中更是无所适从。

在这些争鸣中，比较典型的也是比较早的是孙喜亭先生的文章和廖哲勋先生的文章。前者著文《当前基础教育的改革是要取代以学科知识为中心的课程体系吗——与一种课程观讨论》（孙喜亭，1998），后者著文商讨，文章为《评学科知识中心课程观——与孙喜亭教授商榷》（廖哲勋，1999）。这两篇文章影响很大，且均为教育理论界、课程理论界的知名学者，两篇文章条理清楚、论证严密，读后启发很大。然而，两篇观点相左的文章，究竟谁有道理呢？两篇文章针对学科知识的地位问题展开争论，其实是这几年课程改革中的关键问题。

然而，这样的争论并不独此一家，人们不仅对学科知识的地位提出了怀疑，而且对知识在教育中的地位也提出了怀疑，并且也引起了争论，虽然这一争论不像对学科知识地位的争论那样直接。陈佑清在《论知识在教育中的价值与地位》（陈佑清，1998）一文中要对知识在教育中的价值与地位进行重新定位，与此相应，程刚则著文强调《知识教育：素质教育中的核心问题》（程刚，2000）。

2004年，王策三先生在《北京大学教育评论》上发表《认真对待轻视知识的教育思潮——再评由“应试教育”向素质教育转轨提法的讨论》（王策三，2004）；2005年，钟启泉先生同样在《北京大学教育评论》上发表《概念重建与我国课程创新——与“认真对待‘轻视知识’的教育思潮”作者商榷》（钟启泉，2005a），将关于知识问题的争论推向了高潮。前者为德高望重的教育专家，后者为教育部基础教育课程改革专家组著名专家。由于两者的重大影响力和北京大学的平台，他们的争鸣引发了一系列的追随者。

2005年3月16日，《光明日报》发表的《新课标让数学课失去了什么?》一文介绍了有些数学家的观点，认为：义务教育数学新课标“改革的方向有重大偏差”，“方向是错误的”。而2005年6月1日《中国教育报》发表《对话义务教育数学新课标》一文则认为，“大方向应该肯定”。这是关于数学新课标的两种评价——截然相反的两种评价，将前面的争鸣延伸到了具体学科领域。姜伯驹院士对光明日报记者说：“‘新课标’课程体系完全另起炉灶，在实践中已引起教学上的混乱。特别是‘新课标’与此前许多年实行的几个数学教学大纲相比，总的水准大为降低。这个方向是错误的。”并且姜伯驹背后存在一个强大的科学家团队。

从这几组文章，我们可以看出，在实施素质教育中，知识教育问题是一个引起争议的重要问题。如果不能在课程政策中将这一问题理清楚，在实践中就会出现很多问题，有些甚至是根本性的问题。在一次学术会议中，与我住同屋的一位杂志主编说，“现在实施素质教育了，因而有些老师不敢理直气壮地教知识了”。这促使《重视能力对，轻视知识错》（蒋建华，2004）一文的见报，通过常识进行论证，引起了广泛的社会关注，尽管有人早就写道：“在今天，我们更有理由相信，知识在教育中的价值是有限的，而不是无限的；那种以知识授受为中心并且止于知识授受的知识本位的教育，对素质教育来讲是存在着根本缺陷的。因此，我们需要反思知识在教育中的价值和地位。”（陈佑清，1998）[16]

由此看来，课程改革实践中提出了知识在课程改革中的地位问题，这个问题既是一个理论问题，也是一个实践问题，更是一个政策问题。可以说，由于我国长期重视教学研究，不重视课程研究，更不用说进行课程政策的研究，因而现在课程改革中在理论上、实践中的困惑可能与课程政策建设缺乏深厚的理论基础有关：出台一项政策，没有进行长期的政策研究；政策出台后，人云亦云的多、到处宣讲的多，没有进行深刻的政策分析。

在改革过程中，思想冲突不可避免，并将长期存在。只有通过长期、理性而不是带有负面情绪的争论，才可能基本趋向共识。我们认为，进行课程改革时对知识在课程中、在教育中的地位问题不应该是解决有与无的问题，而是应该解决谁的知识的问题。

二、利益争夺和知识争论的来龙去脉

上面的利益争夺和学术争论，已经影响到了基础教育课程改革。下面的陈述说明这种影响已经非常严重，必须在理论上进行分析，找出其中的政策原因、提出解决这些问题的政策建议。

王策三：当前要做的一件事情，就是要认真对待和克服一股以“轻视知识”为特点的教育思潮。（2004）[6]

钟启泉：中国的教育人口庞大，加上“应试教育”积重难返，如果缺乏指导性、具体操作规程的研究，那么，学科教学改革和综合实践活动难以推进，普通高中的课程改革可能崩溃。而高中课程改革一旦崩溃，会影响到初中、小学，导致应试教育全面复辟。(2005b)[18]

崔允漷：在实施新课程进入“艰难的森林之旅”时，更需要新课程得到全社会的理解和认同。(崔允漷 等，2006)[41]

周　迅：有声音说，课程改革目前正面临着种种困惑，甚至有举步维艰的感觉。(周迅 等，2005)

在实施素质教育过程中，确实有许多中小学尤其是小学存在轻视知识的现象，把实施素质教育搞成了低素质的教育，没有抓住素质教育的根本。他们把自己的学校在上一级的各种歌咏比赛、运动会活动中获得了多少名次作为素质教育的成果，简单地把素质教育等同于唱歌跳舞，把取消考试作为素质教育的成果到处宣传，并且认为让学生少学知识多玩就是“减负”。

在我国，六十多年来，作为课程重要载体的教材特别是教科书的研制与发行具有很强的行政性质，是一种国家行为，在 1998 年以前的三十多年里，实行“国定制”或“统编制”。课程计划（教学计划）由国家教育部（教委）统一制定和颁发；教科书由人民教育出版社统一编制出版，由国家专门部门（新华书店）发行。改革开放以来经历了两次比较大的课程改革活动，一次是从 1986 年建立中小学教材审定委员会以后所进行的义务教育课程改革活动，一次是从 1999 年开始适应素质教育的推进而进行的跨世纪课程改革活动。这两次课程改革实践给人的一个明显感觉就是要实现多样化，前一次明确提出了教材多样化，后一次课程改革在我这个当事者①看来，明显是对前一次的延续，因此，我将这两次课程改革合称为多样化改革。这两次课程改革活动均对我国义务教育课程的方方面面进行了改革，这些改革不外乎涉及两个方面。

一方面是课程管理体制改革，前一次改革时，在国家课程以外，建立了地方课程，后一次改革进一步建立了国家课程、地方课程和学校课程三个层次。在这两次改革中，管理方面进行的改革主要是权力下放。

① 因为笔者于 1991—1995 年在国家教委中小学教材审定委员会办公室工作，参与了前一次课程改革的一些事务，故可称为当事者。

另一方面是课程内容改革，人们对以前课程内容老化、陈旧的状况进行了批评，并且希望适应时代的要求，增加具有时代感的课程内容；在培养学生掌握学科知识的同时，还要逐渐使学生形成相应的技能和能力、相应的态度和价值观，等等。

无疑，这两次课程改革的力度均是非常大的，涉及课程活动的方方面面。这样，课程改革实践中的多样化问题可以归结为两个领域：课程管理领域和课程内容领域。前者是后者的保障，后者是前者的目的。没有课程内容的多样化，不可能实现满足变革时代社会政治经济多样需要的可能，没有达到课程改革的预期目的；没有课程管理中的多种多样改革措施，也不可能保证课程内容的多样化。然而，正因为改革力度大、内容很多，配套改革措施不及时、不严密，相应地带来了很多实际问题，在人们思想中引起了一定的混乱，从而干扰了课程改革的顺利进行。同时，正是因为这些问题的出现，激励人们进行思考，希望发现实践问题背后深层次的政策原因。

产生这些问题，其实质是课程政策研究的理论支撑不够。有时虽然考虑了从课程内容改革的角度构建相应的课程管理系统，然而这样的考虑不够系统、理论基础比较薄弱，没有从适应课程内容改革的基点出发进行系统的深层次的理论构建，构建与课程内容变革相适应的课程管理框架。通过课程管理中的权力调整，从而保证新的适应社会需要的课程内容能够得到充分的体现，从而使课程领域的利益主体得到协调，这是课程多样化中课程管理政策构建的重要内容。

其实，改革开放以来，我国各个方面、各个领域均在进行多样化改革。可以说，多样化是社会生活领域使用最频繁的词语之一。1986 年我国颁布《中华人民共和国义务教育法》以后，义务教育课程改革的所有措施均被称为多样化。20 世纪八九十年代对课程问题研究还不深入，更何况课程政策问题，因而在实际改革过程中，导致政策滞后、政策缺乏、政策不系统等弊端，不能在适当的时机出台必要的、足够权威的课程政策，从而带来很多实践问题，干扰了课程改革的进程，以致开展课程改革的机构也受到了冲击。其实，1999 年以后所进行的新一轮课程改革，又何尝不是如此，也暴露出了曾经暴露过的问题，有些还是重复的问题。

在理论层面上，这些问题的根源在于人们把课程改革的作用无限扩大了，期望通过课程改革解决所有教育教学问题，是传统全能政府政策思路的延续，从而导致用统一的思维解决多样性的问题。任意扩大课程政策的涉入范围，导致课程政策无所不包。如果这样还不能具有说服力的话，那就进行概念重建（钟启泉，2005a），将课程的内涵泛化、外延无限扩大，以致课程改革负担过重、责任主体单一，无力控制。其实，根据有人的研究，“无论是法国的指令性课程文件，还是英国的指导性课程文件，主要关注的是课程计划和学习领域，而不大涉及具体的教材问题，至于具体的学校教学则实行‘教学自治’；无论是政府部门关于课程的宏观决策还是学校关于学科与教材的选定都有比较规范的程序；而且，不管教育行政主体是否有权对学校教学过程进行直接干预，都通过外部考试实行间接控制，考试的要求是最低的合格标准，因而只是对不合起码要求的教学活动进行规范。”（吴刚平，2000b）[79]

课程改革中政府行为与业务行为相互交合，政府行为干扰专业自主权或者专业自主权极力依傍政府行为，导致政策对教学专业自主权的频繁涉入，均有可能是问题多多、矛盾重重的原因之一。就像钟启泉先生所概括的：“按照《纲要》的规定，这次课程改革力图实现三大转型：课程政策从‘集权’到‘放权’的转型；课程范式从‘科学中心主义课程’到‘社会建构中心课程’的转型，教学规范从‘传递中心教学’到‘探究中心教学’的转型。”（钟启泉，2005b）[19]前面一个转型，才是课程政策应该调整的范围，后面两个转型则明明是专家的事情，是教育专业内部事务，政府只能是按照学术共同体的意见给予鼓励、支持而不应该是采取强制原则给予推广。

三、深化教育研究的需要

正是因为课程改革现实的呼唤，才需要进一步深化教育研究。直接与课程改革相关的教育研究涉及两个领域：课程研究和教育政策研究。从这两个领域的研究状况和未来发展，也可以看出课程政策研究是时代的呼唤。

1. 深化课程研究的需要

有学者考察我国几十年来的课程改革后指出，每一次课程改革几乎都是匆匆上马，缺乏研究的积累，缺乏理论的武装，缺乏实践的验证，缺乏必要的评估，可以说是一种游击式经验型的课程改革模式。这种模式是不可能引起真正的课程变革的。课程改革模式应从经验型转为科学型，改变“召之即来，挥之即去”的作风。（赵昌木 等，2002）[9]要使课程政策具有科学性，就要注重课程研究，大兴课程理论研究与课程实践调查之风，并将课程理论研究与课程实践研究两者紧密结合起来。重视理论研究的成果，广泛听取各有关方面的意见和反映，减少乃至避免长官意志和“拍脑袋”作风，这是提高课程决策科学性的重要因素（石筠弢，2003）[21]。为此，今后一段时期，课程研究的重要任务，就是采取必要措施，有计划地完善课程理论学科群的建设，加快我国课程理论学科群的建设步伐，以提高课程研究的整体水平（廖哲勋，2000）。

反思课程理论的发展历程，到目前为止，课程研究的主要取向是工具理性主义的。在国内课程论一直被当成一门应用学科，加之课程改革实践的吸引，课程研究的兴奋点近几十年来一直在实践操作问题，从最初的活动课程、选修课和“三级课程管理体制”改革，到今天的综合课程、校本课程、地方课程开发、研究性课程、综合实践活动，等等，莫不如此。事实上，课程实践中的许多问题（如我国的活动课程问题、课程结构问题）之所以得不到根本解决，关键即在于理论思考的彻底性不够，课程研究必须与对人的理解、对知识的理解以及对整个教育的理解结合起来，必须以时代的精神状况和教育在现时代的使命为基础（郭晓明，2003）[32]。

人们认为，新的课程改革需要课程研究成果有所突破。要想课程研究取得突破，必须转换研究范式。同时，人们也认为，课程研究方法及方法论轨迹的探寻应置于课程改革的大背景之下（杨小微，2000）。从政策层面研究课程问题有可能对传统课程研究范式做出重大贡献。因此，从课程实践的现实选择出发，应当关注课程改革与课程政策的关系；而从课程发展的内在要求看，发挥课程政策的中介价值则是课程理论向实践转化的一个不可或缺的中介环节。鉴于此，应当关注课程政策研究，努力使其成为开展课程研究的新的切入点（胡东芳，2001b）。

这正好呼应库恩曾经指出的，科学领域的突破总是发生在研究范式变换的时候，即人们从一种完全不同的角度去审视世界的时候。课程改革与课程研究相辅相成，课程改革是滋养课程研究的适宜土壤。意识到研究范式这个问题，对于我们从事课程研究是有帮助的，这可以使我们清醒地认识到自己在从事何种性质的课程研究。采用不同的研究范式研究课程问题，不仅意味着研究者变换理论视角，还意味着研究者从不同层次提出不同性质的问题。在运用课程社会学、文化学研究成果的基础上，尝试进行政治学研究，不仅变换了理论视角，而且提出问题的性质也不一样，有可能促进课程研究的进一步发展。

我国几十年来的课程研究，无论是理论体系还是分支领域的深层探讨，其专著、论文不下千篇，并且还有专门的期刊。然而，深入分析可以看出，现今课程研究主要集中在“心理学”和“工艺学”（吴永军，1998）[3-7]的层面上。所谓心理学方式的课程研究即是对课程知识的内在逻辑结构、课程与学生心理发展水平相适应、课程编制与学生有效学习等问题的研究。所谓“工艺学”模式，是把课程知识当成“理所当然”的客观存在加以接受，着眼点在技术层面上，重点考虑课程的逻辑结构等方面。

20 世纪五六十年代，西方课程改革运动并未取得预想的效果，从某种意义上讲是由于缺乏更多、更高层次的思考而导致失败。如布鲁纳倡导的课程改革运动，许多学者批评该运动只重视技术层面（吴永军，1998）[8]，结果使学校教材显出支离破碎的、不均衡的、短暂的、无常的性质。其改革忽视了社会文化的基础，以致不能改变既存的形式而推动改革的基础，自然遭到失败的命运。我国当前课程研究的重要课题是“确立新的课程理论框架和建立适当的研究方法论，从唯工艺学模式中解放出来，从而关注课程本身的性质和一些重大理论问题”（吴永军，1998）[7]。

在推进素质教育的基础教育课程改革中，人们开始重视对课程政策的研究。这一次课程改革领导重视、力度大，对课程政策问题研究提出了更高的要求。这可以从《面向 21 世纪教育振兴行动计划》跨世纪素质教育工程国家基础教育课程改革项目概览中发现，其中包括很多课程政策[1]的项目。为了推进课程改革，教育部在八所师范大学中恢复或重新组建了基础教育课程教材研究中心，以后又有很大扩展，从而为国家和各地方的课程改革提供理论支撑，这些研究中心大部分设有课程政策研究部门或课题，这些情况说明了实践对课程政策研究的理论需求。虽然同一个名称下的课程政策的含义是不一样的，还是可以看出课程政策研究在现实课程改革实践中的重要意义。

由于以前没有开展课程政策研究，如何进行课程政策研究尚有待人们进行开拓，因此现在对课程政策的很多研究仍然套用以前的思维模式和术语体系，以致很多标榜的课程政策研究实际上没有政策研究的味道，这样用新瓶装旧酒式的研究没有多少理论解释力，也很难对课程改革的推进做出多大贡献。

课程改革促进、深化着课程研究，其中最重要的一个部分就是推动了课程政策的研究。可以说，这是一个政策研究即将到来的时代，时代呼唤着课程政策研究。具体地说，由于课程多样化实践中的困惑，促进了课程特别是课程政策研究；同时，进行课程政策研究也是教育政策学学科发展的需要，是对教育政策研究的深化，为教育政策研究提供着实际的养料。

2. 深化教育政策研究的需要

20 世纪 50 年代以后，政策科学的母体——政治学研究的重点出现了一个明显的变化，即从静态研究转向了动态研究，从形式研究转向了功能研究。传统政治学过于侧重于政治、法律的形式方面，把对政治现象和政治行为的研究局限在对制度和法律文献的分析上，局限于对政治的外在形式如政府、政党、议会、司法机构、权力分配等制度方面的研究，多从宪法、主权等法律条文方面研究政治的千变万化。而“二战”以后政策发挥作用的过程，政策制定过程中个人的行为过程和组织的行为过程以及相互间的关系，则成为政治学研究的主要对象。20 世纪 60—70 年代政策科学在欧美、苏联及日本等国家和地区获得了长足的发展，在经济、科技、教育和社会生活中得到广泛应用。

---

① 教育部基础教育司：《面向 21 世纪教育振兴行动计划》，跨世纪素质教育工程国家基础教育课程改革项目概览，载自 http：//www. cbe21. com，1999 年 12 月。

从国际范围看，在过去的30年中，政策研究是社会科学研究中发展最快的领域；而自20世纪80年代之后，教育政策研究也呈现出了同样的发展势头。但就国内而言，尽管近些年政策研究已经逐渐引起人们的关注，也有若干研究成果面世，但总的来说，无论是公共政策研究还是具体的教育政策研究，基本上都还处于酝酿和起步阶段。从1994年开始，有学者就在学术期刊上呼吁加强我国的教育政策研究，十几年来，我国教育政策研究取得了较快的发展。1996年，华东师范大学袁振国先生主编的《教育政策学》出版，该书是我国大陆第一本将教育政策作为学科来研究的理论著作，较为系统地阐述了教育政策的基本理论。1997年，由华中师范大学孙绵涛先生主编的《教育政策学》一书出版，该书是全国教育科学规划"九五"重点课题"具有中国特色的社会主义教育政策研究"的基础性研究成果，探讨了教育政策的基本理论问题，对我国教育政策的历史沿革以及发达国家的教育政策进行了比较研究，较系统地论述了教育政策的制定、执行和评价，并分析了当时我国若干教育政策。这两本《教育政策学》的出版，在我国教育政策研究中具有开创性意义。

20世纪90年代中期，华东师范大学为研究生开设了教育政策学课程，随后，北京大学、北京师范大学等高校也陆续开设了教育政策分析、教育政策专题研讨、教育政策案例研究等研究生课程，并培养出一批教育政策研究方向的专门人才。90年代后期，我国学者发出了"走向政策研究"（袁振国，2000）、"拓展教育研究，走向教育政策分析"（胡东芳，1999）的呼声，认识到加强和突出教育政策分析和研究是教育理论研究面临的一个重要而又紧迫的课题。2000年，中国教育学会教育政策与法律研究专业委员会筹备成立，并定期召开学术年会。同年，连续出版物《中国教育政策评论》开始出版。研究成果的快速增长和专业学会的成立，标志着我国教育政策研究进入了新的发展阶段。随着教育政策课程内容的不断丰富和质量的提高以及研究机构建设的不断完善，我国教育政策研究正逐步走向制度化和规范化。

政策研究成为学科发展的主题和新的重心，并不是教育独有的现象，事实上，它是社会科学应用化走向在整个社会学科的反映，涉及经济、军事、体育、卫生、教育、社会福利等多门学科。严格地说，这并不是一门学科，而是几乎所有社会科学的一个发展趋势，即从重“是什么”的理论思辨向重“怎么做”的可应用性发展转变的趋势。现在国际上各学科的知名学者差不多都参与了该学科有关政策的研究；在理论和实践上具有重大影响的研究成果差不多都与决策有关。正是在这样的国际国内背景下，教育政策研究在我国逐渐发展起来，甚至于被人们总结为“教育研究重心的转移”（袁振国，1999）。

教育领域政策很多，有人专门研究了国家教育政策体系的问题（孙绵涛，2001），可以看出有很多政策问题需要研究。那么，哪些政策是最主要的政策呢？美国学者 S. 柯伯恩认为，教育经费政策、课程政策、学生政策、教师政策、教育管理政策是一个国家教育改革与发展的基本的教育政策（孙绵涛，2001）[9]。在当今人们重视教育政策研究的理论背景下，研究课程政策有助于深化教育政策研究，是对具体教育政策的研究。其实这一点，早已被我国学者所认识，认为当代课程研究事实上包括了不可分割的三个层面的问题：课程政策研究、学校课程设计研究和每个教师的课程实施问题研究（钟启泉，2000a）。其中，课程政策研究是需要加强的部分。

成有信等所著的《教育政治学》（成有信，2000）结语在对“新世纪教育政治学展望”的时候，提出了我国教育政治学研究的一些方向，认为课程政治学是其中的一个重要部分。课程政治学作为课程政策研究的母体，与课程政策研究相互促进。如果课程政策研究能有一点点进展的话，也必将促进课程政治学的诞生。

第一章

课程政策研究概论

时代提出了课程政策的研究课题，对这一课题的研究需要建立在一系列理论前提基础上。只有明确了课程政策研究的理论前提，其研究成果才有可能具有政策研究的味道。现实中，许多所谓的课程政策研究成果之所以感觉到政策研究的特征不明显，就是因为没有将政策研究特别是课程政策研究的特性讨论清楚。我们在这里，需要明确课程政策的基本概念，课程政策研究的基本问题和基本思路，并对课程政策研究的现状进行初步清理。

第一节　课程政策的内涵

作为概论，我们的主要问题当然是课程政策，这就需要对课程政策概念进行界定。为了对课程政策这个复合概念进行界定，需要首先界定其中的单个概念：课程和政策。只有通过对课程和政策的界定，才可能认识课程政策的真面目。由于我们在政策层面上理解课程，将其理解为知识，是法定的知识，因此在对课程进行界定后，就需要对知识进行界定。通过对这几个问题的分析，构成我们讨论相关问题的理论基础。

在以后阐述问题、分析问题的过程中，均是按照这里所分析的内涵来确定分析问题的基点。如果抛开我们的具体规定，可能后面的研究思路及相应结论很难成立。比如，关于课程的界定，现在非常混乱，如果没有从政策角度出发的理解，对课程政策研究的整体思路可能会受到怀疑；又比如，如果还按照传统关于知识的认识理解课程政策，也难以得出以后关于课程政策中课程知识多样化的结论；再比如，关于课程政策的理解，如果仅仅从课程管理的权力结构出发，那么我们花很大力气研究课程内容中的政策问题，则没有意义。

就本书而言，我们先确定课程的外延。就课程的外延而言，我们将其限定为义务教育课程，这既是当前课程改革的主要范围，也是因为义务教育的课程有其特殊性，与其他层级、其他种类的教育比如职业教育、高中教育、高等教育和成人教育的课程有不同之处。义务教育是国家强制推行的、每个适龄儿童必须接受的大众的和体现民主精神的教育，对义务教育课程政策研究得出来的思路有可能适用于其他各级各类教育，也有可能不适合其他各级各类教育。如果是面向大众的教育，这个课程政策的思路，则具有普遍适用性；如果是筛选教育或精英教育或特殊教育，这里的课程政策思路与建议，则不一定有参考价值。

一、课程政策中的课程内涵

课程的本质问题，历来十分复杂。然而，作为课程政策研究的一个重要概念而言，求得自身的前后一致的认识是需要的。我们制定课程政策、执行课程政策，需要对课程的含义有统一的界定，统一到政策这个思维中。不然，对课程政策的讨论不是在同一个话语体系中，讨论的结果则没有意义。在课程改革中，在对概念进行重建的过程中，课程概念正在发生混乱，以致引起了激烈冲突。在政策视野中，特别是在本书中，我们仍然坚持课程是知识的传统理解。在政策环节，坚持课程是知识这一理解，有助于课程政策的制定和执行。因为，政策调整除了需要理念外，更需要文本，坚持课程的本质是知识，有利于制定课程政策文本。何况，政策是让人们贯彻的，没有文本，何以贯彻执行？

1. 课程是法定性与文本性知识的认识面临挑战

南京师大“课程的社会学研究”课题组在“课程的社会学研究简论”（1997）一文中指出：“课程说到底是一种‘法定文化’，课程至少作为一种学习对象来说，是‘既定的’，而不是‘生成的’。只有对课程内涵基于这样的把握，课程决策、课程编制、课程授受及课程评价等一系列‘课程’概念才能成立，才有可能成为我们的研究对象。”将课程视为“法定知识文本”的观点，明确肯定了课程的文本性，把课程限定在课程计划、课程标准和教材，这对整个课程研究都是至关重要的（郭晓明，2003）[83]。课程是作为教师与学生教学活动之基本依据的课程计划、课程标准及教材，说到底是社会对其未来成员加以控制的一种中介，而此种中介必定是文本性的，是一套法定的文本，这避免了课程概念的泛化。阿普尔在《意识形态与课程》、《教育与权力》和《教师与文本》三部代表性的著作中，力图证明在特定的历史阶段，在特殊的机构中，特殊的社会群体和阶级把学校知识看作合法性知识。简言之，课程是主流阶级的权力、意志、价值观念、意识形态的体现和象征，它实际上是一种官方知识，是一种法定文化（黄忠敬，2002）[67]。

在新课程改革过程中，课程是知识的观点面临激烈的挑战。下面这些都在强烈地批判着课程是知识的观点，认为：“‘课程即知识’的偏见所带来的危害和教训，难道还不够吗”（钟启泉，2005b）[22]，并表示“知识本位”取向的课程观实难令人苟同（郭元祥，2005）[17]。主张要吸取历史上各种课程观的合理成分，联系新的历史条件下人的自由全面发展的需要，我国基础教育课程改革需要建立起新的课程观。新课程观不应再把课程局限于“知识”、“学科”、“教学科目”等狭隘的范畴内加以理解，而应把课程理解为：“一种以人类生活经验和个体生活经验为内容，通过儿童在生活世界中对这些内容的批判和反思性实践，沟通儿童的现实生活和可能生活的教育中介。”（郭元祥，2005）[18]

针对否定课程是知识的观点，有学者认为国内近年关于课程的种种“新思维”使课程的形象变得越来越捉摸不定（郭晓明，2004）。比如，把课程视为一种“教学事件”，这大概是近年课程“新思维”中最激进的一种（郭晓明，2003）[82]。这一术语是在课程与教学走向整合的思路下提出来的，在这种观点看来，课程不再是一些在教育情境之外开发出来的书面文件，而是师生在教育情境中共同创生的一系列“事件”。这样一来，课程变得无处可寻了，教育情境中的一切好像都是课程，但课程又好像什么都不是。课程真的变成了一个“幽灵”：它无处不在，但又踪影全无。

美国自20世纪初兴起的“进步主义”教育运动轻视科学知识的教育，认为在中小学特别是小学，不必要也不可能进行科学知识教育，主张代之以儿童经验、生活常识、活动技能，使学生学会生活、适应社会。其影响所及，教育质量下降，美国人自己不得不起来纠偏。20世纪60年代新课程改革就是想大跨度地提高科学水平，由于多种原因，没有成功。苏联在20世纪20年代受实用主义教育思想的影响，也轻视甚至否定科学知识的教育，废除教科书，取消课堂教学，代之以生产劳动、社会课堂，到了30年代，他们不得不改弦更张。我国1958年和“文革”轻视以至否定知识的情况，也是众所周知的。我国教育之所以取得今天的巨大成就，是与历史新时期开始坚决拨乱反正分不开的。

本来，课程是知识，是人类长期以来的共识，在发展缓慢的社会背景下，将课程理解为知识没有疑问，在社会关系简单的情况下，将课程理解为知识也没有疑问。然而随着社会的发展，特别是知识社会的到来，社会政治、经济等方方面面对教育提出了越来越多和越来越高的要求，在这样的社会背景和观念背景下，人们不断对课程进行新的理解，大多数的、主要的理解就是课程不再是知识了或者说课程不仅仅是知识了。

比较典型的理解有课程是经验、课程是活动（丛立新，2000），最新的理解是课程是师生在教学过程中不断地建构的产物。对课程是经验和活动的理解是受到杜威的启发，按照专家的愿望对这两个非常通俗易懂的概念进行重新包装后得来的，然而这样的理解中也将知识包含进去了。比如经过活动让学生获得知识，直接针对传统教学中没有经过学生的活动却希望让学生获得知识；再比如将经验分为直接经验和间接经验，并且课程中主要的还是间接经验，即是我们通常所说的知识。

将课程理解为经验、活动以及师生共同建构的产物，其基本出发点是因为传统上我们将课程理解为知识导致了教学的僵死，忽视了学生，这几个新理解均是希望在课程的实施中发现学生、重视学生、促进学生发展，也就是要主体参与。我们认为，经验、活动中所包含着的教学意义不属于课程问题，是课程与教学这个大问题中的教学问题，为了解决教学问题而对课程进行重新的多种多样的理解，难怪现在课程与教学混为一谈，以致“新”的课程论成了显学，有人呼吁要建立包括教学论的大课程论（黄甫全，2000）。

一个意思，就是将课程与教学混为一谈。以前，社会发展缓慢的时候，课程论没有地位，教育理论中只有教学论没有课程论。现在却又有一种呼声，用课程论代替教学论，将课程理解为无所不包的东西，以致教学论快没有生存的空间了。这样的思路与以前教学论包含课程问题一样，从一个极端转到另一个极端，不是你死就是我活的思路，不一定有利于教育教学活动。教学问题又名课程的实施，课程的实施就是课程的实施，怎么现在却变成了课程呢？

2. 政策研究需要坚持课程的本质是知识

这几年，课程改革中课程概念得到重建，并且已经得到一些专家和教师的追捧。如果完全说，这样重建的概念是错误的，恐怕难以服人，因为确定概念的内涵本来就是一项价值选择。既然有人欢迎，那也有其存在的理由。然而，作为现阶段不可避免的政府行为很强的课程改革，课程改革专家更应该从事课程改革工作、为课程改革提供专业咨询，为课程政策的完善提供专业支撑。由于全能政府的观念在我国长期存在，通过重建课程概念，其直接结果就是通过课程改革侵犯教育领域的教学专业自主权，这有可能是新课程改革以来很多理念不断引起风波的原因。

课程改革作为一项政府工作，其工作方式主要是命令与服从的刚性方式；教学活动作为一项具体的业务活动，政府介入的方式主要应该是鼓励、提倡等比较柔性的方式。其实，在课程改革中，对课程进行概念重建，将课程的外延无限扩大，针对了教育教学中的问题，然而这不是课程改革过程中制定与执行课程政策的迫切工作，跑得有点远了，跑到教学过程中去了，没有集中精力于课程政策的完善，课程改革专家变成了教学改革专家。这当然可以，然而需要放弃自己课程改革的官方身份，重新回归学者的工作方式，以免被人批评为课程改革成为某些专家的思想跑马场（张斗和，2005）。因为政策运用权力特别是行政权力推行是可以的，然而思想特别是学术思想却只能通过争鸣达成共识，即使是正确的思想也需要这样运行。

有学者说得好，无论基于何种学科视角的研究，都必须把“课程本身”与“同课程有关的范畴”区别开来，尤其要把课程本身与“课程实施”及“课程实施的结果”区分开来。否则便会出现课程概念的泛化，以致课程概念本身的实际上的消亡（吴康宁，2002）。课程领域不能不关注教学，但这并不意味着课程的外延可任意扩张，等同于“教学事件”，更不意味着要取消教材以及“制度化课程”的合法性。

我们认为，还是应该坚持传统的课程意义，在这个基础上发展教学论和课程论。其实，我们觉得，课程问题研究和教学问题研究要找到各自研究问题的边界。如果边界不清楚，问题也讨论不清楚。将课程理解为知识，边界清楚，便于理解，也便于操作，课程改革就是对知识进行重新选择和分配的问题；将教学理解为师生双边活动，理解为师生不断地建构也便于其作为一项专业活动，由教育专业人士贡献力量，而免于教学改革受到国家行政力量的干预。

我们觉得，为了适应社会政治、经济的需要，进行教育改革，进行理论重构，对社会科学而言，没有绝对的真理，只是视角的不同。在教育改革时期，将课程理解为经验、活动甚至师生双方共同的建构均是一种选择，然而不一定是一项符合人们习惯和便于操作的选择。因为经验和活动均是日常化的概念，要将其重新理解到符合教育任务的水平，需要对其含义进行重新界定，而要让人们普遍接受这一含义则更加费时费力。

在人们的日常概念中，知识是比这两个概念更高层次的概念，是更值得人们费时、费力、费钱去参与的活动。同样是需要在改革面前进行重新理解，为什么我们不可以对知识进行重新理解呢？人们在对课程进行重新理解时的一个重要支柱就是因为知识社会的到来，知识社会到来时反而没有了知识的地位、将课程变为不是知识了，这似乎难以让人理解。另外，以支撑教学改革的建构主义为基础，将课程扩大化地理解为师生双方共同的建构活动，实际上难于操作。课程改革中有人以此理解作为理论基础，提出课程改革是全体教师的任务，要求全体教师的参与，在参与中构建新课程。且不说教师们的水平各有高低，即使水平很高的教师也难以在课程上有所作为。

这样进行课程改革，其目标是什么恐怕难以被教师们所理解。因为课程改革在过程中，谁也不会先知先觉。这样的课程改革，实际上是将课程改革的目标达成寄希望于不确定性的因素中。如果将课程理解为知识，且是法定的知识，是预先提供的，则便于操作。课程改革的任务就是对知识进行重新选择。我们研究课程政策就是想从知识入手，分析改革课程知识选择的思路，为课程改革制定政策特别是知识选择政策提供理论思维。这样，可能更便于操作。其实，将课程理解为知识并不是空穴来风，也不一定能说服所有人，然而于课程改革的政策而言，却是实用的，也是便于操作的。

3. 课程本质的依据

把课程视为“知识”或“教学科目的总和”，在西方，这种课程观起源于古希腊，在夸美纽斯以后一直处于支配地位，甚至提出了百科全书知识的课程观，直到杜威的时代，才第一次受到质疑。而在当今的中国，这种课程观在实践层面处于主流位置，是最普遍使用的、也是最常识化的课程定义。如《中国大百科全书·教育》中的课程定义就是这样的：课程是指所有学科（教学科目）的总和，或学生在教师指导下各种活动的总和，这通常被称为广义的课程；狭义的课程则是指一门学科或一类活动。

课程是“人类长期创造和积累起来的经验的精华”（王策三，1985）。为什么课程是知识呢？（王策三，2004）[16-17]因为，知识好比一个百宝箱，里面藏了大量珍宝：不仅内含有关于客观事物的特性和规律，而且内含有人类主观能力、思想、情感、价值观等精神力量、品质和态度。知识是学生发展的资源和起点，学生的各种发展是知识引起的，是知识的内化，是知识的超越。人们很早就已经知道，教学工作就是将人类历史经验的精华即科学知识转化为学生头脑里的精神财富，近几十年的研究，特别是苏联维列鲁学派和皮亚杰的活动学说，更揭示了知识与发展之间联系的具体机制，这些研究进一步说明：课程主要是知识，学生的发展就是对知识展开教学工作的结果。如果根本没有知识或轻视、削弱知识，那么学生的发展更无从谈起，主动学习态度、能力、情感、价值观，等等，便无源无本，教师纵有孙悟空的本领也变不出来，道理很简单："巧妇难为无米之炊"。

说课程就是知识，还有更为广阔的社会背景。因为社会生产需要知识，尤其知识经济时代已经到来，因而知识具有重大的经济价值。由于人类的繁衍与人类文明成果的传承和发展是不可分割的，人的再生产是与知识的再生产同时并进的，知识起着新生一代在德智体美诸方面发展的基础作用，因而知识具有重大的教育价值（刘硕，2006）[51]。

教育及其课程之所以离不开知识，是由教育的使命和人的本性决定的。"教育的根本使命，就是引导人'走出自身'，与人类的普遍精神进行对话，然后又'回到自身'，获致个体的自我生成。而知识是人类精神普遍性的最集中、最重要的体现。"（郭晓明，2005）[7]也许正是由于认识到知识与课程、知识与教育的这种内在关联，人们大多肯定知识在课程与教育中的重要性。在教育发展史上，博雅教育与功利主义教育尽管在应首先重视何种知识的问题上长期以来争论不休，但它们都特别重视知识在课程与教育中的意义。

针对"知识重要是重要，但比较起情感态度价值观来说，只能是第二位的"这一观点，刘硕（2003）[98]问道：养成情感态度价值观难道可以不以知识为基础了吗？心理学告诉我们，认知是情感态度的前提，而价值观则是知识被内化上升为信念而形成的。因此，情感态度价值观都是以知识为基础的。现代社会所需要的"四有"新人的情感态度价值观更是建立在现代科学文化知识的基础之上的。一个对历史、对社会、对自然科学无知的人，会有深厚的爱国主义情感、正义感和社会责任感吗？会有正确的生活态度、做人态度和科学的人生观、世界观和价值观吗？知识也是课程目标所强调的能力（包括学习能力、生存能力等）的基础。本次课程改革强调的让学生学会学习正是以掌握知识为基础才能形成的，而且也只有在学习和掌握知识的过程中才能真正学会学习。至于知识中的程序性知识更是直接构成能力的一种要素。

对于当前基础教育中存在的问题，"要看到这些问题是在科学知识教育过程中出现的问题，而不能把这些问题归罪于科学知识教育本身。"

（潘新民 等，2006）[19]泼脏水不能把孩子一起泼出去，知识教育的确存在许多问题（王策三，2004）[11]，“知识本身更新不够及时，结构未能及时调整，也不够精简；传授不甚得法，被动接受、呆读死记、机械训练所在多有，特别是普遍停留于认知浅表层次，而不能深入到能力、情感、思想品德层次；它与学生的经验和实践活动不协调乃至脱节；等等。旧的教育传统积习难返，加上追求升学率的负面影响，其双重的消极危害，都落到学生的头上。我国中小学学生很苦，身心不堪重负，这不仅不能否定知识的作用，恰恰说明知识教育尚有改革的空间。”

“知识本始于人的自由，知识和自由本是二而一的东西。但近代以来特别是20世纪以来的教育与课程里，知识却成为压制人的强制力量。这并不意味着我们要消解课程知识。”（郭晓明，2005）[7]极而言之，如果课程不是知识，“以传授知识为基本功能的学校也就没有了存在的必要，知识无用论、知识有害论就可以大肆泛滥，学校消亡论也就可以成为名正言顺的了”（刘硕，2006）[50]。

既然在政策研究视野课程是知识，有利于课程政策的制定，在理论上得到了大家的认同，然而，毕竟还有很多不同的声音。那么问题的症结在哪里呢，重新界定课程有困难，那么只能重新界定知识。如何界定，有没有依据，这便是下一个问题：知识的内涵。

二、政策视野中知识的内涵

这需要从常识谈起，从常识来看，人们常常将知识看成是真理、是科学，是用学科表述出来的，具有确定性、中立性和普遍真理性。这样理解知识具有其客观的社会政治基础，是农业社会、工业社会以来的知识观，在这样的社会形态下，这样的知识观具有其当时的社会政治经济的合法性，得到了人们的广泛认可。其实，知识与其他社会科学概念一样，也是不断变化发展的。不同形态的社会政治经济，会有不同的知识观。在新的社会状况下，以前认为不是知识的认识也会取得合法的地位、获得知识的美誉，因为这是社会政治经济所必需的。

如果通俗一点说，知识就应该是知道、有见识之意。因此，我们在这里姑且将知识定义为：在一定的时间、空间范围内、经过人们合理性论证所获得的认识。这些认识不管是经验性的还是科学性的，只要具有合理性论证这个要件，即可被称为知识。我们只是从课程政策中课程知识选择的角度给出一个操作性的定义，没有必要从哲学高度并采用哲学概念界定知识。尽管这个概念再通俗不过了，然而也包括着一定的哲学基础，具有其成立的理由。

因为，这样的知识观能够涵盖更多的知识进入合法的知识领域。诞生时间很长、适用空间范围很广、论证严密并且已经学科化、建制化的认识，可以属于传统知识观的范畴；诞生时间较短、空间适用范围小、且论证不够严密的认识也可以成为知识、取得合法的地位，因为这样的认识在一定范围内也具有一定的社会解释力。对后一类知识，就好比我们写论文，不管什么观点，只要能够自圆其说。如果论文能够自圆其说，我们就说论文产生了知识。这样来理解知识，知识的外延就大大丰富了。因为知识是一种认识，所以不仅认识结果是知识，认识过程也是知识；不仅正确的认识是知识，而且错误的认识也是知识，只需说明其错误而已；还有普通老百姓经过合理性论证所获得的认识，也可以被称为知识。

这样，在人类知识宝库中，获得合法性的知识更加多样。按照这样的思路考察经验和活动，其实，也可以将经验与活动纳入知识范畴，从而使课程是知识这一论断更具有包容性。这样纳入知识范畴，有可能更为科学，因为其理论基础是已经在国外风行、而国内也已经有所认识的知识社会学。这是为了分析课程问题对知识的重新理解，是课程政策研究中对知识的“概念重建”。与同样解决课程与教学问题而对经验和活动进行重新理解的优势在于：知识社会学使其理论基础更加深厚，实践中人们更容易接受。做出这样的选择是因为社会科学本来就是价值性的学问，具有选择性。为了有效地解释社会现象，人们可以在社会科学概念中做出有利的和现实的选择。

因为，现在正在由工业社会向后工业社会、信息社会或知识社会转变，知识观也正在转变，由以前的封闭知识观向开放知识观转变，正如知识社会学所揭示的：知识是社会的构造，就是说知识中包含着许多社会要素。既然包括社会要素，那么知识就不一定是客观的、中立的和普遍的。如果采取拟人化的比喻，也就是说，知识“社会”与人类社会相比，也存在着权力问题，同时知识也折射着社会的利益关系。这样知识中，就产生哪些是有权力的知识、哪些是无权力的知识、哪些是权力小的知识？这是问题的一个方面。问题的另一个方面是，由于知识投射了社会的利益关系，各种知识、各类知识还代表某部分人、某些利益集团的利益，而不是说知识就仅仅是放之四海而皆准的真理。也就是说，相应的知识可以属于谁。

大多数时候，课程改革常常在已有框架中研究新问题，解释力面临着困惑；或者另起炉灶，完全脱离已有的框架，也不可能成功。这样的界定，渗透了知识权力的维度，从权力的角度分析知识，更有政治味道，也就更接近政策研究的思路。这样界定知识不仅具有知识社会学的理论基础，而且具有社会政治经济的合理性，是工业社会向后工业社会转型过程中所需要的知识观。同时，确立了这样的知识观后，对知识发展阶段、知识的特性以及现阶段的知识状况均需要重新进行把握，也会找到新的知识分类方式。这样的分析对课程改革和创新有可能有益处，相应地，所确立的课程内容选择政策也可能更具有说服力。既然知识具有了权力的特征，那么知识就不再仅仅是确定性的真理了，有可能具有不确定性、价值性以及境域性的认识也取得了合法的地位。

要废弃一个具有真理性的被社会公认的概念绝不能随心所欲。这是一件严肃的事情，必须以科学的、对社会负责的态度来对待。首先要弄清这个概念是不是确实错误的、过时了？具体表现是什么（刘硕，2006）[48]。为什么要重新理解知识，是因为从某种意义上说，不是知识构成了课程的基础，而是人们的知识观构成了课程的基础。正如美国学者索尔蒂斯所言，“我们如何思考知识，确实在相当程度上影响着我们如何思考教育”（索尔蒂斯，1993）。作为后现代主义哲学思潮的代表人物，利奥塔在对后现代知识状况分析时认为，知识的本质发生了变化，当前的知识与科学所追求的已不再是共识。同时，利奥塔还借用维特根斯坦的“语言游戏”理论，把知识化为科学知识和包含了各种故事、寓言的叙事知识，而把科学知识和叙事知识看成是形式不同但本质上一致的语言游戏，认为科学知识只是科学家的共识和信念。

讨论了我们在何种意义上使用课程和知识的概念，下面就该分析在何种意义上使用课程政策这个概念了。

三、课程政策的内涵

1. 理解课程政策的前提

对课程政策进行研究，这是我们的中心议题。然而对什么是课程政策，现有的研究还难以具有理论解释力和现实解释力，人们常常按照日常意义的政策含义来理解课程政策，因而很难开展学术对话。现有的一些研究，对课程政策的理解侧重于课程管理方面。比如，笔者曾经请教一位正从事课程改革的朋友，问他我国课程政策改革的方向是什么，他告诉我：课程三级管理是我国现在的课程政策，课程改革的成败取决于中央部门向地方、地方向学校放权。这样的理解，就是在承认现有课程政策合法的前提下，将课程政策简单地理解为课程管理政策。还有现在很多介绍国外课程政策的文章，说明了哪些国家实行的是中央集权的课程政策，哪些国家实行的是地方分权的课程政策，这也是将课程政策理解为课程管理政策的实际例子。将课程政策作为学术课题进行研究，华东师大胡东芳（2001a）首次进行了开拓，他在论文中认为课程政策的本质是课程权力，而其现实表现是课程计划、课程标准和教科书，在具体研究的结论中则说课程政策应该是“课程共有”，即中央、地方和学校共有课程，其实质也是将课程政策理解为了课程管理政策。要正确理解课程政策的内涵，首先需要理解什么是政策。

政策是一个非常通用的日常概念，人们经常接触政策，受政策的约束、规范，因而人们对政策非常熟悉。正因为此，人们对政策也就有自己的日常理解。一般而言，人们认为政策是政府发布的一些条文、规章、措施，等等。以前，由于政治民主化不够，人们主要是执行政策，学者也主要是对政策进行支持性的解读，不可能对政策进行理性的分析、甚至批判，学者对政策的介入主要是事后工作。随着社会事务的复杂化和政治的民主化，政策研究成了社会科学研究的一个重要领域。然而，受传统思维的影响，经常的情况是，一些学者在进行政策研究时往往在对调查数据的事实分析基础上得出一些政策建议。虽然这些分析也有很大的价值，然而并不是学者们的专长，特别是在我国各项数据采集比较困难甚至采取客观的方法采集一些不正确的数据的情况下，这种研究的价值难以发挥。这样，学者在政策研究中的价值没有充分得到体现。

政策是对社会价值的权威性配置，政策的行为主体是政府，政策过程其实就是政府针对社会中出现的一些公共问题，对社会价值进行重新的调整与分配，以达到利益协调和社会发展的目的。由于现代社会中政策配置不仅限于经济领域的财产与利益，还包括公共事务中的权力、义务、责任、尊重、秩序等，人们在政策研究中常常把研究对象指称为公共政策。公共政策的效能在于价值的社会性分配，这个分配方案必然存在着顺应了一部分人的需求，同时又伤害了另一部分人的利益。因此，作为公共政策的权威配置所追求的合理性就在于，使价值在不同利益团体间达成最有利于社会稳定与发展的平衡，解决利益、价值失衡所带来的社会问题。

我们希望对课程问题进行政策研究，力图能够更多地体现政策研究在政策活动中的作用，就不仅要对政策现象进行分析，而且要对政策的本质进行分析。因此，在政策研究中，不仅要重视一些条文和措施，而且更重视其中蕴藏的政策思维或者政策价值观。不仅提出政策建议，而且对政策的制定要具有前瞻性的指导。因而，对政策的理解就要在超越现象的基础上理解为：为了实现一定的社会政治目的所采取的行政措施。行政措施是政策的现象，其中蕴涵的政治目的是其本质。作为学术性的政策研究，就是要研究其中蕴涵的政治本质，在此基础上提出一定的行政措施。这正是人们进行政策研究时所提出的政策的现象形态和本体形态（刘复兴，2001），我们研究课程政策，就是要通过对其本体形态的研究，从而分析其现象形态。

2. 课程政策的多种内涵

国内外近年来课程改革的趋向已经表明，“对由谁来作出课程决策的关心常常超过了对教什么的关心。”（约翰·D. 麦克尼尔，1990）这一趋向所涉及的正是课程政策的核心——课程权力及其分配问题。通过对现有资料进行分析，我们发现，人们对课程政策的本质认识不一致，大致可以从两个方面对课程政策进行理解，一个是内容方面，一个是管理方面，认为课程政策是对这两个方面或者其中的一个方面的政策规定。总结现有的资料（胡东芳，2001a）[1-12]，对课程政策大致有三种相互联系的理解，即：以内容为主，包括决策说、指南说和权力说。（1）包括决策说。将课程政策与教学内容联系起来。他们认为制定课程政策就是决定教学内容，研究课程政策就是研究课程内容。产生这种观点，是因为以前单一的社会计划体制下课程问题也比较单一，主要是指内容的规定，其他方面基本不涉及。（2）指南说。课程政策就是一种有关课程问题的稳定的、连续的计划或行动的指南。“课程政策的体现范围很宽，包括从不明确的劝告和一般性指导到通过政府立法作为正式政策确定的官方指令，从具体规定每个学生要获得的能力的科目表到学生在一定程度上可自由选择的科目表。”（江山野，1991）[81]这种表述实质上是说明课程政策就是政府制定的有关课程问题的政策指南，这其实是现象形态的课程政策。（3）权力分配说。课程政策是国家教育行政主管部门在一定社会秩序和教育结构的范围内，为了调整课程权力和不同需要，调控课程运行的目标和方式而制定的行动纲领和准则。世界各国的课程政策可以分为三种类型：中央决策型、地方分权型和学校自主决策型。不同类型的课程政策决定着课程权力分配不同方式和不同需要的满足程度，并最终决定着课程改革的深度、广度和层次。与政策的本质是权力及其由此带来的利益一样，课程政策的本质就是课程权力和由课程权力而造成的利益的变化，课程政策的每一次改革必然体现在课程权力的分配、再分配或重新分配上。将课程政策理解为课程权力分配，是从本质上对课程政策进行理解的尝试，比仅仅将课程政策看成是关于课程内容的规定以及课程政策仅仅是一些关于课程的政策指南相比，是从学理上研究课程的有益工作。然而这样理解似乎也显得简单、牵强。简单之处在于，课程政策的范围很宽，其目的是为了调控课程内容，是通过课程权力的改变调控课程内容，应该比权力问题更加复杂，如果仅仅是权力问题，那怎么能称为是课程的政策呢？那怎么又与课程有关呢？显得牵强之处在于，政策本来是实实在在的，经理论解释以后，反而有一种看不见、摸不着的感觉。政策就是政策，在字面上就与权力有区别，怎么政策就变成了权力呢？日常话语中的政策含义怎么与科学话语中的政策含义相差这么大。我们认为，要将政策与权力联系起来，其中需要中介，这个中介就是政治。在课程领域，如果需要将课程政策与权力联系起来，其中介环节应该是关于知识的政治。

对课程政策本质进行分析，是我们的逻辑起点，需要明确。分析课程政策的本质，既需要构建理论的严密性，也需要考虑课程改革的实际情况。从构建理论的严密性出发，我们需要联系自己对课程和政策的理解进行分析；从课程改革的实际出发，需要分析现实的课程政策中到底包含了些什么内容。从理论方面考虑，从对课程和政策的理解出发，我们认为，课程政策是关于课程知识的政策，是通过对课程知识的政治性考察，由知识领域的政治关系所推论的课程知识的基本领域。更具体点说，是如何根据知识领域本身所反映的政治经济关系，选择进入教育领域作为课程的知识。从实际课程改革出发，在课程政策设计中，还涉及课程管理体制的设计，然而我们觉得将课程政策仅仅理解为课程管理政策也是不够的。因为，实际的课程改革中，首先而且最主要的是课程内容的改革，其次才是课程管理的改革，这两个方面或者说领域的改革均涉及政策问题，后一个方面是以前一个方面为基础并且为前一个方面提供保证的。

基于以上的分析，我们这里将课程政策定义为：教育领域中课程知识选择和管理的政治理念和具体措施。具体措施是课程政策的现象形态，政治理念是课程政策的本体形态。

3. 课程政策内涵的分析

这个定义明确提出课程政策是知识问题，是从政治方面选择知识的理念和措施。同时这个定义还划定了课程政策的范围，一是课程知识的选择，一是课程知识的管理。既包括了措施，即课程政策的现象形态；也包括了政治理念，即课程政策的本质形态。

从现象形态方面理解，比较符合人们对政策的日常认识；从本质形态方面理解，符合学者对政策本质的认识。将两者结合起来，容易照顾日常习惯和学术研究两个方面的思维习惯。同时，该定义还确定了课程政策的调整范围：课程内容和课程管理。既避免了只见内容不见管理的状况，也避免了只见管理而不见内容的状况。如果关于课程的政策不涉及课程内容方面，则无法想象；如果关于课程的政策，只涉及课程内容，不涉及课程管理，则关于课程内容的政策也难以得到保障。

无论课程内容的选择方面还是课程的管理方面，课程政策的对象均是知识。选择是对知识的选择，管理是对知识的管理。之所以能称其为课程政策，是因为其是教育领域内为了构建课程而进行的知识选择和管理，这样的选择和管理反映了社会政治经济领域里的权力关系在知识领域中的表现。

这样来定义课程政策，较好地体现了对课程和政策的理解，具有理论内在的逻辑严密性。同时，这样理解也较有新意，可以为课程改革提供一点新的视角，也许能对课程改革的政策建构提供一定的理论支撑，也可能对课程改革中的政策现象有一定的理论解释力。这样进行理解也并非本人专利，其实这样的理解在国内、国外早已有基本思路一致的看法。

在国外，就有人认为，课程政策可以分为两大类型："一类政策规定了课程设计所要遵循的程序，包括粗略的和详细的程序，这类政策通常要说明由谁参与并规定参与者的权限，这可以认为是制定课程政策的政策；另一类政策是课程政策制定过程的产物，可视为课程政策本身，这种政策规定课程的性质，常常要规定必须教的、应该教的和可以教的教学内容。"（江山野，1991）[80]

香港学者在对国外课程政策进行分析的基础上也认为课程政策涉及两类内涵。首先，课程政策包括课程政策的本身，这类课程政策规定课程的性质，也要规定必须教的、应该教的和可以教的内容，即包括所衍生出具体目标、教学策略和评价程序等的课程蓝图；其次，课程政策包括政策的制定，这规定了课程规划所要遵循的程序，这类政策通常要说明由谁参与并规定参与者的权限，这可认为是制定课程政策的政策。并且认为，课程政策本身与课程政策制定的辨识，有助于探讨课程问题。这里，课程政策本身则主要指课程内容方面的政策。

这样看来，我们的定义与以上这些相似的定义相比，更加明确了课程政策是关于知识的政策，是课程领域中的知识政治问题。

第二节　课程政策的研究思路与线索

一、课程政策的研究思路

1. 权力与利益：课程政策研究的出发点

政策科学的母体是政治学，早期的政策学家也是政治学家，可以说，政策科学是政治学研究的新的发展阶段，甚至有人认为政策研究有时可以与政治学研究相互替换（江山野，1991）[82]。因此，政策科学的研究理所当然地要运用政治学研究的思路。权力是政治学中的核心概念，因而我们研究课程政策问题要研究课程中的权力；权力是为了实现利益的基本手段，因而研究课程中的政治问题需要适当研究利益状况。可以说，政策是政治的现象，政治则是政策的本质。因此，在研究政策的本质时，必须运用政治学的思路。不运用政治学的思路进行的政策研究，很难有深刻的理论底蕴，可能只是一些关于政策的想法。当然，仅仅有政治学研究的思路是不够的，要从政治学研究转换到政策研究，其中需要两个中介：一个是要有明确的问题意识，另一个是要针对问题提出具体的政策建议。只有跨越了这两个坎，才能实现从政治学研究到政策研究的对接。找到政治学研究中的关键问题进行分析，可能是政策研究的特征。权力是政治学中的关键问题，权力是为利益服务的，因此我们这里从权力分析入手，辅之以利益分析，从而分析课程领域中的政治问题。

这样进行理解，我们的研究主要包括两个方面：知识领域自身及其所体现的权力与利益问题，课程领域中的一般权力问题。认识到通过权力分析研究课程政策，只是分析课程政策的开始，关键在于怎样将其运用于课程政策的研究之中。这里，我们将知识中的权力与利益问题运用于分析现代知识的状况，以此为基础分析课程知识的选择，同时运用一般权力理论结合知识领域中的权力状况分析课程管理。从政治学视野出发分析现代知识的状况，我们认为，现代知识已经由以前的霸权知识型进入民主知识型，权力关系由集权型转向民主型，由反映少数人的利益转变为反映大多数人的利益。相应地，课程知识的选择和管理要反映这种权力和利益状况。在论述课程知识的选择与管理时，其中的观点均要透视出运用了谁的权力、反映了谁的利益。在课程知识的选择政策一部分，体现出为谁选择的思路，作为政策思路，本书提出了走向课程知识多样化的观点，这就是为大多数人选择的一种政策观。在课程知识管理政策一部分，体现出谁去选择，作为政策思路，本书提出了以权力多极化为基础建立课程知识管理框架，不同的管理层次反映不同的知识利益关系，这样才有可能保证各个人群所需的知识进入课程。

2. 凸显问题研究、综合研究和价值研究

课程政策研究的思路与教育学视野中的课程理论研究有所不同。根据课程政策研究所属类型不同，其研究思路是不一样的。我们这里是为了政策的研究，是为了为课程改革提出一些政策建议，所以首先需要突出问题研究的特点，要针对课程改革中的问题进行研究；在对问题进行研究的时候，由于要考虑政策建议的可行性，因此需要把握社会政治经济文化发展的走势，这样便需要突出综合研究的特色；由于提出政策建议不是随意的，需要有自己的政策思维，这样进行价值选择就是需要的。

问题研究。这里的问题研究指政策研究特别是为了政策的政策研究与理论研究的不同之处在于，政策研究需要研究政策问题。理论研究主要从概念出发进行研究，而政策研究主要是从问题出发，研究问题中的问题，研究如何解决问题。政策研究的实践性很强，面向实践、研究实践和指导实践，虽然政策研究也要开展理论研究，要研究政策现象背后的理论问题，然而这种理论研究也主要是为研究政策现象准备理论工具。课程政策研究突出问题研究的特征表现在研究选题的确定和研究思路的展开，我们选题就是从问题出发，因为我们发现，课程改革中的政策问题已经成为一个问题，这在前言中已经进行了详细的说明：教材发行的混乱，课程知识问题的争鸣，等等。解决不好这些问题，有可能抵消课程改革的努力。同时，思路的展开则是循着课程政策研究的领域去发现问题。在课程知识选择领域，其问题是课程知识的单一性；在课程管理领域，则是课程权力配置上的单极性问题。当然在这两大领域里，还包括一系列的、具体的小问题。从问题入手研究课程政策最终将表现为研究循着问题的发生、发展而展开，我们这里先从课程知识选择政策入手，再研究课程知识管理政策。

综合研究。政策科学是一个综合性、跨学科的新研究领域。政策科学不是现有的某一学科的更新，而是一个全新的跨学科研究领域，具有综合、交叉的特点。它的产生和发展需要以大量的知识和方法为基础，迄今为止人类所创造的许多科学知识和方法都可以运用于政策研究之中。政策科学正是在吸收其他学科尤其是政治学、经济学、社会学、管理学、心理学、哲学、统计学、运筹学、系统分析等学科的知识和方法的基础上形成和发展起来的。另一方面，政策科学并不是由这些学科的知识和方法的拼凑堆积而成的，而是在新的学术框架中将种种知识和方法有机地结合起来。与各种常规社会科学学科相比，政策科学研究形成了一系列新的范式。它将科学知识尤其是社会科学知识与公共决策过程密切联系起来，提倡以问题为中心，而不是以学科为中心的知识产生方法，各种学科的理论和方法在政策科学的新框架中获得了新的意义。课程政策研究特别要运用课程理论、教育政治学、课程社会学、课程文化学等学科的现有成果，切实把握我国改革开放以来社会发展的大背景，在这个背景下思考课程政策，把握课程政策的发展方向，提出相应的政策建议。总体而言，改革开放以来，由于政治民主化和经济市场化，我国社会逐渐从一元走向多元，呈现出明显的权力下移并且不断分化过程，尽管这个过程多有坎坷。

价值研究。很久以来，在社会科学研究中，就有一种排除价值干扰的呼声，认为研究者的价值观念会影响对客观现象的观察和分析，从而影响研究结果的客观性和公正性，这种观点在马克斯·韦伯那里有强烈的表达。这以后，价值中立或非价值倾向的研究在西方社会科学研究中，差不多成了一条基本原则，以至于社会科学研究不断向自然科学的范式靠拢，排斥价值趋向，显出客观公正的模样。但是，政策研究不但不能排斥价值倾向，相反，它必须要有明确的价值态度和价值倾向，甚至于一些政策研究学者，在开展研究时首先要从不同维度宣称自己的价值趋向：是保守的还是激进的，是精英的还是草根的，等等。近年来，我国的人文社会科学研究（包括政策科学和教育科学研究）深受实证主义的影响，强调定量研究的重要意义。但其中存在着“为定量化而定量化的倾向”（景天魁，1994）[122]，甚至存在为强调定量研究而忽视或排斥研究价值问题的倾向。实际上，如果“没有高水平的定性理论，定量分析就是盲目的数学游戏，甚至连作为计算对象的数字都未必能得到有意义的解释。”（景天魁，1994）[122]特别是作为教育政策研究一个领域的课程政策研究，正如前面所分析，价值和意义是课程政策活动的基本要素，对课程政策活动具有决定性的影响。所以，进行课程政策研究尤其不能仅仅进行简单的数字测量。否则，在相关价值问题没有得到明确的情况下，政策活动只能停留在试错法（trial and error）的水平上，而试错法可能会对社会现实生活造成不可逆转的不良影响。

我们对课程进行政策研究，将在充分分析现有课程理论与实践的基础上，按照自身对我国情况的认识，提出符合我国现阶段实际情况和未来可能发展的政策建议。在我们看来，课程政策的研究是对现有课程理论与实践按照一定的准则进行选择的过程。课程的社会学研究与课程政策研究同样是对课程问题的宏观研究，如果说它们之间有什么区别的话，课程的社会学研究是事实研究，而课程的政策研究则是价值研究。课程社会学研究课程控制问题，是指出课程中存在着控制，而课程政策研究则要指出如何优化课程控制，改变现有的课程政策。

3. 课程政策研究与课程理论研究有何不同

课程政策研究的思路与课程理论研究的思路有很大不同，或者可以说有可能实现对现有课程研究的范式转移。课程政策研究从政治学视野出发研究课程，与课程理论研究特别是教育学视野的课程理论研究在以下方面具有不同之处。

研究目的不同。政策研究与一般理论研究之间的不同之处在于：如果说理论研究偏重于“知”的话，那么政策研究则更偏重于“行”的方面。理论向实践者提供的往往是一般的原理、原则和指导思想，它的功能主要是给人们带来思想观念上的更新和启迪。建立在理论研究成果之上的政策研究，其主要任务不是对事物发展规律的揭示和阐明，而是在一定的理论指导下，为解决某些现实问题所确定的系列措施、行动准则以及必要的方法手段。我们这里说的课程政策的行动方面是两个相互联系的“走向”：走向课程知识多样化，走向课程权力多极化。

表现形式不同。理论是由概念、范畴、原理等组成的理性认识体系，具有高度的抽象性、原则性，在一般情况下，不可能直接指导人们进行各种具体而重大的社会实践活动。政策作为人们能动地改造社会的重要手段，其主要任务不是对社会发展规律的揭示和阐明，而是在一定的理论指导下，针对解决某些社会现实问题而确定的一系列具体措施、行动准则以及必要的方法手段。我们所确立的一系列具体措施、行动准则和必要的方法手段在内容方面是课程知识多样化中的具体内涵和从学科知识与非学科知识这个视角提出的一些措施，而在管理方面则是三个“强化”：强化课程行政管理权、加强课程建设的民间力量、增强个人的课程权力。

作用不同。课程政策是课程理论指导课程实践的最重要的中间环节，人们的任何社会实践活动包括政策实践活动都离不开一定理论的指导。人们在认识社会、改造社会过程中形成的各种理论，凝聚着人们对社会的认识成果，揭示了事物的本质和发展规律，对人们的社会实践具有普遍指导意义。但是，在一般情况下，理论不可能直接指导人们各种具体而重大的社会实践活动。理论对社会实践的指导作用可以经过多种手段实现，然而如果能政策化则是最有效的手段。

理性指向不同。人们将理性区分为科学理性和实践理性，如果课程理论主要指向科学理性的话，那么课程政策研究则主要指向实践理性。课程理论的科学理性指其是按照科学的逻辑，系统地构建理论框架，课程政策研究的实践理性则是指按照实践的逻辑寻求课程问题的理性解决方案。作为学术研究，课程理论的研究和课程政策的研究，理性的价值均不可忽视，如果缺乏理性的渗透，那么课程理论研究与课程政策研究均是没有价值的。同时，缺乏科学精神的课程理论研究和缺乏实践指向的政策研究也是没有价值的。课程政策研究，要以课程基础理论研究为基础，吸收其有益的成分，从而完成课程理论研究的政策化过程。

4. 课程政策研究的基本类型

无论是国际还是国内，有大量背景完全不同的学者都声称自己从事政策研究，课程政策研究也是如此。可以从不同的角度划分政策研究的类型，从而找到我们进行课程政策研究的坐标。如果从政策系统的层面来划分，可以把政策研究分为政策主体研究、政策客体研究、政策文本研究、政策环境研究和政策过程研究（涂端午 等，2007）。根据这一观点，课程政策研究也有这几个类型。我们在本书中主要对政策文本和政策主体两个方面进行分析。

政策科学的主要奠基人拉斯维尔认为政策科学包括两大任务，即探究有关政策过程和政策过程中的知识，包括所有“为政策”的研究以及有关政策和政策过程的研究。我们在本书中所进行的，主要是“为政策”的研究，实践指向性特别强。就目前而言，相比于其他政策领域，有关课程政策或过程的研究非常之少。而且在既有的一些课程政策研究中，许多都还只停留在一般性的政策评论阶段，理论分析框架和研究方法都比较随意。

在“为了政策”的研究中，还存在着两类在性质上很不相同的研究类别。第一类就是狭义上的“政策分析”，主要任务就是对可能符合特定政策目标的各种政策备选方案进行有关技术可行性、经济效益性和政治可接受性等的分析，从中择取最优的解决方案。除此之外，“为政策”还包括另外一类旨在提出各种政策建议的研究（卢乃桂 等，2007）。我们在本书中主要涉及“旨在提出各种政策建议的研究”。

二、本书课程政策研究的基本线索

我们需要根据研究思路对所界定的问题系统地展开分析。为了展开对上述问题的分析，需要找到一条线索，对知识问题的逻辑结构进行解剖就是这个线索，因为课程本质上是知识。从逻辑上进行分析，教育领域中的课程知识问题包括以下几个相互联系的方面：选择什么（What）？怎样选择（How）？谁来选择（Who）？为什么要选择（Why）？为谁选择（For Whom）？这五个问题构成了教育领域中课程知识问题的内在逻辑体系。这五个方面可以进一步归纳为两个方面：课程知识选择和课程知识管理。

1. 选择什么、为谁选择、为什么要这样选择

这三个问题主要涉及课程的具体内容，是课程知识选择方面。按照传统教育学的理解，内容的选择涉及社会需要、学科发展和学生实际这三个方面。其实，传统上所说的学科发展是指知识发展，只是那时将学科当成知识的代名词，用学科代替知识。这样，我们就可以将传统上内容的选择归结为社会需要、知识状况和学生需要这样的三维结构。其实，社会需要是社会科学中分析问题的一个常规思路，不仅课程设计需要考虑社会需要，任何社会措施的设计均要考虑社会需要，这样提社会需要，于课程而言显得不够深入。其实，对教育、对课程的社会需要和学生需要均要反映、投射到对知识的理解上面。社会需要变化了、学生的需要也要变化，对知识的理解也就要变化，以前对知识的合法性理解也相应变化。以前具有社会合法性的知识，在变化的社会需要和相应的学生需要面前，其合法性有可能降低甚至消解；以前不具有合法地位的知识，其合法性上升甚至取得合法性。这样进行理解，其实三维坐标可以进一步简化为一维坐标，这个一维坐标就是知识。这时的知识是置身于社会需要和学生需要背景下的知识，是放在社会需要和学生需要背景下进行考察的知识。因此，我们对内容的选择主要从知识的变化出发，这有可能是研究课程变革中社会需要和学生需要的根本。

这样通过回答选择什么、为谁选择、为什么要这样选择三个问题，构成我们的三章，即第三、四、五章，第二章是以后各章的铺垫和基础。第二章：课程政策的知识政治学基础——知识多样性的凸显，主要研究现在知识的总体状况，这是课程政策设计的理论工具。只有把握了现在知识发展的总体状况，才有可能做出正确的课程知识选择。也只有在把握现在知识总体状况基础上分析课程知识选择，其结论才可能有较深厚的理论底蕴，才具有理论解释力。第三章：课程知识选择的政策定位基础——从利益失衡通过利益分化到大众利益，主要回答为谁选择和为什么要这样选择两个问题。第四章：课程知识选择政策定位的内涵——走向课程知识多样化，主要回答课程知识选择的方向这一问题；第五章：改进课程知识选择政策的思路——学科知识与非学科知识的维度，进一步具体回答了选择什么课程知识的问题。

2. 怎样选择、谁来选择

这两个问题则主要涉及课程管理问题。于我们的立意而言，说得更明确一些，就是课程知识管理。课程知识管理既要受教育行政管理的影响，更要符合课程知识的特性。通过对知识的特性分析课程管理问题，有可能更符合从课程本身的特性出发设计课程管理的组织结构。本来，对课程管理问题的研究就是课程研究的薄弱环节，然而仅有的一些研究大多数是从国外课程管理的发展趋势出发，设计我国的课程管理框架，这似乎只是比较的角度，而不是学理的角度。同时，仅仅按照社会管理的结构设计课程管理结构，似乎也没有考虑到课程的属性。

我们认为，课程管理中的一些问题与研究的针对性不强有些关系，需要联系具体课程内容研究相应的课程管理政策。因为，没有充分考虑课程特性的课程管理框架，如果连课程管理需要管些什么都不太清楚，当然就不可能完全达到课程管理的效果。基于对政策的理解，课程管理问题既需要研究其现象形态，也需要研究其本质问题，就是课程权力分配问题。这些内容，就构成了课程政策的另一个主要部分：课程知识管理，这体现在第六、七、八章。这三章的主要观点是：建立与多样化知识体系相适应的以权力多极化为基础的课程管理框架。既然是多极，那么各级各类课程管理框架的权力就是不一样的。这样的结论，与“课程共有”（胡东芳，2001a）框架不一样，我们希望自己能够自圆其说。

第三节　课程政策制定与研究现状

一、国内外课程政策制定的基本情况

1. 国外课程政策制定的情况

“二战”以前，各国课程改革是以一种散乱无序的方式进行的，改革的范围和力度都比较小。战后，由于国际竞争的加剧，改变了各国对课程问题的认识，人们越来越把课程问题与国家科技进步、经济和军事实力的增强联系起来，课程问题就不再是一个纯粹的教育问题，而成为一个涉及国家发展的政治问题。在这种背景下，课程进入立法领域。由于法律是一种制度化、规范化、理性化和具有强制性的管理手段，所以在法律干预下的课程改革就呈现出与以前不同的风貌：改革的方式规范有序，改革的范围具有系统性，改革的力度显著加大。

日本1953年通过的《理科教育振兴法》、美国1958年通过的《国防教育法》、法国1975年通过的《哈比法案》和英国的《1988年教育改革法》，都是典型的以课程改革为主的教育立法，这些立法所关注的是课程内容本身的变革。

还有一种课程立法所关注的不是课程内容，而是课程和教材的管

理，如韩国1949年通过、1981年修改的《韩国教育法》第七章“学科与科目”和第八章“教学用图书”规定了学校的学科和科目的决定权限、教学用图书的检定和认定资格以及教学用图书的发行、供应和价格审定等事项的权限。韩国的一些教育法规如《教育课程审议会规程》、《教学图书规程》、《国民学校教学图书免费供应规程》都属于此类立法。在课程建设的法制化方面，日本成就斐然。在1984年通过的《文部省组织令》规定文部省下设7个常设审议会，其中3个即教育课程审议会、教科书审定调查审议会、理科教育及产业教育审议会是关于课程和教材建设的。对于教科书的审定、发行、出版和使用，日本制定了详细的法律和法规予以规范，如《教学用图书审定规则》、《关于教科书发行的临时措施法》、《关于教科书发行的临时措施法施行规则》、《关于文部省著作教科书的出版权等的法律》、《关于文部省著作教科书的出版权等的法律的政令》、《关于义务教育诸学校的教学用书免费措施的法律》、《关于义务教育诸学校的教学用书免费措施的法律施行令》、《关于义务教育诸学校的教学用书免费措施的法律施行规则》等。

从“二战”后各国颁布的教育法律法规来看，课程立法主要涉及下列若干问题：课程立法的目的；课程立法的表现形式（是制定法还是判例法，是单行法还是一个法律文本中的某些条文）；课程立法的文本结构；课程立法的具体内容（课程政策、课程设置、课程标准、课程结构、课程采用、课程实施、课程扩展、课程实验、课程评价、课程研究、教学大纲、教材管理等）；课程政策的产出机制；课程管理的行政体制；课程建设的司法支持；课程立法的法律程序，等等。不同国家在这些方面既有共性的规定，也有较大的差异。

2. 国内课程政策制定现状

新中国成立60年来，在课程政策方面我们既积累了一定的经验，也有着惨痛的教训。尤其是在文化大革命时期，法制建设惨遭破坏，教育政策无从谈起，由于无政策和立法作保障，课程建设受到严重摧残，造成了历史的倒退。

改革开放以后，随着教育法制建设的推进，我国的课程政策也取得了相当的进展，相继颁布了一系列关于基础教育课程教材建设和管理的教育规章或规章性文件，关于中小学课程计划和教学大纲的文件有《九年义务教育全日制小学、初级中学课程计划（试行）》（1992）、《全日制六年制重点中学教学计划的修订意见》（1981）、《现行普通高中教学计划的调整意见》（1990）、《关于推进素质教育调整中小学教育教学内容、加强教学过程管理的意见》（1998）；关于教材建设和教材管理的文件有《中小学教材审定标准》（1987）、《中小学教材送审办法（1987）》、《关于九年义务教育小学、初级中学教材选用工作的意见》（1992）、《全国中小学教材审定委员会工作章程》（1996 年修改）、《中小学教材编写、审查和选用的规定》（1995）。这些文件是我国教育政策体系的重要组成部分，对于课程、教材的建设和管理起到了良好的促进作用。

但是，我们也应清醒地看到，我国的课程政策制定与西方发达国家和亚洲发达国家（日本和韩国）相比还有很大的差距，主要表现在：（1）课程政策的层级不高，课程政策还没有成为高层次政策制定的组成部分。我国制定课程政策基本上是教育部门的工作，还没有成为更高级部门的议事日程，更谈不上对课程进行立法。我国的教育基本法并未像韩国那样对课程和教材问题做出规定（而是根本未提），更未像日本、英国、法国、美国那样主要或专门就课程和教材问题颁布法律，我国的课程立法都属于部委规章，在中央级各类立法中处于最低层次，其效力和约束力都是极为有限的。（2）从我国已有的课程政策内容看，许多是对课程内容的加加减减、修修补补，对课程改革并未像英国、美国的课程立法那样起到根本的变革作用。

层次低、数量少、作用小是我国目前课程政策的基本状况。这种状况已对我国的课程改革产生了不良影响。（1）由于我国课程政策的层次低、作用小，特别是缺乏强有力的法律约束力作支撑，致使我国的课程改革规模小、力度小，远远滞后于时代要求，致使教材和教辅资料的发行管理方面出现了许多不正常现象甚至腐败现象。（2）由于课程政策不健全，致使我国的课程变动缺乏应有的规范性，随意性很强，“长官意志”时常干预课程问题，这是人治而非法治。课程的变动往往缺乏实验和研究的依据，受制于个人好恶，课程变动的理性化程度有待大大提高。

二、国内外课程政策研究的基本情况

1. 国外课程政策研究情况[①]

20世纪六七十年代以来，随着西方发达国家经济的复苏、科学技术的突飞猛进以及社会文化矛盾的激化，人们对教育的指责越来越多，教育的危机出现并逐步加深。在这种情况下，教育改革成为一种社会潮流。在教育改革中，课程改革首当其冲，如美国、德国在60年代相继开始的课程改革运动，然而，德、美等国家60年代以来的课程改革运动却没有达到预期的目标，在很大程度上是失败了。这引起了人们的深思，一些学者批评了课程领域长期以来未能考虑课程的政治因素，将课程领域的冲突仅仅视为课程观点的分歧，而不是个体、利益群体之间的冲突或学校体制内官僚的派系斗争。在这一背景下，西方发达国家的课程政策研究逐渐成为课程研究以及教育其他学科研究的一个重要领域。研究的根本目的就是使课程政策的制定、实施等，避免个人主观的或党派的偏见，接受理性的检讨。研究的结果出现了一些著名的著作和研究报告。如帕克（F. Parker）的《国家政策与课程》（1976）、霍普曼（S. Hopmann）的《课程决策的多重事实》（1975）、史汀生（J. Stimson）《课程政策的社会分析》（1977）、雷斯尼克（L. B. Resnick）的《课程政策的反思》（1977）。进入80年代后，随着哲学上的后现代思潮的流行，人们日益关注课程中的文化、语言、宗教、性别等问题，对课程政策的分析无论是在主题上还是在方法论上都进入到一个新的时期。这一时期的代表性著作有斯坦利（W. B. Stanley）的《乌托邦课程：后现代时代的社会改造主义与批判教育学》（1992）、汉森（S. Hansen）的《语言、文化与课程：双语社会中的课程政策》（1991）、阿奇博尔德（D. Archbald）的《课程控制政策与课程标准》（1996）、里德（A. Reid）的《认识论与课程政策》（1994）、斯佩克（B. M. Speck）的《课程政策中的性别因素（1945—1990）》（1993）、安德森（D. C. Anderson）的《课程政策分析基础研究》（1992），等等。此外，课程政

① 此处材料得到北京师范大学教育管理学院褚宏启教授的大力帮助。

策的研究也在一些第三世界国家受到重视。或者是，第三世界国家的课程政策引起了发达国家课程研究人员的重视。通过研究，人们试图发现民族语言、文化、宗教、民间知识等在课程中的地位和作用，试图辨别课程政策在多大程度上体现了本国、本民族、本地区发展的要求，警惕课程政策决策中对西方发达国家和地区的依附性。

国外集中和直接的课程政策研究仍是匮乏（彭彩霞，2009）。通过网上查阅，发现国外谈课程政策主要进行案例分析，分析一个学校、一个学区课程政策的形成过程是怎样通过冲突最后达到一致的，非常实际。一般认为，包括国家、地方和州的教育委员会、联邦机构、国家课程改革委员会、出版商、法院、教师工会、各种专业协会、基金会、考试机构、家长等，他们以多样的地位和形式在课程场域争夺话语权，课程遂成为权力的竞技场。我国所能发现的英文书籍中，有些书籍涉及课程政策，比如，霍德新闻协会成员之一，霍德和斯托顿开放大学的鲍勃·穆恩（Bob Moon）、帕特里夏·墨菲（Patricia Murphy）和约翰·雷纳（John Raynor）主编的《课程政策》；理查德·埃尔莫尔（Richard Elmore）和加里·塞克斯（Gary Sykes）合写的“课程政策”，载于杰克逊（Jackson，P，1992）编辑的《课程研究手册》，是位于纽约的美国教育协会的一个项目，为理解和整理有关课程政策的研究提供了一个概念框架，这一框架标志着课程政策研究作为教育研究的一个正式领域的诞生；《管理课程：政策、政治学和实践中的变革模式》，载于《课程行政》一书，是督导和课程发展协会1994年的年鉴，理查德·F.埃尔莫尔（Richard F. Elmore）和苏珊·H.富尔曼（Susan H. Fuhrman）编辑。通过对这些资料的学习，发现国外分两个角度研究课程政策：课程视野的政策和政策视野的课程。

正如彭彩霞（2009）所总结的：课程政策研究是一个相对较新的领域，至20世纪70年代始受到科斯特、沃克和博伊德等人关注，90年代艾尔摩和赛克斯提出的概念框架则标志着课程政策研究作为教育研究的一个正式领域的诞生，但随后仍发展缓慢，这与课程研究的科学传统以及课程政策研究自身薄弱的理论架构有关。就已有研究内容而言，主要关涉课程政策的影响力及其权力变化、课程政策与实践的关系、课程政策的公共利益功能等方面。而课程政策文本和情境的关联、课程政策工具之可行性、课程政策的比较视角等研究则相对欠缺，亟待加强和改进。

总的来说，国际上对课程政策研究的关注很不够，因为传统上课程研究更喜欢进行科学建构而忽视政治建构。西方的课程专家，在研究中容易转移话题，而在社会主义国家政策通常由执政党决定，没有研究的必要。这样，由于缺少统一的研究问题和研究方法，在国际范围内就难以对课程政策问题进行交流，从而导致这个研究领域成果缺乏。

2. 国内课程政策研究现状

我国的课程政策研究相当落后，对国外的课程政策仅限于表层的介绍，没有能从政治的视角进行专业化的深入分析。国内最早以课程政策为名进行学理研究的是华东师范大学 2001 届博士论文《课程政策研究——对"课程共有"的理论探索》（胡东芳），该文在资料稀缺的情况下从权力入手研究课程政策，对课程政策研究作了开拓性的工作。具体分四章：课程政策的历史分析，课程政策的价值分析，课程共有：课程政策的理想模式，课程共有的可行性分析。该论文完成后，作者在此基础上公开发表了多篇从该论文中分离出来的单篇学术论文，比如，《论课程政策的本质、定义与载体》，《论加强课程权力表达能力的必要性》，《论课程共有》，等等。然而，纵观全文，该文主要是从权力角度研究课程管理问题，基本上没有考虑课程内容的政策问题，因而课程管理的特性没有从一般管理的特性中突出出来。并且，其结论"课程共有"也很难实现，中央政府不可能与地方政府、学校共有课程权力，他们各自的权力内容和权力范围是不一样的，只有在法律法规范围内的不一样，才可能实现各自的利益要求，也才可能充分发挥各自的作用。华南师范大学谢少华博士早在澳大利亚留学时就开始了课程政策研究，并且以《课程政策设计与变化的关系：1987 年以来西澳大利亚 8—10 年级社会学科的案例研究》（《Links between Development and Changes in Curriculum Policy：A Case Study of 8 – 10 Social Studies in Western Australia since 1987》）为题完成了博士论文，于 1999 年在澳大利亚获得博士学位，该论文现已于 2002 年由中山大学出版社出版中文版，书名为《权力下放与课程政策变革》。该论文用质的研究方法对澳大利亚西澳大利亚州课程改革中课程政策的变化进行了案例研究，其目的是为了对我国课程改革提供参考。这是在目前所发现的、公开出版的研究课程政策的论著。虽然该书的第二章详细地介绍了澳大利亚课程政策的理论基础，然而该文毕竟只是一个国外的案例，我们可以从中受到启发，但其与我国的现实情况和思维模式毕竟相差太大，因而不能直接地有益于对我国的课程政策研究。

这几年，随着新课程改革的不断深入，特别是实行课程三级管理。以华东师范大学、西南大学为主，包括上海师范大学、南京师范大学、湖南师范大学、四川师范大学、浙江大学、吉林大学等高校的博士生、硕士生，以课程政策、课程管理或课程权力为名进行了学位论文的写作。以课程与教学论为主，涉及比较教育学、教育经济与管理、教育学原理、行政管理等研究方向，专业视野比较单一，涉及的议题主要是为了政策的研究，以承认三级课程管理的政策合法性为前提，对各个层面进行支撑性研究。比如，在宏观层面，研究论文题目包括：《我国基础教育课程政策的理论与实践研究》，《基础教育课程政策取向研究》，《五向度课程领导框架的构建》，《课程领导研究：一种综合的观点》，《协商课程研究》，《走向权力分享——论中小学教师参与课程决策》，《集权与分权的平衡——透视我国的三级课程管理体制》，《课程政策实施研究》，《关于我国课程改革政策执行力的研究》，《体育课程决策主体的多元化研究》，《中小学教科书选用制度研究》，等等；再比如，在中观层面，研究论文题目则包括《地方课程政策研究》，《基础教育地方课程管理研究》，《地方政府的课程政策执行行为分析》，等等；还有，在微观层面，研究论文题目则包括《校本课程开发政策的研究》，《学校如何管理课程——主体论视野下学校课程管理的思考》，《校本课程开发中教育利益相关者影响力的个案研究》，《校长课程领导的研究》，《论校长课程领导的理念与策略》，《校长的课程执行力研究》，《教师课程权力研究》，《教师课程领导的概念框架与问题透视》，《论中小学教师的课程权力》，等等。

除了系统进行的学位论文外，还有很多以课程政策或相似名称命名的文章或段落，很多文章是其学位论文的一部分。比如，《我国基础教育课程教材政策发展50年》，石筠弢，载于《21世纪中国课程研究与改革》，人民教育出版社2001年出版；《论基础教育课程政策的公正问题》，郭晓明，载于《教育理论与实践》2002年第4期；《香港课程政策》，霍秉坤，2000年，第二届课程研讨班，北京，2000年6月14日至19日；《基础教育课程发展政策的反思》，马云鹏，载于《中国教育政策评论（2001)》，教育科学出版社2001年出版；《美国课程改革和发展政策》，汪霞，《课程改革与发展的比较研究》，江苏教育出版社2000年出版。在刘启迪所撰《内地·台湾·香港义务教育课程之比较教育学术研讨会综述》（《课程·教材·教法》2000年第9期）一文中，有“如何理解课程政策”一段。

纵观相关研究，存在诸多不足。如，课程政策研究文献少，基本停留于传统的教育学视野进行研究，用已有的课程理论思维思考、分析课程政策问题，话语体系新意不够。在有些分析、论述或者谈话中，有用课程政策这个新名词装旧酒的嫌疑。

第二章

课程政策的知识政治学基础

要考察一个时代课程所面临的问题，必须深入分析这个时代所面临的知识问题。知识对于课程的影响不像人们通常所认为的那样是与政治、经济的影响并列的，而是政治、经济等各种影响的最终体现。（郭晓明，2005）[9]研究课程政策，需要对课程中的基本问题特别是知识问题进行研究。既然是研究，就不应该是一般性的考察，而应该是深层次的考察。如何进行深层次的考察呢？需要选择切入点，这个切入点需要准确深入。因为课程的本质是知识，从知识这个角度研究课程会更加准确；从知识政治的角度即知识领域中的政治关系的角度进行分析，考察知识领域中权力与利益演变的历史，现阶段的权力、利益关系如何，这就更深入。

教育问题、课程问题是门槛比较低的问题，人人均有感受，每个人也有发言权，这就需要理论工作者提供比较新的视角和深厚的理论基础，从而体现理论工作的解释力，体现理论工作的价值。克服大众化、一般化的议论，体现教育研究的价值，是理论工作者一直追求的目标。在以往的理论探讨中，人们主要是从社会政治和经济状况来考察一个时代的教育状况，相应地也从这一点出发思考课程问题。这样做是非常有道理的，有助于把握教育和课程的社会性质。但是，这种研究的视角忽略了一个重要的问题，即一个时代社会政治和经济所提出的教育和课程要求，更直接地是通过对教育过程中课程知识的重新选择和管理来实现的，或者说，对教育和课程提出的新的政治与经济要求，实质上体现为对新知识的要求。

其实，对知识总体状况的把握可以从多个角度进行，比如哲学角度、心理学角度、教育学角度、社会学角度和文化学角度，等等。实际上我们在下面所论的就基本上属于"知识政治学"的角度，尽管这是一个有待证实的学科范畴，仍然可以为课程政策研究提供理论基础。因为通过考察，我们发现现阶段知识领域的权力利益关系与以前具有很大的不同，那就是由霸权和单一利益为主转向民主和大众利益为主。这样的知识状况凸显了知识的多样性①，其对课程政策的影响是具有实质性的、全方位的。既影响着课程知识的选择，也影响着课程知识的管理。

通过对知识现状的考察，从而确立思考、研究课程政策的理论工具。知识领域中的权力、利益关系此消彼长，一个时期具有权力、反映一定利益关系的知识，在另一个时期则发生了变化，有时是一般性的变化，有时则是根本性的变化。这样，课程政策就要发生相应的变化，相应地，有时是一般性的变化，有时却是根本性的变化。对知识多样性的把握，不是凭空产生的，首先是发现现在人们提出了很多知识概念，这些知识概念在传统的知识观下不成其为知识。其实，知识外延变化的背后是知识内涵的变化，是因为人们在新的政治经济状况下将以前认为不是知识的部分看成了知识，将以前人们认为地位低的知识提高了地位，所以需要对知识进行重新理解。

① 这个观点是受石中英教授的著作《知识转型与教育改革》（教育科学出版社，2001）一书的启发，他在该书中经常提及知识多样性的观点。

第一节 知识研究面临新课题

一、各种各样“新知识”名称

只要阅读有关知识理论方面的书籍或文章，我们可以发现知识理论领域的“学科之乱”（王铭铭，1999）。这种“乱”体现在人们认识到了许多种类的新知识，隐性知识、地方性知识、意会知识、个人知识等名词相继出现在有关文章中。这些新出现的知识名称让人费解，与我们长期以来的知识观念相冲突。这里，我们对这些新的知识名称做些介绍。

1. 隐性知识

1958年，英国物理化学家和思想家迈克·波兰宜（Michael Polanyi）在其《个人知识》一书中提出了“隐性知识”的概念，在1966年出版的《隐性方面》一书中对隐性知识与隐性认识进行了比较系统的探讨和分析。在研究科学知识以及一般知识的性质时，特别是在批判近代以来知识界形成的实证主义知识观时，他提出了隐性知识（Implicit Knowledge）的概念，认为：在一个人所知道的、所意识到的东西与他所表达的东西之间存在着隐含的未编码的知识。他在《人的研究》一书中明确提出：人类有两种知识。通常所说的知识是用书面文字或地图、数学公式来表述的，这只是知识的一种形式。还有一种知识是不能系统表述的，例如我们有关自己行为的某种知识。如果我们将前一种知识称为显性知识的话，那么我们就可以将后一种知识称为缄默知识。（石中英，2001）[222-223]这里波兰宜所称的缄默知识，其实就是隐性知识或者默会知识。

对隐性知识的认识不仅波兰宜一人（肖广岭，1999）有过论述，1977年朱克曼出版了《科学界的精英》一书，同样说明了隐性知识的存在。她用科学社会学的方法探讨杰出科学家之间的关系，特别是师徒关系。她的研究表明，截至1972年，92名美国诺贝尔科学奖获得者中有48名曾经作为老诺贝尔奖获得者的学生、博士后或年轻的同事。她还注意到许多杰出科学家系列，表明诺贝尔奖获得者通过师徒关系在不同代际之间的延续。这些未来的诺贝尔奖获得者在作为“徒弟”的时候，从“师傅”那里学到什么呢？根据朱克曼的调查，他们主要学到的不是显性知识，而是诸如工作标准和思维模式等更大范围的倾向性态度和不能编纂整理的思维和工作方法等隐性知识。朱克曼的研究不仅说明了隐性知识的存在，而且还说明了隐性知识的价值。

隐性知识，主要是相对于显性知识而言的。它是一种只可意会不可言传的知识，是一种经常使用却又不能通过语言文字符号予以清晰表达或直接传递的知识。如我们在做某事的行动中所拥有的知识，这种知识即是所谓的“行动中的知识”（knowledge in action），或者“内在于行动中的知识”（action-inherent knowledge）。隐性知识与显性知识的区分是：（1）显性知识是规范的、系统的、公共的，而隐性知识是难以规范的、零星的，并且常常具有浓厚的个人色彩，与个体的个性、经验以及所处的情景交织在一起；（2）显性知识所陈述的内容往往得到了科学的证实或检验，而隐性知识背后的科学道理还不甚明了；（3）显性知识是稳定的、明确的，是能够复现的，而隐性知识难以捉摸、含混不清，没有定型；（4）显性知识通常已经经过编码或者格式化、结构化，因此，可以用公式、定理、规律、原则、制度、法规、软件程序和说明书等方式来表达，而隐性知识尚未编码和格式化，更多地需要用诀窍、个人特技、习惯、信念等形式呈现；（5）显性知识的使用者对所使用的知识有着明确的认识，而隐性知识的使用者则对所使用的知识不甚了解；（6）显性知识容易被储存、理解、传递和分享，而隐性知识则不易保存、传递、掌握和分享。

2. 意会知识

1996年，经济发展与合作组织（简称OECD）在《以知识为基础的经济》专题报告中所提的知识类别影响广泛，OECD定义知识为4个W（维娜·艾莉，1998）：

Know—What，即知道什么的知识，亦即关于事实的知识；

Know—Why，即知道为什么的知识，亦即关于规律和原理的知识；

Know—How，即技能知识；

Know—Who，即知道是谁有知识的知识。

经合组织的报告将第一类和第二类知识称为“可编码的知识”，第三类和第四类知识归结为不可编码的知识。这样，在事实、原理、理论体系是知识的同时，信息、数字、符号也是知识，技术、能力也是知识。然而受传统知识理论的影响，在人们的常识中，只有事实、原理、理论体系才是知识。

其实很早以前人们就认识到了在书本知识或能够用语言清晰表达的知识之外，还存在着一种“只可意会不可言传”的知识，即意会知识。意会知识有以下特点（吕乃基，1999）[58]：（1）主要是 Know—How，如古代农民、工匠的那些不可言传的经验，如庖丁解牛，“得心”方能应手，厨师炒菜的“火候”等。（2）不能用逻辑工具予以明确表达和分类，难以或不能与其生命载体相分离而转移到非生命载体上去，所以难以或不能如编码知识那样进行交流和为人们所共享。（3）在某种意义上，意会知识最深层的内核比编码知识更稳定，所谓江山易改、本性难移就是这个意思。然而最表层的意会知识，则比编码知识更流动多变。另外，大的群体和一个民族所拥有的意会知识较为稳定，而小的群体乃至个人所拥有的意会知识则较富于变化。

以前具有这些特点的知识不被认识为知识，没有享受知识的地位，特别是在传播时没有享受知识的待遇。要获得意会知识，只是通过活动，而这些活动只是对可编码的知识进行规划，而对意会知识的获得则没有规划，因而其效果很不稳定。人们常说，在传授知识（这里指传统知识观念下的知识）的同时形成技能、能力、态度和价值观，就是知识传播中忽视意会知识的明显例子。因为，按照意会知识的含义，技能、能力、态度和价值观属于意会知识，然而其获得过程只是在知识（指传统知识）传授的同时去形成，而不是将其作为一项传授的内容。

3. 地方性知识

自 20 世纪 60 年代以来，随着知识观念的变革，“地方性知识”（local knowledge）受到了人们的重视。这里所谓的“地方性知识”，不仅是指任何特定的、具有地方特征的知识，而且还指一种新型的知识观念（盛晓明，2000）。“地方性”（local）或者说“局域性”，不仅指特定的地域意义，而且它还涉及在知识的生成与辩护中所形成的特定的情境（context），包括由特定的历史条件所形成的文化与亚文化群体的价值观，由特定的利益关系所决定的立场和视域等。“地方性知识”的观念意味着：由于知识总是在特定的情境中生成并得到辩护的，因此我们对知识的考察与其关注普遍的准则，不如着眼于如何形成知识的具体的情境条件。为此，必须寻找到一些只能满足“local”条件的知识范例。在人们眼里，最明显的范例除了土著人的知识外，还要数我国的中医。中医显然能治好疾病，但是按照西方的知识准则，它很难称得上是科学。原因就在于中医知识是在中国传统的和本土文化的情境中生成的，因此也只能通过本土文化内部的根据来得到辩护。在当代科学论中，地方性知识真正的首创者当数库恩。库恩不屑于去分析现成的和既有的知识，只关注知识实际生成和辩护的过程。通过“范式”这一“解释学的基础”，他告诉我们，任何科学共同体都带有历史的成见，因而都置身于一种局域的情境中了。

4. 主观知识

人们还认为，知识通常有两种存在形式，即客观知识和主观知识。主观知识是我们头脑中的一种主观的映像，而不是一种物质的东西，但是这个知识来源于物质的客观世界。就我们个人而言，我们的大脑是物质的，眼球、头发、胳膊、腿、牙齿，组成我们的整个身体都是物质的，除了我们物质的肉身外，头脑中还存在着知识，这就是主观的东西了。我们头脑里的知识是主观的，这个东西的运用，绝不像用一下菜刀、别人的铅笔、别人的手机、别人的电脑等那样，因为电脑、菜刀、铅笔等是物质的东西，需要用手作用于它们，但是头脑中的主观知识，绝对不可以用手去运用。头脑中的主观知识，目前可能只有一种东西能作用于它，这就是人类大脑。但是人类大脑，并不能拿起知识帮我们做任何事情，大脑只能存储它，回忆起它。比如，记得自己曾经学习过每天步行一个小时，会使自己的身体健康，自己就每天自觉地步行一个小时；再如自己曾经通过学习哲学，知道了思考问题时要从实际出发，自己物质的大脑开始作用于主观感性材料时，真正地从实际出发起。

主观知识存在于人的主观精神世界，储存在个体的大脑之中，可以从知识与智力的关系中认识主观知识。从知识与智力的联系来看，智力就是个体掌握知识、运用知识、创造或生产知识的一种个性心理品质，它以个体的主观知识为基础，直接受主观知识结构和质量的制约。主观知识在一定的意义上相当于智力的内存和程序系统。现代信息加工心理学有关人类智能的研究（方俊明，1998），尤其是专家系统的发展，从一个侧面支持了上述看法。信息加工心理学认为：智能的核心是知识，凡不以知识为基础的能力则是本能；智能的本质是能够巧妙地运用知识有效地解决问题，即对知识做出正确的选择并及时地转化为适当的操作程序；专家之所以为专家，在于他们具有专业知识和解决专业问题的诀窍，即形成某些专业性的知识网络以及特定的直觉和推理能力。

还有学者从知识所反映的客观世界普遍性这一维度看，将知识分为经验知识、技术知识和理论知识三种形态（昌家立，1995）。比如，就教育领域而言，还有关于理论知识与实践知识的区分。前者通过阅读和听讲座获得，后者是教师在教育教学实践中实际使用或表现出来的知识。前者通常停留在教师的头脑里和口头上，后者是教师内心真正信奉的，体现在日常工作实践中。实践性知识通常呈内隐状态，基于教师的个人经验和个性特征，镶嵌于教师日常的教育教学情境和行动中。教师的实践性知识可分为三类：可言传的实践性知识，可意识到但无法言传的实践性知识，无意识的、内隐的实践性知识。

其实，最近几年还有公共知识、社会知识和个人知识等区分。所有这些区分给人耳目一新的感觉，似乎能够解释日常生活或者学术生活中的许多新现象。其实，所有这些知识概念，都来源于西方的知识观，这些知识观具有一些共同的理念，来到中国后，有各种各样的名称。

二、知识面临解释危机

其实，历史上有关知识的定义不计其数，许多哲学家、教育家都从不同的角度给知识下了种种定义，比较趋于一致的看法是把知识作为认识的成果。比如，由顾明远先生 1992 年主编、由上海人民教育出版社出版的《教育大词典》（第六卷）认为“知识属于认识的范畴，是人类的认识成果”；“经验是知识的初级形态，系统的科学理论是比较完备的知识形态”。近代所谓的知识是指真实的认识，其基础是笛卡尔的主客二分，知识就是主体对客体的认识。

在我国，一直以来，知识似乎只是哲学家研究的课题。因此，人们对知识的认识也就仅停留在哲学的水平上。我国 20 世纪 80 年代出版的

《教育学》、《教育心理学》以及《中国大百科全书》，都把知识定义为“客观事物的属性与联系的反映，是客观世界在人脑中的主观映象”。在日常生活中，“知识”概念与“真理”、“信仰”等概念之间有着复杂的关系。人们获得了某种知识，往往就将其当成是真理，并对它的真理性和可操作性产生一种信仰。在教育领域里，人们对知识的理解更是局限于学科，以为只有学科化的认识才能称其为知识。这样一来，知识的主要特点就是客观性和确定性，是用概念、定理、公理表述的体系。

传统对知识的理解和我们上面介绍的一些新的知识概念就发生了冲突，这种冲突还不是一般性的、个别性的，而是形成了系统的观点：后现代知识观、建构主义知识观。

1. 后现代知识观

后现代知识观是针对传统知识观存在的问题而提出的，从某种程度上可以说是对现代知识观的反叛。其基本的主张有以下四个方面（潘新民 等，2006）[18-19]：(1) 知识不再具有绝对的客观性，而是具有不确定性。以后现代主义者的眼光来看，知识既不是对认识对象的“镜式”反映，也不是对事物本质的“发现”和“揭示”，它是由认识者的认识能力、兴趣乃至利益所选择和建构的结果。(2) 知识不再具有普遍性，而是具有情境性。后现代主义知识观认为任何知识都具有情境性，不存在绝对抽象的、普遍的知识。(3) 知识不再具有中立性，而是具有价值性。后现代主义知识观强调知识是文化建构的结果，而不是纯粹个体理性或经验的产物；知识的追求和传播无论如何都不能脱离社会，而是受到社会明显的或隐蔽的权力关系制约。(4) 知识不再具有科学真理的唯一性，而是具有多样性。后现代主义知识观强调知识有多种类型，不仅重视显性的可以用语言表达出来的知识，也关注无法用语言表达、只可意会不可言传的默会知识。

2. 建构主义知识观

建构主义（刘儒德，2005）认为，知识不是客观的东西，而是主体的经验、解释和假设。知识不是客观存在的被人发现的东西，而是人在实践活动中面对新事物、新现象、新信息、新问题所做出的暂定性的解释和假设而已。牛顿的理论并不是事先存在着的东西，而是由牛顿通过实践和认识活动而发明出来的假设和解释而已，具有一定的客观性、相对性、暂定性和实用性。尤其是随着科学技术的迅猛发展，人们对同一个事物、现象或问题，存在各种不同的看法，到底哪个看法代表客观的东西？都不是。它们都不过是一种暂定性的解释、假设而已。人类社会的公众知识如此，个体知识也是如此。公众知识在每个学习者头脑中的意义不是客观的，而是每个学习者通过主动参与认识活动而主观创造出来的，是每个学习者的一种主观经验、解释、假设。人脑不是电脑，同样一段程序在不同电脑中运行的结果可能是一致的，但同样一段以语言文字为载体的公众知识在不同个体的头脑中意义却是不一样的。总之，无论社会公众知识，还是个体知识，都不是客观的东西，而是人主观创造出来的暂定性的解释、假设。这种知识观对学习和教学都带来了巨大的冲击力。建构主义的知识观，主要表现在（黄忠敬，2002）[68-71]：第一，知识不是客观的，不是对现实的准确表征，它只是一种解释、一种假设，随着新知识的出现，它终究被否定或抛弃。第二，知识具有个体性与情境性。知识是由个体基于自己的经验背景而建构生成的，它取决于一个人的文化背景、社会背景、传统观念、风俗习惯，也取决于他所处时代的物质条件和精神风貌、知识水平及他所在民族的心理结构等，这说明：知识总是某个人从某一角度（或视角）对事物的看法，带有明显的个体性。第三，知识具有价值性。特别是课程知识，它是从所有人类文化中选择与组织起来的，这种选择需要经过价值的过滤，经过人为的建构，不可避免地反映某些集团或阶级的兴趣，代表着某些集团或阶级的利益。

3. 对知识特性与知识种类的挑战

新出现的知识概念对现代知识提出了种种挑战，这些挑战集中体现在对知识特性的理解上，人们对知识特性的理解面临着解释危机。也就是说，按照现在通行的对知识特性的理解，已经行不通了。

石中英先生深刻地分析了现代知识的三个基本特性：“客观性”、“普遍性”和“中立性”（石中英，2001）[133-140]，认为这是分别从三个不同的侧面勾画了现代科学知识的形象。客观性侧重于阐述现代科学知识与认识对象及认识主体之间的关系，普遍性侧重于阐述现代科学知识在不同认识主体之间的关系，中立性则侧重于阐述现代科学知识与社会价值体系之间的关系。在现代知识的三个基本特性之中，“客观性”又是最基本的特性，其他两个基本特性也都是在客观性基础上建立起来的，或者说是对客观性不同侧面的阐述。“客观性”，在基本的意义上是指“属于客观事物的特性”。建立在现代自然科学基础上的“客观性”是一个非常复杂的概念，其基本含义是与“事物本身”的属性及事物与事物之间的本来关系“相符合”。认为知识或真正的知识应该是“正确地反映了事物的本质属性或事物与事物之间的本质联系。”“普遍性”是指“普遍的可证实性”以及建立于其上的“普遍的可接纳性”。人们常说，“科学无国界”，“真理是放之四海而皆准的”。这些话语所强调的就是客观知识的普遍性。“科学知识”、“客观知识”与“真理”在这里实际上是一个意思。实际上，在现代人的心目中，一种知识只有是普遍性的知识，才可能称得上是“科学的”知识或真正的知识。普遍性不仅是知识的一种“美德”，而且也成为判断知识正确与否的一个标准。中立性也称“价值中立”或“文化无涉”，即知识是纯粹经验的和理智的产物，只与认识对象的客观属性和认识主体的认识能力有关，而不与认识主体的性别、种族以及所持的意识形态等有关。这并不是否认认识主体个体身份与种种利益方面的差别，而是说这些差别在知识生产的过程中是不予考虑而且应该予以搁置的。

新出现的知识名称都不具备这些特性，都是对这些特性的反叛。然而，我们是否需要死守教条，不承认这些也是知识呢?

除了对知识特性提出了挑战以外，相应地，还对知识的种类提出了挑战。新出现的各种知识概念，以及后现代知识观和建构主义知识观的分析和概括，具体体现在对知识的划界中。在科学哲学的历史发展中，科学划界（demarcation of science）是一个非常重要的问题。所谓科学划界就是为科学划定一个边界，从而把科学与其他知识形式区分开来，比如宗教、迷信、伪科学等。为了实现这一点，哲学家们必须追问“什么是科学”，也就是说必须给出科学的本质定义，然后再把此定义作为划界的充分必要条件。费耶阿本德以及罗蒂等人意识到，本质主义的划界标准是不可能实现的幻想，因为科学不仅处于发展之中，而且它本身就是异质性的。因此，他们试图消解划界问题。在 20 世纪早期，逻辑实证主义首先提出了“可证实的”科学划界标准。在费耶阿本德和罗蒂等人看来，寻找本质主义的划界标准是徒劳的，因为科学没有本质。

费耶阿本德把库恩在《科学革命的结构》中所表达的观点推向了极端，提出了“怎么都行”的无政府主义的知识论立场。在费耶阿本德那里，划界问题被取消了，“科学与非科学的划界不仅是人为的，而且也不利于知识的进步”（孟强，2004）。

按照以前对知识的理解，传统上一般将知识分为自然知识、社会知识、人文知识或者自然知识、社会知识和思维知识，并没有包括隐性知识、意会知识、地方性知识、主观知识等类别。知识既然是客观的，它就应该是显性的；知识既然是正确的认识，那也应该是具有普遍真理性。同理，隐性知识既然是隐性的，大家还不太清楚，怎么知道它到底是不是客观的呢？意会知识既然只可意会，也具有很强的主观性；地方性知识既然只在地方范围内具有正确性，肯定与知识是真理的含义有天壤之别。这么说来，按照传统知识本质进行理解，最近几年被人们所称为是知识的认识，就不能被称为知识。

如果我们承认最近几年所出现的新的知识可称为知识，那么我们就需要有一个新的视野，对知识进行新的类别划分，从而将这些新的知识涵盖进去。

三、对知识进行重新理解

如何处理知识面临解释危机这种情况，有两种办法。一种办法是对知识概念进行清理，还知识概念以本来的面目，不要用这些新的名词概念扰乱了人们的思维，干扰我们的知识生活特别是教育生活，从而带来不必要的负面影响。按照皮亚杰的思想，另外一种办法就是顺应机制，即是对知识概念进行重新理解，通过对已有的有关知识本质的认识进行改造，将这些新的知识概念概括进去，相应地扩大知识的外延。至于拒斥还是顺应，采取何种机制，不能靠我们的主观想象，而是要根据客观实际和可能。我们认为对于新出现的这么多知识种类，应该对知识概念进行重新理解。这基于两方面的原因：一是客观实际，二是现实可能。

现在的客观实际是什么？现在不仅处于工业社会时期，而且还有些地方和部门正在转向新技术革命后的后工业社会，人们参与社会实践，往往需要很多主观知识、隐性知识、意会知识、非学科知识，等等。只有具有这些知识，才能应付复杂多变的社会。用一句俗话说，现在时代不同了，社会变化了。现代社会与以前社会的不同之处在什么地方呢？在于以前是简单社会，现在是复杂社会；以前是封闭社会，现在是开放社会；以前是工业社会，现在是工业社会和后工业社会，具有智能社会的特征。同时我们还认为，现在对知识进行重新理解是可能的，因为现在在哲学领域、社会学领域展开了对知识的广泛研究，取得了丰硕的成果。哲学领域的研究比如后现代知识观、科学哲学，社会学领域的研究比如知识社会学，等等。

确定了需要对知识进行重新理解以后，我们需要研究怎样对知识进行重新理解，应该以什么视角对知识进行重新理解呢？为了开展课程政策研究，又需要如何进行重新理解呢？重新理解知识后会得出一些什么结论呢？这些均是以后部分将要逐渐讨论的问题。由于需要开展课程政策研究，因而需要从政治学视野对知识进行重新理解。如何对知识进行重新理解，政策研究需要引进政治学视野。20 世纪人们在社会学领域里开展对知识问题的研究，最能为开展知识的政治学研究提供启示。从政治学视野开展知识研究，是课程政策研究的需要。国内对知识社会学的研究成果早已经出现，石中英先生的《知识转型与教育改革》（石中英，2001）一书，是运用知识社会学的研究成果系统研究教育问题的代表作，可以为形成知识政治学的基本观念提供知识背景，从而为课程政策研究服务。

如何开展政治学视野的知识研究，我们这里从基本思路和基本概念入手。从基本思路方面考虑，需要从权力角度研究知识问题；从基本概念方面考虑，我们借用知识型与知识转型两个概念来分析人类知识发展状况。对人类总体知识状况进行研究，既有纵向研究，也有横向研究。从横向进行研究，需要考察当时知识的政治性质，就是要考察当时的知识型；从纵向进行研究，则需要考察历史上的知识发展阶段，知识发展阶段的更替表明了知识转型。通过纵向和横向两方面的研究，从而把握知识的性质，理解知识多样性的出现，这样理解知识外延的扩大就没有什么障碍了。

第二节 政治学视野的知识研究

近代以来，伴随着自然科学、社会科学、哲学乃至日常生活的根本变化，知识的基本图景发生着深刻的变革，同时，世界观、宇宙观的转变，也冲击着传统的知识观念。新的时代呼吁新的知识观，新的知识观亦将改变时代的面貌。探讨知识的当代变革、描述知识观的基本图景是教育学不可回避的重要课题。（潘洪建，2003）尽管在教育学视野内，人们已经认识到了要重新认识知识，也的的确确在课程改革中进行了概念重建，可是却引起了如前言中所述的极大的争论，这需要引起我们的深思。我们也需要对概念进行重建，只是我们进行的概念重建与现行的概念重建，其目的是不一样的。为了课程政策研究的需要，我们不对课程进行概念重建，只是对知识进行概念重建，并且是引进知识政治学视野的概念重建。

一、知识型的重新划分

如何对知识进行重新理解，政策研究需要引进政治学视野。政治学中有许多概念，权力是其中的主要概念。从权力入手进行研究，具有政治学研究的意味。然而将知识与权力结合起来，不是一项新的工作，是知识社会学研究者们的贡献。“知识社会学”一词源于德文，为舍勒（M. Scheler）所首创，其发端于马克思的社会决定论。从知识社会学的角度看，知识活动从来就不能离开它所处的社会文化语境，知识的发生与发展也不能只从学理的角度加以解释。在《意识形态与乌托邦》一书中，曼海姆认为，不同的知识之间的对立与竞争，实际上是相互冲突的社会利益集团在理论层面上的反映。思想观念并非天才的灵感突发，因而可以通过社会领域中不同的权力之间的相互作用，来解释知识的产生与发展。即使原来似乎是纯粹知识层面上的争论，在知识社会学的分析之下，仍可找到具体存在的社会集团之间的对抗与斗争。社会的权力与利益关系不仅制约着知识的产生与发展，而且还渗入知识与观念本身的内容与形式中，也就是说，知识与观念本身也存在着权力问题。

在西方哲学史上，知识和权力（power）的关系问题一直是一个有争议的问题。从英国哲学家培根提出“知识就是力量”开始，人们逐步形成了一种传统的知识观。尼采的权力意志哲学，提出了一种完全不同的知识观：知识之所以是知识，不是因为它正确，而是因为它能够满足权力意志的需要。系统全面地阐述知识与权力的关系并提供一套独特的分析范型与分析方法的，当推20世纪古怪的哲学巨匠福柯。福柯在他的一系列重要著作，如《疯狂与文明》、《规训与惩罚》、《词与物》、《知识考古学》等中反复论述了知识与权力之关系。他指出：必须在充满冲突与斗争的社会历史过程中考查知识的运演。在他看来，权力与知识是相互涵含的，它们之间甚至也不是因果关系，而是一种互为生产性的关系。福柯因此在自己的著作中喜欢使用“真理的政治经济学”、“知识的政体”之类的术语。福柯认为，在历史上，知识的话语类型经历了许多变化，这是一个统治方式的变化，因而它属于科学陈述的政治学问题。不过，需要指出的是，福柯所谓的权力不同于政治学意义上的权力，比后者要宽泛得多。在他看来，权力首先不是针对经济关系的维护和再生产，而是针对所有的力量关系的。（石中英 等，1999）[17]

具体到课程领域，则由知识社会学转换为课程社会学。课程社会学研究的一个焦点是，阐明课程组织的结构性分配原理，诸如学校知识选择之际的权力介入，课程编制中组织知识时的“分类”与“分层”之类的分配。（钟启泉，2000b）[50]早在20世纪60年代末70年代初，英国的新教育社会学派就主张，必须立足于社会观点去理解课程，把学校中所教学的知识内容作为教育社会学的中心课题来研究。这是因为，课程不是天经地义的存在，而是在同政治、经济、文化的相互作用之中形成的“社会构成物”。韦伯（Weber，M.）的“支配社会学”和舒茨（Schutz，A.）的“现象社会学”从“不平等的观点”出发，把社会不平等同学校知识联系起来，揭示了课程是在一定的社会背景之中形成的，同权力与财富的分配密切相关，对于政治经济结构的维系起着重要的作用。从体制、意识形态批判的角度，揭示了支撑现行体制的意识形态是构成课程内容与形式的关键因素。

权力从根本上说，就是一种压抑：压抑自然、压抑本能、压制阶级、压制个人。知识权力也是一样。因此，全部知识的事业，包括教育的事业，都不是具有绝对价值，无可置疑的。通过知识既可以解放人，也可以奴役人。权力对课程知识的影响也不仅限于课程知识的选择、组织、分配和分类，而且通过教材和教师深入到学生对知识的理解、学习和使用，以及课程和评价。也就是说，课程知识的权力不仅存在于国家的课程计划、课程标准和成人编制的教材里，而且充斥于课程和儿童的整个学习过程之中；不仅以物的方式存在，而且以活动的方式存在。(郭晓明，2005)[21]从权力入手进行知识研究，只是从政治视野研究知识问题的基本思路，需要对其进一步展开，才可能深入。在人类知识发展过程中，行使知识权力的是知识型。通过知识型的权力作用，将有些知识排除在知识体系之外，而将另一些知识视为至宝。之所以用知识型这个概念分析知识的总体状况，关键是它与政策研究的思路相吻合。因为知识型是知识的“意识形态”或“政体”，在知识生活中常常发挥“法官”的作用（石中英，2001)[53]。

在不同的知识型里，知识合法性的基础是不一样的，其生产、辩护、传播的规则也不一样。正因为不同知识型知识的合法性基础不一样，其权力、利益基础不一样，从而导致课程政策的不一样。这样思考问题，课程政策研究可能抓住了关键。知识型是知识的模型或知识的范式（石中英，2001)[20]。作为知识的模型或范式，它是一个时期所有知识生产、辩护、传播与应用的标准。同时，它也是那个时期所有知识分子都共同分享的知识问题、范畴、性质、结构、方法、制度及信念的整体。如果一种人类的认识经验符合那一时代知识型的要求，那么它就能够获得“知识”的殊荣和权力，并被允许以“知识”的名义进行传播和应用。反之，则会被排斥在知识王国之外。

如何确立知识型划分的依据，是一项重要工作。《知识转型与教育改革》一书提出了以下四个依据（石中英，2001)[19-20]：知识与认识者的关系，知识与认识对象的关系，知识作为一种陈述本身的逻辑问题，知识与社会的关系问题。这是包括哲学、逻辑学、社会学以至于政治学等理念的分类标准，学科视野很广。从这样的标准认识知识的整体情况，给人们很大的启发，有助于人们对纷繁复杂、类别众多知识的理解。我们这里研究知识问题的基本思路是权力，从权力这个角度研究知识型，则应该有自己的标准，这个标准就是权力的性质。从权力的性质确定知识型的划分标准，与从认识论出发确定知识型的划分标准具有明显的区别，可以发现知识型的政治性质，这是确立课程政策的依据。权力具有霸权性与民主性两种截然不同的性质。因而，相应的知识型则是霸权知识型与民主知识型。同时权力是实现利益的手段，利益才是权力运用的目的，因此不同的知识型，其反映的利益状况是不一样的。一种是反映少数人的利益，一种是反映大多数人的利益。

二、知识政治转型的到来

知识转型就是知识型的转变（石中英，2001）[26]，就是知识范式、形态或政体的转变或被颠覆，是原有的知识型出现了危机，新的知识型逐渐出现和替代原有知识型的过程，不仅包括了知识观念的转变，而且包括了知识制度、知识组织、知识信念以及知识分子角色等各个方面的转变。知识转型一开始可能出现在个别知识领域和知识理论的个别领域，后来就会慢慢地扩张到整个知识领域和知识理论的所有领域。知识转型是由于人类知识发展有一个从量变到质变的发展过程，在社会转型的推动下发生的。从总体上说，知识的发展是一个比较平稳和缓慢的发展过程，是一个连续的逐渐接近客观世界的过程。当然，知识的发展也不会停留在一个水平上，它总要有新的飞跃，这种飞跃就是知识的革命。（刘启迪，1998）[14]知识的革命是指知识的突破性发展，也就是说，新知识已突破或推翻了原有的理论体系和思维模式，是知识发展中的质变。知识革命，就是知识型的转变，也就是知识转型。

知识转型不是一个自然的和自发的过程，而是由社会转型引起的。有很多人干脆把我们现在的社会发展阶段称为“社会转型期”，并从社会转型的视角来捕捉、观察和分析一些社会现象与问题。现在我国学术界已经公认我国正处于转型时期，我们这里主要关注的是社会转型背景下的知识转型问题，希望通过对这个问题的研究得出一些课程政策转换的启示。改革开放以前，中国是一个身份制社会，按血统选择精英是中国社会的准则。与改革开放初期相比，我国社会阶层结构已发生了深刻变化（何清涟，2000），最根本的原因是精英选择除了“血统原则”之外，“财产原则”与“成就原则”也开始起作用，这种精英选择机制导致社会结构发生了巨大的变化。尤其是“入世”以后，我国的利益集团更加多元化，各利益集团之间的关系将会发生一些微妙的变化。这样的社会转型政治背景，从而导致知识总体状况的政治转型。

知识转型确立的依据不一样，因而对人类知识发展的阶段划分也不一样，这些依据与知识型划分的依据是密切相关的。可以是认识论的依据，也可以是包括认识论、社会学和政治学的依据。与课程政策密切相关的知识阶段划分是政治学的依据，即是权力划分的依据。由于从权力性质对知识进行划分是新的实践，因此，需要对认识论、社会学和政治学这样的多重划分结果进行分析，才能彰显按照权力性质进行知识发展阶段划分的含义。了解人们对人类知识发展阶段的各种划分，是从政治学视野对其改造的前提。有利于课程政策研究的人类知识总体状况分析，需要从纵向和横向两个方面展开。纵向方面需要分析知识发展阶段，横向分析则需要分析该阶段的政治本质。人类知识发展并不只是数量的增长，而且存在着性质的变化。20 世纪 80 年代，人们分析人类知识增长时喜欢说人类知识增长很快，是以前的几百倍乃至上万倍，这是从数量方面分析人类知识的发展。相应地，还从知识的数量发展出发，推演出课程改革的目标和任务。这样的分析抓住了问题的现象，然而有可能没有抓住问题的本质。我们完全同意应该从知识发展的质的方面研究知识发展阶段，这就是石中英先生在《知识转型与教育改革》(2001）一书中所贯穿的知识型与知识转型的研究思路。可以从认识论、社会学与政治学的混合视野将人类的知识型划分为四个大的发展时期或发展阶段，从古至今依次为：“原始知识型”、“古代知识型”、“现代知识型”和“后现代知识型”，或“神话知识型”、“形而上学知识型”、“科学知识型”或“文化知识型”，各阶段知识具有其相应的特征(石中英，2001)[83-84]。这是与人类社会发展阶段相适应的知识型划分，虽然人类知识发展应该与人类社会的发展同步，但是人类知识的发展与人类社会的发展却不是一一对应关系。在知识社会学中，其代表人物就讨论了知识与文化霸权的关系，通过他们的分析概念使得“知识与霸权”在资本主义的逻辑思考下成为密不可分的概念群组。由于受到“霸权”及“意识形态”理论高度发展的影响，在当代文化研究中亦特别关注“文化—权力间关系”的文化形成面向并探索其过程。福柯在其《规训与惩罚》一书中曾明确地指出知识本身不仅是一种解放的力量，相对地，知识也可能是一种压迫的工具。从知识发展中的权力关系而言，由于是具有明确意味的政治学分析，我们这里就借用福柯的霸权概念，忽略认识论视野或者认识论意义上的知识转型，突出社会学特别是政治学意义上知识转型，将《知识转型与教育改革》一书中对人类知识发展的四个阶段进行合并，分为两个阶段：霸权阶段和民主阶段。

霸权阶段即将过去，民主阶段正在到来。知识发展的霸权阶段是知识发展的一个阶段、前期阶段。在这个大阶段中，包括了原始知识阶段、古代知识阶段和现代知识阶段。虽然这几个阶段性质不一样，构成了人类知识发展的三个阶段，同时，从一个阶段向另一个阶段转变也可以称为知识转型，这是在认识论方面考虑可以说它们之间发生了转型，然而这样的不一样还只是认识方式的质变。将知识领域与人类社会领域相类比，从知识内部的政治性质而言，只有从现代知识型向后现代知识型之间的转变才构成政治意义上的知识转型，其政治性质发生转变，即从霸权性知识向民主性知识转变，也就是人们所说的由知识帝国向知识共和国转变。（石中英 等，1999）[16]知识政治性质的转变才会带来课程政策的根本转变。具体是如何转变的，具有何种特征、具有什么意义，这就是下一节需要讨论的问题。

第三节　知识发展的政治转型

在知识发展的霸权阶段中，知识的性质是霸权性的，符合知识型标准的人类认识才被认为是知识，不符合知识型标准的人类认识不被认为是知识。在这个阶段中，相应地，符合知识型标准的知识对其他知识进行欺压，因而其他知识处于被压迫状态，不被人们所重视，这样知识领域被称为知识王国，符合标准的知识得到整理、保存和传播，其他知识则不被保存、整理和传播，因而知识状况又具有单一性的特征，与后来的多样性特征相对应。知识发展的霸权阶段是不断发展的，尽管其赖以存在的社会权力基础和利益基础是不一样的，然而各个小阶段之间的根本政治性质却是一样的。知识发展的霸权阶段从原始知识开始，经过古代知识一直到现代知识，现代知识阶段是其最高阶段，也是最后阶段，知识发展的民主阶段是在其上生长出来的。

一、霸权阶段的知识发展[1]

原始社会知识的霸权状况在对待苏格拉底时达到了极端。苏格拉底生活的时代神话知识在人们的日常生活中还占有非常重要的作用，以至于社会政体的合法性在很大程度上还都依赖于神谕。他不仅自己思考什么是“真正的知识”，而且还教别人思考什么是真正的知识。他著名的“产婆术”使那些本来以为自己很有知识的人最后发现自己所拥有的知识原来是那样模糊，那样充满歧义。苏格拉底的活动摧毁着希腊人原有的知识信念，动摇着希腊社会制度的知识基础，引起了守旧势力的警觉和恐慌，最后被人告发，锒铛入狱，接受法律的审判。古代知识的主要知识形态是形而上学的，认为世界是从某一特殊的本源派生出来的，真正的知识是揭示了世界“本体”的知识。而世界的本体是存在于感觉世界之外的，因此获得这种知识的主要途径不是感觉，而是逻辑。真正的知识也一定是由概念和逻辑所构成的命题，凡是不能用这种方式来表达的人类经验都不是真正的知识。

在中国两千多年的古代文明中，一种知识是不是可信，关键在于历史上有没有出处，是不是出自圣贤之口或得自于历史经验。在西方中世纪时，宗教神学知识享有绝对真理的美名，占据知识的统治地位，成为一种霸权的知识，不仅控制着整个社会的精神生活，而且也控制着整个社会的世俗生活。古代知识的霸权性质使得哥白尼生前未敢将自己的发现公之于众。也正是由于古代知识的霸权性质，教会几次传讯伽利略，迫使他承认自己的理论是错误的。也正是由于害怕这种理论的传播对于整个基督教世界合理性基础的破坏，所以宗教裁判所才决定处死不改变自己科学信仰的布鲁诺。

16 世纪特别是 17 世纪以来，随着人类社会的变迁，新的社会发展建立在工业和科学基础之上，因此，最有价值的知识是科学知识，而不是所谓的古典知识或神学知识。古典文科知识和神学知识遭到了人们的

---

① 请参阅教育科学出版社出版的石中英著的《知识转型与教育改革》第二章。

激烈批判，科学知识或实证知识被看成是真正的、可靠的知识，科学的方法被看成是获得知识的唯一有效的方法。知识界乃至整个社会认识领域的风气发生了巨大变化。从 19 世纪初到 19 世纪末，社会学、政治学、历史学、经济学、人类学、心理学、教育学等一大批知识领域先后采用自然科学研究范式，建立了基本的科学研究方法论。科学知识几乎在人类所有知识领域的主导地位已经牢固地建立起来，并最后将残余的形而上学完全驱逐出境。

科学知识从其诞生之日起就被认为具有客观性、普遍性和中立性的特点，具有这些特性的知识与生俱来就具有霸权的性质——藐视其他知识、排斥其他知识。这一特性在日后的成长过程中更是得到了扩张。科学知识的形成和快速发展是近代西方国家工业发展的产物，同时也推动了西方国家的工业发展和经济发展。西方国家凭借科学知识的推动和经济的繁荣，制造了坚船利炮，从而打开了世界各国的大门，将世界上的许多国家变成了自己的殖民地。可以说，科学知识在西方国家的经济发展和扩充地盘的过程中立下了汗马功劳，因此，科学知识在西方取得统治地位是自然的。而且，由于殖民主义的扩展，殖民地国家的知识生活中也出现“被科学化”即被迫科学化的现象。这样，科学不仅在西方而且在世界各国均确立了自己的统治地位。同时在自然科学领域中使用的科学知识规范也渗透到了社会和人文知识中。科学知识成了一切知识和生活的主宰（蒋建华，2002）。

二、民主知识的建构

对科学知识的质疑并非始自今日，早在科学知识开始形成的 18 世纪，法国著名启蒙思想家卢梭就曾对科学的进步能否促进道德的进步问题做出了否定性的回答。对科学知识本身的质疑伴随着 20 世纪自然科学的革命性发展不断展开，在 20 世纪下半叶达到高潮。这些质疑以其时间顺序主要集中在三个领域：知识社会学、科学哲学以及哲学（石中英，2001）[70]。解构科学知识霸权并不一定能进入知识的民主阶段，知识民主阶段建设是以社会的政治经济基础为条件的，有其自身的权力利益基础，同时也需要人们进行理论总结。

1. 政治经济基础

现代社会由于经济的发展，政治更加民主化。在政治民主化过程中，需要普通大众的参与。普通大众参与需要普通大众的知识、表达普通大众的意见，而以前基于科学知识的专家政治受到了人们的质疑，人们发现仅仅有专家是不够的，大众的知识也是有价值的。同时，经济的发展，社会由工业社会进入后工业社会，后工业社会不仅具有工业社会的特征，而且还具有后工业社会所具有的特征，这个特征就是自动化和复杂化，这些新情况仅仅靠专家的预设方案是不行的，需要操作工人具有灵机应变的本领。这样，新的社会不仅需要体现专家的权力和利益，而且更需要体现普通大众的权力和利益。相应地，知识的合法化条件就发生了质变，由基于少数人的知识转变为基于多数人的知识。这一转变是以前的社会所不存在的，因为以前社会根本不具备这样的社会政治经济基础。

美国路易斯安那大学的多尔（William E. Doll，Jr）（王红宇，1995）[20]认为，我们正在由牛顿式的现代主义走向后现代主义。前者以简单、稳定、永恒为特征，后者以复杂、混沌、有限为特征。相应地，牛顿式的“现代”知识观视知识为现实的客观反映，是封闭的、稳定的，可以从外部加以研究的意义系统，而后现代主义知识观则视知识为对动态的、开放的自我调节系统的解释，研究者并非外在而是内在于这一系统之中。这种后现代主义的知识观的存在基础，就是知识民主阶段的社会基础。

2. 现代技术基础

计算机网络技术是随计算机的发展而发展起来的，20 世纪 80 年代以来在全世界蔓延。我们知道，知识的保存和传播经历了口头阶段、书本阶段和电子阶段。以前的口头阶段和书本阶段受到技术条件限制，所能保存和传播的知识是有限的，如果需要大量的保存和传播，其成本则是巨大的。以后在知识传播方面发展了音像技术（比如收音机、电视机等），这只是在空间上拓展了知识传播的范围。只有计算机网络技术的发展才真正改变了知识保存和传播的条件，计算机网络技术在知识的保存和传播方面具有传统手段不可比拟的优势：大容量、及时性、交互性。这样，计算机技术就在时间、空间和数量上突破了传统手段的局限，为知识的民主性提供了合法化的技术基础。由于当代科学技术特别是计算机技术、通讯技术的突飞猛进，信息化时代的到来，使知识的资源得到了空前的开发，知识的面貌焕然一新，当今社会的知识与以往社会的知识有着根本的区别。

尼葛洛庞帝（Negroponte，N.）在《数字化生存》（1997）一书中宣称：在网络的世界，“国家的角色将会有戏剧性的转变，未来将越来越没有国家发展的空间”；国家的法律则将成为在甲板上吧嗒吧嗒挣扎的“垂死的鱼”，再无容身之处；控制一切的“沙皇”即将退位，随之而来的则是“个人的抬头”。网络的世界的确是一个价值更趋多元的世界，信息传播的快捷性和隐蔽性使任何政府和个人都不可能对网上的所有信息都进行彻底过滤，并及时贴上价值及政治标签。在这个“无疆的世界”，“个人”的抬头的确是不可避免的，个人一方面可以更自主和更自由地发表自己的见解，参与公共讨论；另一方面又可以比以往更方便、更经济、更大量、更多样地获得远方的信息和各种社会主张及知识解释方式。

3. 理论来源

其实，对知识民主性的认识是逐渐的过程（石中英，2001）[270,114-115]。狄尔泰首先将世界划分为“自然世界”和“精神世界”或“社会—历史世界”，它们之间的区别在于：自然世界是僵死的、没有内在生命的东西，精神世界则是有目的的存在；自然世界没有自我意识，因此也就无所谓价值，精神世界是能进行价值评价的世界；自然世界服从规律，具有不可避免性和不可更改性，精神世界则具有约定俗成性和可变化性；自然世界无严格意义上的历史性，精神世界则是历史性的存在，没有历史，没有传统，就没有整个的精神世界。在这两个世界划分的基础上，狄尔泰指出，自然科学的研究范式只适用于自然现象的研究，不适用于精神现象的研究。研究精神现象的科学应该是精神科学。精神科学与自然科学之间在研究方法论上的区别在于：自然科学立足于自然现象的“观察”，精神科学立足于精神现象的“理解”；自然科学越发达就离常识越远，精神科学则永远地以常识为基础；自然科学的基本要素是一些同质的假设性结构如分子、原子等，但是精神科学的基本要素则是一些异质的精神；假设性结构的同质性使自然科学家有可能发现自然规律，构成要素的异质性则使精神科学家根本不可能发现什么规律；自然科学对价值判断不感兴趣，而精神科学中的所有思想都是价值性的，因为没有人能够研究社会和历史的全部，人们必须进行选择，这就必然地依赖于人们的价值偏好。费耶阿本德的“无政府主义知识纲领”则毫不留情地抛弃客观的、绝对的、终极的知识信念，彻底地反对知识霸权；将使那些被科学知识“压抑”或“剥夺”知识权利的知识——个体知识、地方性知识、缄默知识、本土性知识，以及那些被认为是“准科学”或“非科学”的知识——哲学知识、历史知识、宗教知识、艺术知识、教育学知识等，重新认识，使之成为“知识共和国”中合法的成员。

后现代主义尽管是一个跟时代相关的词汇，但它实际上代表一种思维方式。我们不能简单化、线性地理解为“前现代—现代—后现代”的时间序列关系，而是一种“扬弃”、“建构”和“超越”的关系。后现代主义的思想不过是对于现代性的缺陷加以弥补而已。“现代”与“后现代”并不是一种非此即彼的关系。

三、民主阶段的知识性质

从前面的陈述中，我们可以发现知识具有多种多样的特性。正是因为多种多样，才使认识更加困难。为了能对知识民主阶段所有知识的一般特性有一个清晰的认识，需要在这些众多特性中找出一个根本特性。通过对根本特性的概括，有利于指导知识民主阶段的知识生活，我们的主要目的在于指导课程知识的选择。这一特性是指所有知识的一般性质，即所有这些具体知识超越各自认识领域、陈述形式、传播方式等的不同而共同分享的性质，是各种不同知识共同遵守的游戏规则。这一特性就是多样性，是对客观性与主观性、显性与隐性、确定性与不确定性、普遍性与地域性、中立性与价值性等特性的概括。以前认为知识是具有客观性、显性、确定性、普遍性和中立性的，尽管这里也有很多特性，然而这些特性并没有突出多样性，仍然只是显示的单一的特性：认为具有客观性特性的是知识，具有主观性的不是知识；具有显性可以编码的是知识，隐性的、意会的、不可编码的不是知识；具有确定性的是知识，不确定的不是知识；具有普遍适用性的是知识，不具有普遍适用性的比如仅具有地域适用性的不是知识；具有中立性的是知识，具有价值性的就不是知识。

1. 用“从……到……”还是用“与”表示知识转型

我们认为，现阶段知识正向民主阶段过渡。这样的把握不是凭空而来，而是具有一定的理论基础和现实基础的。从理论上而言，《知识转型与教育改革》一书就暗示着这样的意思，并且石中英先生在《后现代知识状况与基础教育课程改革》（石中英 等，1999）[16]一文中也明确提出了从知识帝国向知识共和国的转型。所谓“共和国”制国家就是指实行民主制度的国家，这里将知识领域用共和国比喻，无疑暗含有民主性知识的意思。然而，该书和文章并没有明确从政治学的角度阐明知识的特性，并且在阐明相应阶段——即后现代知识型的特征时，总结了三个特征：从客观性到主观性、从普遍性到境域性、从中立性到价值性。这三个特征用“从……到……”语句来表示，似乎就是不包括“到”前面的含义，即是说，后现代知识型中的知识不具有客观性、普遍性和中立性，因为所有知识均是文化涉入的，这样来表述后现代知识型的特征似乎从一个极端到了另一个极端，没有显示出“后现代”也包括“现代”这一部分，并且还是极其重要的部分。同时，这样的说法也与其自己关于知识共和国的说法有矛盾。与自己关于后现代知识型与现代知识型关系的阐述也是矛盾的，“就后现代知识型与现代知识型的关系而言，后现代知识型并非全盘抛弃现代知识型，就像现代知识型全盘抛弃古代知识型一样。后现代知识型不会像现代知识型剥夺形而上学和神学知识的合法性那样剥夺现代科学知识的合法性，但是后现代知识型会重新阐述科学知识的合法性，并将其作为人类的一种知识类型而不是所有知识的典范或标准。不仅如此，后现代知识型还将重新阐述科学知识的性质，提出一种新的更加谦逊、更加开放和更加符合民主社会要求的科学观”。（石中英，2001）[79]如果由我们来概括的话，我们将后现代知识型的特征概括为：客观性与主观性、普遍性与境域性、中立性与价值性，将其中的“到”字改为“与”字，更加凸显了知识多样性的色彩，这就改变了整个知识阶段的政治性质，即进入了民主知识阶段。

2. 多样性

在现阶段，知识处于民主阶段，其一般性质表现为多样性，即是说表现为客观性与主观性、普遍性与地域性、中立性与价值性、确定性与不确定性、显性与隐性等。在整个知识领域，既有客观性、普遍性、中立性、确定性、显性的知识，又有主观性、地域性、价值性、不确定性和隐性的知识，并且很多知识都具有两方面的特征。各种知识相互共存，相得益彰，共同构成现代社会的知识基础，共同促进现代社会政治经济的发展。

所谓主观性知识，是与客观性知识相对应的知识。在霸权知识阶段，人们认为知识是不以人的意志为转移的客观存在，因而排除了主观性知识。在课程知识选择中，更是排除主观性知识的存在。即使不得不选择一些主观性知识进入课程，也按照客观性标准对其进行规范，语文与艺术学科中经常存在这种情况。即使在自然科学中，主观性知识也是客观存在的，然而在霸权思路的主导下，自然科学知识的选择更是排除了主观性知识的存在，以一整套概念、定理、法则描述自然科学知识，似乎自然科学知识就完全是客观的。随着工业的自动化，客观性知识存储和提取相对容易，社会对学生掌握具有个人知识特点的主观性知识提出了现实的需求，主观性知识的价值就突出出来。试想一个人如果仅仅能按照客观知识处理个人和社会事务，怎么能应付复杂多变的现代社会。

同时主观性知识也具有价值性、隐性和不确定性特征，价值性知识、隐性知识与不确定性知识具有主观性知识同样的价值。当然，不能反过来说，价值性、隐性和不确定性知识都是主观性知识，然而他们却是相互交叉、很难分开的。价值性知识、隐性知识和不确定性知识又可以是主观性知识以外的知识。价值性知识表明知识具有价值性，每一种知识背后均有其价值背景，代表一定的价值观，这些价值观隐藏在显性知识背后，又可以称之为隐性知识。与主观性知识和价值性知识的联系一样，隐性知识也不一定全是价值性知识，关于方法、策略的知识、关于问题思路的知识均可以是隐性知识。

不确定性知识是与确定性知识相对应的知识概念。在霸权知识阶段，知识既然是客观的、显性的、普遍的、中立的，那就一定是确定的，这样就排除了许多不确定性的知识，这是简单社会、封闭社会、工业社会具有可控制性特征在知识领域中的体现，也是因为这样的社会特征为确定性知识提供了合法化的条件。因此，在知识生产、传播过程中，确定性知识得到了重视。而对于复杂社会、开放社会、后工业社会而言，知识合法化的条件变化了，不确定性带来了不确定性知识的产生和需求。不确定性知识就是知识并不一定非要给出一个确定的答案，有时一个问题，一个场景，一种经历，也许就是一种知识，尽管这些知识与传统知识不一样，然而这些知识却有助于复杂社会、开放社会、后工业社会的需要。

所谓地域性知识，是与普遍性知识、全球性知识相对应的一个知识概念，是一个地域范围内生产、传播、使用的知识，在该地域以外，其很难被人们所认可。地域性是一个相对的概念，相对于全球而言，一个国家内的知识属于地域性知识；在我国，相对于一个国家而言，一个省范围内的知识也属于地域性知识；相对于一个省而言，一个地、市、县的知识也属于地域性知识；甚至于一个社会组织特有的知识也属于地域性知识。由于霸权思路的知识观，以前人们认为知识是放之四海而皆准的真理，因而对地域性知识持排斥态度，贬低地域性知识的价值。现在，由于社会的分化，各个国家、各个地区的特殊需求、特殊条件，地域性知识更加凸显出来，成为知识共和国中的一员，与普遍性知识共同组成知识大家庭。

知识的民主阶段与知识的霸权阶段的不同之处在于这些特征不是从一个极端走向另一个极端，也不是将两者机械的统一，而是在知识的客观性、普遍性、中立性、确定性、显性与主观性、地域性、价值性、不确定性、隐性这个维度上有时倾向于前者一边，有时又倾向于后者一边，有时则是两者的有机统一。有些知识主要具有前面一些特征，有些知识则只具有后面一些特征，有些知识则是前面和后面特征的统一。

这样，在现代社会，知识的外延就大大扩大了。同时，知识的内涵也要发生变化。我们觉得，应该从时间、空间、外在表现和解释力几个角度对知识的特性进行分析。在知识的霸权阶段，追求知识的普遍的、永久的解释力，只有经过长期检验、在宇宙范围内适用、可以明确表达的人类认识才能称为知识，因此认为知识具有客观性、普遍性、中立性、确定性和显性等特征，可以明确地表达出来。在知识的民主阶段，我们认为，不仅前面的认识可以成为知识，而且只要在一定的时间、空间范围内，具有一定解释力的认识也均可以是知识，因此不仅以前知识所具有的特征现代知识具有，以前知识不具备的特征，现代知识也具有。这些特征就是主观性、地域性、价值性、不确定性和隐性，等等。

由于知识多样性的出现，知识就由等级化的知识转到类型化的知识（石中英 等，1999）[16]。等级化是指在知识总体中，不同的知识依其价值划分为三六九等，排列成一个明显的知识价值的谱系或台阶。类型化是指人们已经不再按照价值的等级来评价知识，而是按照知识的类型来评价知识，不同类型的知识具有同等的价值。以前的知识是等级化的知识，现在的知识则是类型化的知识。

四、知识多样性对课程改革的政策价值

2001 年以来，新课程改革中出现了在许多教师看来是“突变式”、“运动式”、“大跃进式”改革的一些现象，甚至查有梁先生在一次讲学中，还受到一位当过教师的农村镇长质问：“叫我们广大农村教师无所适从”。查有梁（2007）先生通过分析认为，《为了中华民族的复兴 为了每位学生的发展——基础教育课程改革纲要（试行）解读》，洋洋洒洒近 40 万字，将简单问题复杂化，让人抓不住要领。其中，有不少关键处都采用较为绝对的“非此即彼”的思维方式，课程、教材、教法和学法都必须来一个“根本转变”。刘硕先生写道（2003）[96]，本次课程改革被描述成教育领域的一次“革命”，好像现行课程什么都不是了，原有优势“没有用”了，有人甚至说现行的教育和课程只是在“非人性地加工人”，教师在课堂上讲授书本知识是在“向学生舞动美丽的肥皂泡”，因而本次课程改革就成了“必然发生的革命”，要来一个“启蒙运动”，如此，等等。

为什么会出现众多革命性的语言，为什么这些革命性的语言会受到一些教师的抵制和专家的批评，我们从知识政治学角度分析看来，就是没有把握知识转型的性质已经变了，已经由过去的霸权知识转向民主知识了。也许，现在课程政策中的许多问题在知识观上均来源于此。相应

地，现代教学的许多问题也来源于此。我们现在动不动就提倡教学的转轨，其实实践中总是转不过来，为什么呢？就是因为受制于知识的总体状况，总体知识状况已经由霸权阶段进入民主阶段。民主阶段需要的是增加各种各样的新知识，而实践中提出“转”的思路是受到以前知识转变思维（一种霸权思维）的影响。现在课程政策和教学改革的许多措施基于对实践的反思，实践中出现了什么问题，人们就提出要怎样进行改革，其思路是“头痛医头、脚痛医脚”的思路。从这个角度而言，认识到知识状况处于民主阶段，有利于课程和教学改革，为认识课程改革和教学改革提供了比较深厚的知识理论基础。

本来，世界是复杂的，人们对世界的认识也是多样的，由此形成的关于世界的知识也应该是多样的。但是，自古以来，多样的人类知识领域中就没有平等的知识，就像世俗社会生活一样，是有等级的，某些知识以真理自居，处于知识体系的核心位置，总是压迫着另一些知识。特别是随着大工业时代的来临，科学知识占据了知识系统的核心位置，其他类型知识价值是以其可以科学化的程度而论的。科学知识被视为最有价值，在科学知识中，自然科学知识作为一切知识的典范尤其具有价值。人文方面的知识因其既无法证实又无法证明而成为最没有价值的知识，被放逐在知识世界的边缘。在所有知识中，科学化的知识是一种根据一定的制度得到检验和证实的知识，是一种公共的可以传播的知识。普通个人的知识则是没有制度化的，因而被认为是没有价值的，被剥夺了传播的机会和权力。

只有在现在这样的后工业时代，知识的性质发生了根本性的转变，由霸权阶段进入民主阶段，这样知识多样性才正式凸显出来！从而构成课程改革的政策基础。

第三章

课程知识选择的政策定位基础

虽然课程内容选择问题不是一个新问题，然而以前课程论研究对此问题的剖析却不深入。以前，课程论在涉及课程内容选择的问题时主要是研究课程设计，而研究课程设计时只是泛泛而谈社会需要、学生需要和学科需要，最后通过到科学中去选择知识从而组成学科而满足社会需要和学生需要。这种思路其实是将课程知识看成了理所当然的客观实在，不需要质疑，因而课程设计是在既定的知识范围内进行有效地组织，比如学科课程、综合课程、微型课程、活动课程等均是知识选择以后的设计工作。而从政策层面进行考察，则要研究社会需求和学生需要的特点，将两者结合起来进而分析社会知识体系的特点，通过社会知识体系的特点再对课程内容进行总体思考。

前一章讨论了现在知识的总体状况，得出现在知识处于向民主阶段过渡时期，凸显了知识多样性的特征。这一知识特征必将对教育产生影响，特别是将会影响到课程内容的选择。对具体各个阶段中课程内容选择的影响是不一样的，对义务教育阶段课程内容选择的影响具有自己的特点。用一句话概括，我们觉得，知识多样性和义务教育的特性相结合，应该导致义务教育中的课程知识多样化，就是说由以前的霸权知识型的单一课程知识到民主知识型的多样化课程知识。

开展本章的研究需要发现课程内容政策中的问题，从课程内容政策的问题出发，结合义务教育阶段的具体情况，进行理论分析和思考。同时，通过考察课程内容中的利益问题，与知识的多样性现状相结合，确定课程内容选择政策的基本定位，得出课程知识需要多样化的结论，从而可以构建课程内容政策的发展方向。

第一节　课程内容政策的问题

课程内容选择中的政策问题体现在已有的课程内容政策中。从课程是知识这个角度理解，课程知识必须有一个规范的载体，迄今为止，就是教学计划、教学大纲和教科书。这样，分析课程内容政策就应该分析这些载体的整体情况，研究这些载体有没有问题，是什么问题。

明确课程内容选择中的政策问题，可以有很多维度，因为关于课程内容中的政治问题很多，比如，全球化与本土化、汉族与少数民族、城市与乡村、东部地区与西部地区等，可以从政治的高度认识这些方面的问题，从而构成课程政策问题。对这些问题的研究资料较少、比较困难，我们这里只从知识政治的角度，结合现有教育学，心理学的研究成果，从知识领域中的权力关系出发思考课程内容政策问题。这样思考和研究课程内容政策问题，降低了研究的难度，具有可行性，因为，这主要是按照知识政治学的思路重新审视现有课程理论中的一些资料。虽然与现有的课程理论研究有重合的地方，但是仍然可以成为政策研究的课题，因为其中涉入了知识政治学的观念。更何况，政策研究是以政治研究为基础的综合研究。

我们的基本认识是：我国课程内容选择政策中存在着单一性的特征，这一特征是学校教育教学活动问题的总根源。我们的基本结论是：

要根本解决现在学校教育教学活动中所表现出来的问题，就需要在课程内容选择政策中实现课程知识多样化。

一、课程知识单一性的现实表现

1. 课程知识单一性的来源和情况

从知识政治学的角度看，我们这里将课程知识单一性概括为课程中仅仅具有客观性知识、确定性知识、普遍性知识、中立性知识和显性知识等几个方面，或者课程中仅仅具有主观性知识、不确定性知识、地域性知识、价值性知识和隐性知识等几个方面。仅仅强调前者，是课程知识单一性的表现，完全颠倒过来，仅仅强调后者，也是课程知识单一性的表现。在不同时间、地域和人群或者个人身上，将两个方面知识进行不同的结合则强调了多方面的知识，因而表明了课程知识的多样性。当然仅仅强调前者的时候比较多，仅仅强调后者则只出现在少数的特定的场合。卢梭在培养爱弥儿的时候，一直将孩子放到孤岛上，就给一本书，那就是《鲁宾逊漂流记》，可能这是强调后者的极端情况。

课程知识单一性是霸权知识阶段课程知识选择中的普遍现象．是用霸权思路指导课程知识选择的必然结果，是一种非此即彼的、相互排斥的思路。而我国课程知识选择中，要么一个时期强调从客观性、确定性、普遍性、中立性和显性等几个方面选择课程知识，要么在一个时期则片面批评这些知识，以为这些知识毫无用处，甚至认为这些知识越多越书呆、越反动，强调课程是为了形成学生主观性、不确定性、地域性、价值性和隐性等几个方面的知识。“知识重要是重要，但是比起情感、态度、价值观而言，是第二位的”，“不仅在于成才，关键在于成人”，等等，这些说法都是单一性思维的表现。

在我国课程内容中，长期的占主导地位的单一性是表现为强调客观性、确定性、普遍性、中立性和显性知识的单一性。要求用人类长期积累起来的优秀文化成果教育、武装学生，这就难免附带出现课程内容陈旧、忽视甚至压制专家知识中不太优秀的一面、忽视甚至压制普通百姓所创造的知识的弊病。不管什么学科均要求以科学的、真理性的结论作为课程知识的选择标准，在教学中老师按照这种观念对学生进行强化，再经过各级考试直至国家考试进行控制，以至于在要求用正确的思想教育人、用科学的头脑武装人的观念指导下，强调不经学生、不经受教育者思考而让其学会知识、理解观念。这是几千年统治阶级社会控制手段在现实中的表现，这样，课程知识选择就将许多知识排除在课程内容之外，是知识霸权阶段知识观念的产物。这样的课程内容选择，使学生只看见了树木，没有看见森林，没有冲突、没有丰富的内容，以致课程知识显得枯燥无味、没有乐趣。知识类型的单一性则注定使学习者人格的养成不完整。

我国课程知识单一性，有其历史的原因。孔子以来，我国只有两类知识（季国清，2001）：一类是政治技术官僚的应用知识，一类是改进政治技术官僚知识的知识，从来就没有以知识本身为目的的知识。官僚们自然会千方百计标榜自己的知识，附庸风雅把自己装扮成知识的拥有者。他们以权力的真理表达式来给政治技术做注脚，以生产真理的方式生产权力。于是，中国几千年来并不生产知识，但却大量地生产知识贵族。同时，文化专制主义直接导致了中国封建统治对教育知识的强硬控制。有学者（吴刚，2002）在研究了中国课程知识的演化与社会控制的关系后指出，这种控制主要通过以下合法化方式实现：一是规定学校功能，从而划定教育知识的边界；二是规定学校教学科目、课程内容甚至教科书；三是建立课程知识与职业前途之间的对应关系；四是规定进入等级学校的相应社会身份；五是建立科举知识与教育知识的一致性。

新中国成立以后，在我国，能够对课程产生影响的机构主要包括教育部、官定的教材出版社、教材编审部门等，这塑造了课程即官定教学内容的形象。课程产生机制又进一步强化了这种官化倾向，表现为国家按照总的教育方针、政策和路线制订教学计划、课程标准，并组织专家根据颁布的课程标准编写全国通用的教材（教科书），并在审查后令学校执行。为了确保这种知识在学校中被忠实地灌输，各级教育行政部门还制定严格的考试标准，对学校课程实施效果进行监督和考评。这样，国家在课程运作的“目标—手段—结果”流程中都实施了标准化的控制，既防止异化的目标、内容和结果的产生，又保证规定的目标、内容和结果在学校有效达成。这种高度集中的课程运作机制在保证国家课程意愿在学校达成的同时，又使本应丰富、复杂、动态的课程成为枯燥、

简单、静态的“官方”文本。(靳玉乐 等，2007)[46]

以前，我国实行的是集权型课程决策和管理，在新中国成立初期这种管理方式对于保证学校教育教学质量是十分必要的，而且在一定程度上也促进了学校教育本身的发展。然而，经过长期的发展，我国课程内容中知识的单一性问题非常突出，人们认为我国的课程知识体现的是城市文化、汉族文化、发达地区文化和专家文化，相应地，乡村文化、少数民族文化、落后地区文化和大众文化没有得到体现，这就是说课程知识只是单一地体现了前者的需求。

2. 课程文件导致的课程知识单一性

我国课程知识单一性，既有历史的原因，也有现实的原因。长期以来，我国的课程文件主要是教学计划和教学大纲，后来改称为课程计划和课程大纲，以文件的形式颁布全国执行，并且在如此大的一个国家只有一套计划和大纲。从计划和大纲的变化可以看出我国课程知识的单一性。新中国成立以来，我国不同时期颁布了多个中小学课程计划、课程大纲，取得的成就很大，但问题也不少。

首先，表现在一个特定时期只有一套课程计划和课程大纲，就是人们常说的一个纲。既然是一套计划、一套大纲，在文件数量上就表现为知识的单一性。即使是实行义务教育以来，在义务教育的课程建设上，仍然是一套计划、一套大纲。本来在20世纪八九十年代时，上海和浙江自订课程计划和编写大纲，可是由于各种原因，没有真正面向全国、走向全国，从而没有成为面向全国发达城市或发达农村的国家课程计划和课程大纲。

其次，在课程计划和课程大纲的具体内容上，表现在中小学课程设置方面，大体上可分为三大类：工具知识类课程，主要指语文、数学、外语；一般知识类课程，包括自然科学基础知识课程（如物理、化学、生物等）和人文社会科学基础知识课程（如政治、历史、地理等）；技艺类课程，主要指体育、音乐、美术和劳动技术课程等。虽然各类课程所占比重在历次课程计划的调整中均有所不同，但是其指导思想仍然是从科学中或者按照科学的标准选择、设置课程，因而避免不了课程知识的单一性。

值得指出的是，实施义务教育以来，在义务教育的课程建设上，课程设置方面，增加了选修课程、综合课程、活动课程和潜在课程，然而选修课程按照科学标准设置，综合课程是传统学科的综合，仍然没有改变知识单一性的状况。活动课程希望通过活动增加新的知识，使学生在活动中得到锻炼，这虽然摆脱了按照确定性、真理性标准选择课程知识的弊病，然而由于随意性，各个地区、各个学校、各位教师对活动的理解和把握不一，难以保证教育质量，虽然改变了单一性，然而没有发挥应有的作用，只是传统霸权知识思维下的一点点缀。

这种知识的单一性弊端不断被人们所认识，可是历次课程改革由于凭借经验，受霸权思维主宰，始终在社会和学科之间徘徊，从一种单一性到另一种单一性。要么过于强调课程的社会功能，把被科学知识霸权所排除出去的知识放到主要地位，如“大跃进”时期大量增加生产劳动、体力劳动的课时，“文革”时以政治口号和语录代替科学，大讲“三机一泵”（指拖拉机、柴油机、电动机和水泵）、“三物一猪”（三物指三大作物：稻、麦、棉，一猪指一头猪）等急功近利性的课程；要么就是强调基础课程的学术化，重视科学知识，然而在霸权的思路下认识科学知识，教育教学问题不断出现，科学知识在学生发展中的作用没有得到充分体现。

这样进行知识选择，其实其背后是知识霸权阶段的知识单一性特征在课程领域的表现，以前人们没有在政治学视野中进行充分的认识，没有认识到人类知识正处于向民主阶段过渡时期，因而不时从一个极端走向另一个极端。

3. 教材教辅编写中知识单一性的体现

曾几何时，中小学生的“众生相”是（刘铁芳，1999）背上斜挂着一个简简单单的书包（以黄书包为多），书包里瘪瘪地装着几本简简单单的教科书，三两本练习本（薄薄的，大都只有 20 来页），一个简简单单的文具盒。只有极个别家庭条件特殊的学生，兜里可能揣着本数学习题集，或者学生优秀作文选，进入 20 世纪 80 年代，中小学毕业生的书包开始加重了，迎升学考试的辅导资料逐渐多起来。到 80 年代中期，中学各年级的配套辅导资料迅速普及，然后又向小学蔓延，词语解释练习册，同步训练册，综合考试册，作文训练册，竞赛练习册……各类成套的练习、参考、辅导资料，都以“关心学生”的名义，堂而皇之地挤进了学生逐渐沉重的书包。尽管书包很沉，其中也主要是单一的知识——为了迎考的知识。

因为“双基”（基本知识和基本技能）的指导思想，强化了教材教辅中所体现的单一性。20 世纪 80 年代开始，人们认识到仅仅基础知识和基本技能还是不够的，因此在课程政策层面增加了在掌握基本知识、基本技能的同时，要发展学生的智力、培养学生的能力，可是这样的目标由于只是停留于教学层面，希望教师在教学中解决这个问题，而没有落实到课程知识选择的层面，没有在教科书编写中体现出来，因而最终必然落空。新课程改革中，对于课程政策更有了新的表述，提出学生不仅智能要得到发展，而且还要形成良好个性心理品质，包括积极主动的态度、与人合作与交往的品质，以及相应的价值观等，从而教学任务又从智能层面进一步到了个性心理品质层面。同样，这样的目标也由于只是停留于教学层面，希望教师在教学中解决这个问题，而没有落实到课程知识选择的层面，因而最终也必然落空。

这样，贯穿课程政策发展过程中的基本历程是：基本知识、基本技能——基本知识、基本技能和智力、能力——基本知识、基本技能，智力、能力和个性心理品质。尽管编写教材中的指导思想方面有了不断的扩展，对知识的单一性状况有所改变，然而只是在指导思想和教学策略方面引起了重视，而没有落实到知识选择方面，因而所编写的教科书仍然没有避免知识单一性的问题。更为严重的问题是，这其中暗含着一个前提假设即知识与智力、能力、个性心理品质是两回事，可以不通过知识而让学生发展智力、培养能力和个性心理品质，因此在实践中就常常将知识与智力、能力和个性心理品质对立起来，以为知识中不包括智力、能力和个性心理品质。其实，策略性知识就是构成智能的重要因素，如果注重这方面知识的选择，知识学习与智能发展就是统一的。

从知识政治学的角度进行思考，就是没有注意到（当然当时的知识理论也不可能注意到）知识从霸权阶段到民主阶段转变这一背景，将不能外显的、不便于编码的知识排除于课程知识的选择中。这样做，不仅破坏了知识的多样性，而且由于教师的水平差别，难以操作，也不可能达到大多数教师均将这些被排除了的知识通过个人的努力在教学过程中弥补进去的效果。

其实，单一性问题还可以从课程知识选择的价值取向——目标、内容和编辑形式等角度分析。从课程知识选择的价值取向看，课程知识的单一性最明显的例证是人们对中小学语文教育的批评。如有批评者指出（王丽，1997）：

首先是教材的陈旧、落后。在高一第一学期的语文课本中，真正从语文的角度来编选的篇目大约只占一半，其余一半则大体上是从对学生进行思想政治教育的角度来考虑的，而且还是五六十年代那种思想政治教育内容，即便是写景抒情文章也是如此。如第一单元选的三篇散文：《雨中登泰山》、《长江三峡》、《难老泉》，均作于20世纪50年代末60年代初。其思想意蕴都明显打上那些年代的印记。另外，像报告文学这种注重新闻性、纪实性的文体，课本中选的仍然是《为了六十一个阶级兄弟》这篇50年代的作品，真令人有“不知有汉，无论魏晋”之感。

记叙文是如此，议论文的情形也许更糟。除了领袖讲话和鲁迅作品之外，其余几乎都是一些人云亦云、毫无新意的平庸之作。

……

面对这样的教材，我常暗自发问，我们中国历史悠久，文化积累深厚，从古到今，名篇杰作举不胜举，挑出几十篇上百篇适合中学生读的，绝非难事，为什么偏要选一些如此陈旧、平庸的作品塞给学生们呢？

……

没想到教材给我带来的更大的烦恼还在后头。那就是课后练习的编排设计。

这种绕来绕去的练习题，让人一见脑袋立刻发胀，哪里是语文练习？分明是在挖空心思捉弄人！……在编者眼里，这些泰山上的松树原来是政治生物，都在“逆境”中“奋斗”、“自豪”！这岂不是分明在教人牵强附会、甚至投机取巧吗？

二、课程知识单一性的现实问题

1. 从故事看课程知识的单一性

故事1：教师教《愚公移山》一课，说愚公不畏艰辛、勇于挑战，还说到毛主席曾号召人民发扬愚公移山的精神，进行社会主义建设，很值得我们学习。突然，有一位学生说："可是愚公移山要砍掉很多树呢。"老师说："当然要砍树了，这有什么奇怪吗？"学生吃力地说："我的意思是……这不好……"想说又说不出。老师开始有点烦躁："是什么呀，还有什么不好吗？"许多学生窃窃而笑，发言学生脸顿时红了。这时，另一位学生站了起来："老师，我想他可能是指愚公移山毁坏森林，破坏生态环境，对环境不好。"这个问题出乎老师意料。老师始而一时窘迫语塞，而后竟又嘲讽学生："你们真'聪明'，毛主席当年没想到的问题你们都想到了。"课堂一片哗然，发言的两位学生更是无地自容。（邹静之，1998）

这是由于愚公移山这一课预设的是吃苦耐劳的精神，而不是一种开放的价值观，是霸权阶段知识选择的结果，因而适应不了新的社会情境下的新情况，这也属于隐性知识单一的问题。

故事2：让我们来看看一个父亲眼中的"女儿的语文作业"（小学六年级）吧：有一次，经我检查过的语文卷子错了很多，不仅是家人，我也开始对我的语文程度怀疑起来。有两条错误是这样的：题目要求，根据句子的意思写成语，有一条是"思想一致，共同努力"，女儿填"齐心协力"，老师判错；还有一条"刻画描摹得非常逼真"，女儿填"栩栩如生"，老师也判错。我仔细看了，不知错在哪里。女儿说第一条就是"同心协力"，第二条应是"惟妙惟肖"。这真让人吃惊，我不知道"齐"与"同"在这儿有什么区别。……女儿说：标准答案是"同心协力"，其他当然就错。真可怕，语文什么时候变得比数学还要精确了。……那第二条，我觉

> 得按照题目的意思，栩栩如生甚至比惟妙惟肖更为准确，……我反复怎么说这两条都没有错，女儿也不信，她视老师为绝对权威，老师以标准答案为圣旨。女儿把她原来活跃、灵动的心收起来了。她从心里把这两个词赶出去了，她将接受别人给她的标准，来谨慎地使用词汇，她以后可能会像收音机一样地说话。(邹静之，1998)

这是以为语文知识与自然科学知识一样，是精确到小数点后面多少位的确定性知识。正如有学者所指出的，我国语文教材的选文远离当代儿童的现实生活，渗透着意识形态的规约，这是一个人所共知的事实。就是对课文中词句的理解，也往往是导向唯一的和强制性的。

> **故事3**："船长多少岁?" 小学习题："一条船上75头牛，34头羊，问船长多少岁?" 45名中国学生多数回答41（75－34）岁，少数回答109（75＋34）岁，只有5人说不能做。对同一习题，美国学生回答41岁的占10%，绝大多数回答，"No，这习题不能做!"

这是我国教材编选过程中，预设了书本上的知识都是对的，而且是人类文化的优秀成果，学生习惯性地不敢质疑，这也说明在课程知识选择的各个环节，单一性的思路是无孔不入的。

2. 确定性知识和书本知识的单一性

在课程知识选择时，特别是在将知识呈现出来时，我们习惯于只选择知识的真理性和确定性一面。这样的选择，具有单一性的特征，并且，也是有问题的。因为，如果书本上记载的知识是确定无疑的，那么长此以往，学生们势必会埋头于知识的记诵与储备，以为知识记诵得越多、储备得越多，对自己将来的生活用处越大，自己也会变得越来越聪明。当学生面对真实的生活情境时，他们在学校所学到的知识不仅没有能够帮助他们更为有效地应对生活，反而成为他们解决生活困境的障碍，因为他们头脑中充塞着过多僵死的条条框框，正是这些刻板的条条框框束缚着他们的思维。同时，对知识和真理的刻板信念也会不知不觉地在学生身上形成这样一种潜意识观念，即相信世界上任何问题的解答或解决都存在某个固定的、确定无疑的答案或方法，而且每个问题的解答或解决都只能有一个答案或一个方法。其实，在这个世界上，有些问题的回答可能是没有答案的，或者至少不止一个答案，遗憾的是，在课程知识选择时，没有体现这种观念，这种意识就没有在学生身上扎根，这种确定性意识倒是教会儿童迷信书本、迷信权威。在考试改革中，又犯了另一种错误。即取消、贬低传统标准化考试的作用，认为考试是实施素质教育的障碍。这又取消了对确定性知识的检测，以至于带来教育教学质量的下降，这其实也是一种霸权甚至霸道政治下的单一性思路。以前是强调确定性知识，现在有人却否定确定性知识，只以为不确定性知识才有价值。按照知识民主阶段的思路，走出考试制度改革的困境应该找到分别针对确定性知识与不确定性知识的检测办法。

在知识霸权阶段，课程知识中书本知识是唯一的，上学就是读书，可是单一的书本知识是存在着教育问题的。首先，单纯依靠文字符号对儿童进行书本知识的教学，容易使教育沦为静坐式的教育，这种静坐式的教育使儿童的身心不堪忍受。其次，由间接经验的方式获得的书本知识，尽管看起来数量巨大且习得迅速，但它与个体当前的、现实的生活情境与生活需要没有什么直接的关系，故这种知识对学习者本人来说是遥远而冷漠的，甚至是抽象而麻木的，因而，它学起来快，遗忘起来也很快。再次，单纯的书本知识学习脱离了知识的运用，知识的学习不是用来指导我们的生活与行动，而是被储存起来，作为炫耀的资本或用于应付考试。最后，书本知识在很大程度上只是一种认识结果与产品的记载，它很少能够反映出知识当初被生产、被发现的原始认知过程，这种原始的认知过程是相当复杂、曲折、丰富的，其中包含知识初创者大量的直觉与想象、猜测与反驳、观察与实验、反省与推理等，使学生的思维复归这一原始的认知过程，这本身就具有极大的思维训练价值，但现在通过书本，学生们所看到的只是一个经过仔细整理的、得到精心阐述的、条理化、逻辑化的静态知识体系。通常教师只是将书本知识作为现成的东西传授给学生，最多给予一定程度的说明、分析与解释，久而久之，学生变得习惯于接受现成的知识，不会自己去发现和探索知识。在现在的技术条件下，改变单一的书本知识作为课程的现状，完全是可能的。在教材编写中，如果与大众传媒一样，借用多种多样的表现手法包括一些新闻手法（蒋建华，2005），将新课标下的教材编写得生动活泼，教师才可能腾出更多的时间引导学生的思维。传统教材死板、不能吸引学生的毛病到了该更改的时候了！

3. 教学活动的单一性

与课程知识选择只面向确定性领域相呼应，现行的教学制度同样只面向知识的确定性领域，回避或逃避在现实生活中具有重大意义的却又没有现成定论的知识领域。上课记笔记、课后抄笔记、考试背笔记、考后忘笔记，则是这一现实的具体体现。一旦将他们置于那种开放性的、探究性的教学气氛中时，他们往往变得不知所措，或者产生一种深深的失落感或焦虑感。课程改革中，许多学生仍然期望从教师那里学到一些“实实在在”的知识，即具有定论的确切的知识或真理，结果教师分析过来分析过去，最后什么结论也没有得出来，这让他们好不失望。这种心态的产生在很大程度上源于长期以来对知识的确定性崇拜在他们头脑中的反映。特别是习惯于用自然科学知识确定性知识的教学方式规范人文社会学科的教学，以为人文社会科学也都是些确定性知识。

其实，人文学科的学习大多诉诸于艺术的直觉与想象，而自然学科的学习大多诉诸于事实的分析与逻辑的推断；人文学科的学习多是参与式的，它依赖学习者主观经验的投入或对所研究对象的亲身卷入程度，而自然学科的学习则基本上是旁观式的，它努力排斥的是个人的主观经验；人文学科的学习是开放的、交互式的，即主要诉诸于讨论与对话的方式获得知识，而自然学科的学习则主要是朝着某个固定答案；人文社会学科的学习效能多取决于学习者生活经验的深度与广度，但自然学科的学习显然主要是通过学校教育的方式进行的。反观如今学校中的教学方式，可以吃惊地发现某些严重的不足。试看如今学校里历史、文学、哲学等学科的课堂教学，有多少是通过对话与讨论的方式进行？有多少课堂信赖学生的主观经验？有多少课堂诉诸艺术般的直觉、体验与想象？有多少课堂面向生活本身？这些，均与课程知识选择中只面向确定性领域和真理性领域有关。

以前针对确定性、真理性知识，形成了“满堂灌”的教学模式；后来为了学生的发展，需要学生掌握不确定性知识，要求教师多提问，最后走向极端发展到“满堂问”的教学模式；再后来，为了让学生动起来，有人又走向了极端，将教学活动发展到“满堂跑”的极端。这样，问题教学的问没有问到点上，活动教学的活动没有导致思维的活跃，耽误了宝贵的教学时间。其实，这也是知识单一性在教学活动中的表现，没有根据不同知识的不同特性、不同类别选择相应的教学模式，是霸权思路的延续。如果在选择课程知识时，在课程知识中就包括了促进学生发展的各种要素，也不会出现为了克服学生发展中的问题，在教学改革上出现一些不伦不类的尝试。特别是对话教学，如果能让学生与书本展开对话，则应该是教学的最高境界，停留于学生之间、教师与学生的对话，则可能只是教学的基本阶段。然而，我们以前的课程知识选择，由于知识选择的单一性，根本不适宜于学生与书本展开对话，甚至于在教师的帮助下，学生也未必就读得懂。

三、从政策高度解决课程知识单一性

1. 逐渐向多种知识发展

“双基”单一知识及其历史来源

早在1651年，捷克教育家夸美纽斯在《泛智学校》一书中就率先提出了泛智主义的教育观点。所谓“泛智”即是一切人都能接受的无所不包的百科全书式的知识。1657年，他在《大教学论》中提出了“把一切知识教给一切人类”（夸美纽斯，1984），这是一种十分理想的状态。

现代教育派的代表杜威却主张教育不是生活的准备而就是生活的过程，特别是儿童现在的生活经验应是课程的主要内容，他主张作为教育的生活内容是有选择的，是要过滤的，主要通过儿童在活动中改组和改造经验来学习。基础知识和基本技能的学习，也要纳入各种活动中去，围绕着活动学习语文、历史、算术、自然等科的知识，学习唱歌、绘画、塑工等的技能。

现代西方教育思想流派之一的永恒主义认为，教育的基本原则是不变的、永恒的，主张开设一些基础科目，非常重视读写算等基本课。而要素主义则提出了加强基础知识、基本技能的教育要求，主张把人类文化遗产中的精华传授给下一代，强调要素的实质是成人公民在社会上作为生产者需要应用的，学校课程以读写算为主，开设基础学科。

对中国教育理论最有影响的苏联的两部著作是凯洛夫主编的《教育学》和达尼洛夫、叶希波夫编著的《教学论》，其中都没有明确提出“双基”这一概念，而是提出了“基本知识”这一概念。凯洛夫提出选择教学内容的基本标准是，“只能从全部科学知识体系中选择一些基本的东西供儿童学习”（凯洛夫，1957）。达尼洛夫认为“普通学校不可能把人类积累起来的、归纳在各门科学里的关于世界的全部知识都传授给学生。普通学校只能从全部科学知识体系中选择一些基本的知识作为教学内容”（达尼洛夫，1981）。新中国成立以来课程改革的实践也证明了“普通学校的课程主要属于‘双基’的范围”。（陈侠，1989）

针对教育教学中出现的许多问题，理论工作者和实践工作者均做出了不懈的努力。特别是心理学工作者和教育学工作者的思考以及对实践的总结，力图解决现在教育教学中的问题，提出了很多有益的思想。其中包括教育学工作者提出的正确处理知识与智力之间的关系、从“双基”走向“四基”（两种说法：即基本知识、基本技能、基本能力和基本态度；基本事实或现象、基本理论、基本方法和基本应用）的方案，也包括心理学工作者跳出知识与智力关系的讨论、提出以智力的知识观为基础的广义知识观。

从“双基”走向“四基”

从20世纪80年代以来，由于新技术革命的到来，对教育提出了挑战。人们认为，仅仅让学生掌握知识是不够的，还要让学生得到发展。最先提出要使学生智力能够得到发展，后来逐渐提出更要使学生个性得到充分的自由的发展。在此基础上，对于课程知识选择，人们逐渐认识到以前强调基本知识和基本技能的“双基”教学观是不够的，要在“双基”基础上增加一些基础，从“双基”走向“三基”、“四基”甚至“多基”。

张廷凯（1999）先生认为，现代社会对公民和人才的素质提出了新的要求，特别是要求培养学生具有基本的能力，以适应经济和社会发展给我们带来的挑战。此外，飞速发展的经济和社会还要求学校养成未来公民基本的观念和态度。所以，学校课程的基础实际上已经由“双基”发展为“三基”和“四基”。由于我国理论界和广大教师对“双基”的重视，已经形成了一套行之有效的理论和方法，教师比较熟悉“双基”教学的操作程序，基础知识和基本技能的教学可以得到很好的落实。我们欠缺的是对基本能力和基本态度进行理论和实际操作程序相结合的研究和实践，如果不对基本能力和基本态度的指标和实施方式进行认真的探索，教学实践很可能仍然会停留在抓“双基”实、抓基本能力和基本态度培养虚的层面。同时，必须充分认识我国在“双基”教学上多年形成的理论和经验价值，防止出现一强调基本能力和基本态度，就忽视甚至否定“双基”教学的偏向。

游铭钧（1994）先生则认为，“双基”教学观是不完全、有缺陷的，其问题是“掐头去尾烧中段”，即将知识、理论产生的源头和理论、知识在实际中的应用，掐去头尾不要了，只要基本知识和基本技能中间一段。现在我们重新审视“双基”教学观，不是要取消它、改变它，而是要充实它、完善它。将原来的“双基”加以充实，成为“四基”教学，即基本事实（或现象）、基本理论、基本方法和基本应用。

尽管人们在课程知识选择上增加了一些新的东西进入课程内容领域，然而其仍然是以知识与智力、能力、个性心理品质之间存在着差距为基础的。苏联教育家赞科夫关于教学与发展理论中提出的“剪刀差”理论为教育学视野中的这些思想做了最好的注解。

“形式教育在理论上已经死亡，在实践中却实实在在地活着”（瞿葆奎 等，1988）。有人（皮连生，1997）从心理学视野对此进行了分析，认为，从传统知识与智力理论来看，掌握知识与学生解决实际问题的能力之间往往存在很大差异，因此，教育理论中一直流行的一个基本观点是：掌握知识不等于发展智力。于是许多教育学教科书提出“在掌握知识的基础上发展能力”，“抓好基础、培养能力”，“传授知识、形成技能和发展智力”等口号。其实这是一个古老的问题，为了解释掌握知识与发展能力（或智力）之间的不一致性，哲学家和教育家提出了形式训练说。形式训练说在其发展过程中有许多变种，但都承认掌握知识与发展智力不是一回事，主张教育要达到实质（掌握教材内容）与形式（发展智力）两个目的。

从我国现今的教育理论出发制定的课程政策，实质上仍在沿用这种学说来解释掌握知识与发展智力的关系。尽管我国制定课程政策时，将前后两者统一起来进行了考虑，皮连生先生认为，这种形式与实质统一的理论看上去似乎辩证性很强，似乎正确处理了知识与智力之间的矛盾，它在我国教育理论界几乎得到了一致赞同，但从心理科学的实证研究来看，形式训练说缺乏科学依据。即使对于某些特殊学科（包括新出现的计算机学科），对于训练人的智力也没有不同于其他学科的特殊作用。

在科学心理学中形式训练说不能成立，而我国的教育理论家却仍在用这种不能成立的理论来解释知识与智力之间的关系，同时为制定课程政策提供理论支撑，这说明我国传统的知识与智力理论已陷入困境。

广义的知识观

要摆脱教育学理论上的困境，皮连生在现代认知心理学最新研究基础上提出了广义的“智力的知识观”（皮连生，1997），在广义知识观基础上，个人后天所获得的一切智慧成就，都可以用广义的知识来解释。从某种意义上说，掌握了广义的知识就是发展了智力。

现代认知心理学家（邵瑞珍，1980）普遍同意，知识分两大类，一类为陈述性的，另一类为程序性的。前者是指“个人具有有意识的提取线索，因而能直接陈述的知识”；后者则是指“个人无有意识的提取线索，因而其存在只能借助某种活动形式间接推测出来的知识”。从知识的作用来看，前一类知识是用于回答世界“是什么”问题的知识，后者是用于回答“怎么做”问题的知识。从测量学的观点看，不仅要从人们“怎么说”看他们有没有知识，而且要从人们“怎么做”看他们有没有知识，其中包括只能意会而不能言传的知识。

认知心理学家进一步根据自动与受控维度对程序性知识进行分类。从自动与受控维度，可以将知识区分为受意识控制的程序性知识和自动化的程序性知识。前者如学生作文时，拿到题目后所进行的审题、立意、选材、确定中心材料等一系列步骤，这些步骤一般是受作者个人意识控制的。后者如人们在说话时，一般只注意说话的内容，而所说的每一个词如何读音，词与词如何搭配，是自动进行的，一般不需要有意识的注意。

皮连生认为，这样讨论知识，可以重新认识技能概念。从现代认知心理学来看，“技能是在练习基础上形成的，按某种规则或操作程序顺利完成某种智慧任务或身体协调任务的能力”（皮连生，1996）。技能的本质是一套操作程序控制了人的行为，包括外显的身体活动和内在的思维活动，而程序性知识的本质也是一套操作规则或程序支配人的行为。所以，现代认知心理学的程序性知识概念实际上包含了平时所说的技能概念。

同时，根据现代认知心理学最新研究结果，将知识区分为狭义的知识与广义的知识两个概念。我国教育理论界传统上把知识定义为“客观事物的属性与联系的反映”，这是一种狭义的知识概念，它大致与现代认知心理学中的陈述性知识相当。广义的知识可分两大类和三亚类：两大类即上述陈述性知识和程序性知识的划分；三亚类指除把陈述性知识作为第一类知识之外，在程序性知识之中再划分出一类特殊的、用于支配和调节人们自身的学习、记忆和思维等认知过程的程序性知识，即策略性知识。广义知识概念中不仅包含了狭义的知识，也包括我们平时所说的技能，还包含了新近提出的认知策略。

不同性质的知识对儿童完成智慧任务的作用是不同的，如知识中的一般概念和原理同具体事实性知识相比，更有助于同化新知识，策略性知识有助于学习者学会学习、记忆和思维，被认为是发展人的智力的核心成分。因此，建立智力的知识观以后，研究如何发展智力的问题就变成研究如何有效地掌握不同类型的知识问题了，这有点接近我们在知识民主阶段的知识意味了，可以推论课程知识选择的多样化了。

2. 呼唤政策研究

已经做出的努力

从教育学角度审视知识与智力、个性心理品质的关系，直接面对时代发展和社会需要，进行了素质教育的实践，在理论上和实践上对课程改革的推动是有目共睹的。虽然没有对知识理论进行彻底改造，然而实际上也丰富了传统知识的内容。不仅强调了基本知识和基本技能，而且还强调了智力、能力和心理品质，对学生的发展起到了积极作用。

从心理学角度对传统知识观的改造，弥补了从教育学角度探讨问题的不足。指出了要达到发展学生智力、能力，促进学生个性心理品质的发展不是在知识以外的事情，而是需要提供各种不同类型的知识。并且心理学工作者还进行了教学实践（梁平，1999），这就是“知识分类与目标导向教学理论”的实验研究，取得了不错的效果。

教育学、心理学多年的理论探索和实践研究，切切实实地推动了教育改革和学生发展。这些努力是很智慧的，给我们以很大的启示，然而这些努力并没有能根本解决现实的教育问题。问题的原因在什么地方呢？我们认为，主要在于心理学与教育学的研究属于比较微观的技术性研究，很难上升到政策层面。只有上升到政策层面，才有可能得到根本解决。

尚未解决的问题

尽管教育学和心理学的已有成果推动了教育发展，然而还有很多问题没有解决。首先，认识仅仅停留在教学层面，而没有从课程知识选择的角度进行考虑。课程知识选择与教学活动相互配合，才能达到育人目标。仅仅在教学中进行考虑，而没有在课程知识选择环节进行考虑，其作用发挥将是低效的，因为相对于教学而言，课程知识选择更为重要，它类似于构建教育的蓝图，而教学仅仅相当于具体的施工。特别是在教育理论和实践界，人们并没有充分认识到知识与智力、能力和个性心理品质不是并列的，知识是智力、能力和个性发展的基础，以至于现实中出现了比较极端的情况：在实施素质教育中轻视知识的倾向。本人在一次会议中曾听说，现在提倡素质教育，老师们不敢理直气壮地传授知识了，这就是将知识仍然理解为了确定性的知识。

同时，在教育学和心理学视野内解决这个问题存在着本身视野的局限。教育学者和心理学者习惯于从学理方面探讨问题，比较注重于问题的微观方面、技术方面，即使在宏观方面进行探讨，也容易停留于一般性的讨论。这是由于教育学与心理学的学科边界、学科视野所决定的。因而，尽管许多教育学家、心理学家参与了政策制定，然而其仅仅就技术问题提供政策咨询与建议，少有从政策学甚至政治学角度去研究解决问题的办法。

需要解决的问题

教育学视野中从“双基”到“四基”的提出以及心理学视野中广义知识观的提出已经奠定了从政治学视野解决现有教育教学问题的基础，就是仅仅有传统的知识还不够，除了传统的知识以外，还需要一些新的东西。

这些新的东西是什么呢？我们认为需要超越知识与智力、能力、个性心理品质这一思维模式，确定霸权知识与民主知识的分析框架去分析知识，用民主性的规则去选择课程知识。进一步深入说明，则是要达到客观性知识与主观性知识、确定性知识与不确定性知识、普遍性知识与地域性知识、显性知识与隐性知识、中立性知识与价值性知识的平衡。心理学、教育学研究已经取得如上的一些成果，综合这些研究成果，从利益基础入手，填补政治学研究的空白，这就构成了我们下面需要解决的问题。

第二节　课程内容选择的利益基础

现在政治的高度集中统一得到了改变，人们有了表达自身利益要求的意识和渠道；同时，市场化改革导致社会利益分化，分化了的利益主体对教育提出了自己的要求。因此，课程改革中利益问题凸显出来。改革开放特别是实行市场经济以来，经济生活在我国社会生活中起着主导作用，经济思维和经济话语大有决定一切之势，也不可避免要影响到课程内容的改革，人们要求按照服务于经济建设的思路和要求来改造课程内容，也要求按照市场经济的游戏规则来改造课程。在这种背景之下，课程内容改革需要运用利益分析方法为其奠定基础。

在课程改革中运用利益分析方法，包括两个方面，一是课程改革整体上如何运用利益分析方法；二是课程改革的各个领域如何运用利益分析方法。从课程改革的整体上看，其一要确定课程改革实质上是对课程领域的利益关系进行调整的观点，课程改革要遵循利益关系调整的准则；其二要分析课程改革的起点上各利益主体的现状，弄清楚这样的现状是否符合整个社会利益关系的现状，哪些符合，哪些不符合。

从课程改革的各个领域进行分析，在内容领域，利益分析方法要考察现行课程内容代表了谁的利益、谁的利益被压制，采取什么措施才能使各个利益主体的利益要求得到满足。从利益入手考察课程问题，是课程理论发展到现阶段的产物。因为在现阶段，分析课程内容的理论范式发生了转换。

一、利益失衡：历史脉络

从利益的角度考察我国课程领域知识的现状，我们发现，我国课程领域反映出利益失衡状态，具体表现在只照顾了少数人的利益，而没有照顾到大多数人的利益。这个问题很怪，义务教育实施这么多年了，为什么还会是这个状况呢？特别是义务教育也不是我国的特产，是借鉴了国外的做法，而国外实施义务教育已经有了一个相当长的时期，应该是比较成熟的了，可问题恰恰没有解决。我们仔细分析起来，其实原因是复杂的。比如，知识发展的状况，因为以前知识处于霸权阶段，其民主性尚未被人们认识；课程本身的内在规律，就是说知识选择中的惯性使然。这里主要分析课程理论方面的原因。

1. 我国的情况

韦伯区分了中国古代文人或者官员教育的三个特点（张华 等，2000）[410]：（1）强调礼和书，主要是古典名著的学习和记忆；（2）这门课程很少从社会中可获得的知识范围内挑选内容，数学家、天文学家、科学家和地理学家的知识都被文人看作是“粗俗”的或者说是不具有“学术”性的知识；（3）进入官场必须经过这门课程的考试。韦伯将这种课程与被他称作世袭的官僚制度联系起来以解释这种课程选择。在世袭的官僚制度中，为官者常常是按照古训来行事的。课程的任何改变都会损害统治者权力的合法性，因为这些官老爷们的技能和知识被认为是绝对的。

中国历代教育思想家们非常重视教材的政治、道德的教化功能，因而非常重视教材的编制，不少人都亲自选材、组织、编撰。孔子是这方面的开山鼻祖，孔子生活在春秋时期，正面临中国古代社会从奴隶社会向封建社会转化的历史关头，它的思想意识主要代表了奴隶主阶级的利益，主张“仁政”复礼。他非常重视教育的作用，认为教育在于培养奴隶主阶级的统治人才——士或君子。他主张“文、行、忠、信”四教，他用的具体教材主要是他整理的“诗、书、礼、乐、易、春秋”。他的思想，包括对教材等教育内容的论述，成为历代统治阶级思想家的思想准则。所以，后代思想家、教育家在论述教育内容和教材时，虽也由于时代的变化而有所修补，但其血脉是相同的。孟子认为统治阶级“得天下”之道在于得民心，而得民心之道，用一般的政治手段不如用教育手段那样有效。他说：“善政不如善教之得民也。……善政得民财，善教得民心”。教育就是要培养“明人伦”的君子或统治人才。他不仅肯定“五经”，而且自己也讲学立说，其言论由后人集中成《孟子》，与《大学》、《中庸》、《论语》并称《四书》，成为宋、明以来封建教育的主要教材。到了汉代，董仲舒把教育看成是实现政治理想的工具，主张教育工作应放在政治的首位。他认为，古代圣王之所以能长治久安，乃礼乐教化之功，所以王者的职责在于“承天意以从事，任德教而不任刑”，“以教化为大务”。董仲舒继承并发展了儒家思想，并且强化了作为传递儒家思想的教材的政治功能，对后代封建统治思想家影响很大。朱熹是宋代儒家思想的代表人物，后来成为宋以后到清代中叶封建统治的正宗思想家和教育家。他重视教育的作用，一生积极从事教育活动，并整理编著教材。他对《易、书、诗、礼》和《孝经》、《四书》推崇备至，对这些经典多有阐释，其中一部分如《四书章句集注》、《小学》等成为封建社会的正统教科书。朱熹的教育思想的核心就是要通过《四书》、《五经》教导学生“明人伦”，最终“修身齐家治国平天下”。朱熹的《四书集注》颇受元明清科举的重视，它的思想控制了以后封建社会教育的课程内容。

2. 国外的情况

再看看国外课程内容的情况。在漫长的中世纪，课程主要为宗教服务，基督教之父奥古斯丁，从他的宗教立场出发，提出了代表上层阶级的教育思想，认为最有价值的知识就是《圣经》，其他知识均是为学习圣经服务的。启蒙运动时期，英国哲学家洛克的《教育漫话》是课程史研究的重要文献，全面论述了资本主义社会的“绅士教育”，认为绅士要有贵族的风度，能活跃于上流社会和政治舞台，因而他建议开设适合于培养绅士的课程，选择培养绅士的内容，突出了适应资本主义政治与经济发展对新兴人才的需要，斯宾塞关于科学知识最有价值的命题则为体现新兴工业服务的要求达到了极致。即使到20世纪初德国教育家凯兴斯坦纳提出的“公民教育”理论，也只是顺应了当时德国培养在政治上绝对服从资产阶级国家利益的“公民”的需要，在课程内容选择上仅仅考虑国家的利益。西方关于课程内容选择的传统又随着西方国家对我国的侵略而在20世纪初传入我国，与我国几千年的传统互相融合，构成了现在我国课程内容选择的传统。

从我国和国外课程内容的大致情况看，在普及义务教育前以及初期，知识选择中出现单一性的特点，这一特点是由当时的教育目的决定的。因为当时的教育主要是为了培养统治阶级或者宗教事业的接班人，在工业革命以后，又是为了培养能够适应工业生产要求的打工仔。

3. 失衡原因

义务教育是国家用法律的形式规定的对一定年龄儿童、青少年免费实施的某种程度的学校教育，义务教育具有以法律予以保障的强制性和普遍性。义务教育最初起源于16世纪欧洲宗教改革运动中推行新教的国家。1986年，我国颁布了《中华人民共和国义务教育法》。

如何实施义务教育，充分发挥义务教育法规应有的多种巨大功能，这是自德国魏玛公国首先实施义务教育以来，不同历史时期、不同国家、不同教育家共同面临的理论和实践问题。概括起来说，一般认为义务教育的实施要涉及三个方面的基本问题："实施义务教育的起始年龄问题；实施义务教育年限与儿童学龄期的问题；义务教育阶段与普及学校教育阶段的关系问题。"（赵亮宏 等，1989）这是各时期各国实施义务教育必须解决的三个基本的共同问题，但不是贯彻始终的核心问题，课程则是学校教育的心脏。但是，长期以来，各国实施义务教育时大都把注意力集中在着重解决以上三个基本的共同问题上，而忽视了义务教育课程体系和体制的探讨与设计，这就妨碍着义务教育各种功能的发挥。这样义务教育的课程体系和体制，总是极大地滞后于义务教育法规的制定及其制度的确立（白月桥，2001）[27]。

课程和教材的改变是一个渐变的过程，特别是由于人们对于符合本国国情、能体现义务教育法规的课程和教学体系缺乏认识和研究，就很容易出现犹如台湾课程学者欧用生所说的"换汤不换药"、"新瓶装旧酒"的现象，用"应试教育"和"筛选教育"的课程和教学体系，来实施新颁布的义务教育法规。（白月桥，2001）[28]在世界义务教育发展史中，企图用封建的带有严重阶级偏见的课程体系和教学内容来实施教育机会均等的义务教育，这样的事例很多。关于这种区别长期以来缺乏探讨研究，混淆了二者的界限，以至于用人类长期发展起来的知识选择思想构建义务教育课程，导致义务教育课程中单一知识占据主要位置，这是一方面的原因。另一方面原因是当时的知识状况制约着义务教育的课程问题，从前一章我们可知，直至20世纪中叶，人们才逐渐认识到知识发展阶段中根本性质的变化，然而迄今为止人们还没有清晰认识到知识阶段已经由霸权阶段进入民主阶段，故而人们也没有清晰认识到知识多样化的思想。

正是这两个原因，长期以来人们用“筛选教育”的课程内容来实施义务教育，这是中国甚至亚洲国家和地区相当长时期内存在的共同问题。新中国成立后，我国进行了多次课程改革，然而其中的利益关系并不明显，因为当时的社会结构和经济关系没有变化，当时是中央集权的社会结构，实行的是计划经济。制度化结构以一整套原则、规范和机构限定了人们的利益状况和空间，并保护其在结构关系中的实现。在原体制中，身份、单位和行政制度与国家政权的直接同一性和刚性特征，导致广大社会成员几乎被分割成一个个封闭性很强的地位群体。各个地位群体的活动性质、范围和程度都由国家给定，因而不同地位群体的利益空间和利益状况也是封闭性给定。不仅个人和不同地位群体无法相对自主地选择利益实现内容，而且利益实现的工具性手段也是严格限定的。这种刚性分割会导致产生一种结果，即社会成员对于利益差异具有强烈的感受，然而不能改变这种利益差距。（吕金波 等，1998）

这样就需要我们认清义务教育课程的特点，从政策研究的角度看，就是要认清义务教育课程的政治本质，明确它是为少数人的利益服务的还是为多数人的利益服务的。

二、利益分化：发展趋向

随着政治民主化进程的加快和市场化的经济改革，社会已经不是以前单一的社会了，经济也已经不是以前计划性的经济了。社会领域和经济领域分化很快，从不同角度和不同学科，人们已经发现各种各样的利益诞生了。在课程领域，社会分化成了具有相对一致利益要求的不同的利益群体；学生也不仅是心理学意义上的、单一的、抽象的学生了，而是更加体现自己的家庭背景、生活环境的学生了，从而学生也具有了不同的群体。以前课程研究局限于传统的教育学视野，不可能从利益角度研究课程问题。现在政治的高度集中统一得到了改变，人们有了表达自身利益要求的意识和渠道；同时，市场化改革导致社会利益分化，分化了的利益主体对教育提出了自己的要求。因此，课程改革中利益问题凸显出来。反思课程领域的利益分化，主要包括以下五个方面。

1. 国家利益

改革开放以前，国家利益特别是国家政治利益、政党利益是课程内容的决定因素，虽然也从心理学角度研究如何根据学生的身心特点选择课程内容，然而其作用是比较小的，最突出的表现是课程内容的泛政治化，由于那时社会封闭，与外界没有多少接触，国家利益的内容是简单的。改革开放以后，随着对外开放，与国际社会的联系紧密，在与国外的知识、观念和文化的碰撞中，国家的政治利益、文化利益一方面让位于经济利益，另一方面也以多种多样的形式凸显出来。为了保护国家利益不受改革开放的负面影响，党和国家领导人提出了要在中小学增加的课程内容，比如说爱国主义教育、优良传统文化教育、古诗词的学习与背诵、“两史一情”① 教育。同时，改革开放以后，国内利益的分化与重组也对基础教育的课程内容改革提出了要求，由于各利益群体从自身利益考虑问题，虽然对其自身现实比较有利，然而有时出现蚕食、损害国家利益的情况。举个例子，有些企业，为了自身的经济效益，不顾对环境的污染进行生产经营活动，以致对国家的整体发展、可持续发展带来威胁，因而有识之士提出要加强环保教育，并且环保教育也要从娃娃抓起。与改革开放以前相比，利益分化加剧，利益主体更加多样化，利益内容更加丰富，国家利益内容更加具体，在各方的要求和角逐下，课程内容逐年增加，长期以来的学生负担过重问题更加突出。国家利益的内容包括以下两个方面：应对全球化的挑战，义务教育课程应该如何改革；针对国内各利益主体的不同利益要求的矛盾，义务教育课程内容如何改革才能维护国家利益。

① 指中国近、现代史和国情教育。

2. 地方利益

本来，在传统体制下，地方利益与中央政府所代表的国家利益是一致的，即使有不一致的地方，由于没有表达渠道，教育经费由国家统一提供，故而其利益问题也是隐藏的。由教育部代表的中央政府制定的课程内容政策，地方政府既无权干预、也没有兴趣干预。1985 年，《中共中央国务院关于教育体制改革的决定》颁布以后，基础教育实行地方办学、分级管理，各级政府承担起了兴办基础教育的责任，基础教育的经费投入在农村地区占财政支出的 70%，在城市也要占 50%。因为我国当前的中心工作是以经济建设为中心，这样高的投入必然引起地方政府首脑的思考：基础教育为当地经济建设起了什么作用？

然而事实是，各地基础教育的成功在于为高一级学校输送了多少学生，而学生特别是中小城市和农村地区的学生毕业以后回去参加当地建设的人数很少，而是留在了条件较好的地方。农村的学生到了城市，中小城市的学生到了大城市，大城市的学生出了国，西部的学生到了东部。最后地方政府发现，自己投入巨大经费，却在为其他地方做人才准备。这样，课程内容中的地方利益问题突出出来了。基础教育如何在体现国家利益的同时也能服务于地方建设的问题就引起了人们的思考。传统教育中只从为高一级学校输送学生的角度设计课程内容就受到了人们的批评和指责，要求对基础教育课程内容进行改革。关心学生的未来是各级政府法定职责的一部分，学生能升学是好事，皆大欢喜。可是，许多不能升学的学生，既不能给家庭、给当地社会做出贡献，有些还因为各种压力且教育缺位患上了心理疾病，成为社会和家长的负担。

3. 各独立用人单位

由于经济体制改革，产生了许多独立的经济实体，有些实体是属于私营的，有些是外资的，这些经济实体无疑必须对自己的经济实绩负责，而以前的国有企事业单位也在改革的过程中责任性增强，不再是仅仅依赖于国家行政部门的一个附属行政单位，各单位必须自主经营、自负盈亏、自我管理、自我发展，有了自己的利益需求，因此他们的人员需求也不再从属于上级组织人事部门，他们需要能给自身带来利益的人才，能够为实现自己单位眼前或长远的目标做出贡献。企事业群体发现现行教育体系培养的学生不能适应他们的要求，因而对教育发表自己的看法，这些看法形成了其对人员需求的标准，这些标准必然影响到学校教育，也必然影响到人们对现行教材的看法上。这些年人们指责学校培养的人高分低能，是发现学生虽然成绩好，然而能力不强，不能完成各单位指定的任务，而这些任务的完成是与单位的切身利益相联系的，因此社会提出了要培养能力的要求。以前各级学校培养的学生需要就业的均由劳动人事部门进行安排，现在各单位有了用人自主权，必须符合各单位的选才标准，因为这些新人的到来将成为“结帮搭伙过日子”的群体一员，因此被用人单位选择成了硬性的约束，通过社会对学校教育进行着强有力的冲击。企事业群体要求学校培养出来的学生要有知识、会处理人际关系、勤劳、会实际操作，这些朴实的要求首先冲击着高等教育，最后人们发现，这些要求也必须从小培养，要从基础教育抓起、从娃娃抓起，因而对基础教育提出了改革要求，相应地对其课程内容也要进行改革。

4. 家长和学生的期望

家长最关心自己孩子的成长和未来。中国家长历来有望子成龙或望女成凤的心态，随着大量的企事业单位对新人要求的变化，家长自然非常关心学校教育改革，关心学生在学校中能学到些什么。一方面，家长特别是学习好的学生家长希望子女能够升入高一级学校，这样子女的前途将会更加光明，这可以暂时不考虑企事业单位的要求，只要能够升入高一级学校就可以了；另一方面，也有许多家长发现，孩子不能升入高一级学校也完全是有可能的，特别是由于各种原因学习成绩不好的学生家长想到，学生考不上高一级学校怎么办、接受教育的意义何在：以前的先例告诉家长们，许多落榜学生存在着许多社会不适应和生活不适应，给家长带来了巨大的困难。从后一方面考虑，家长希望学校教育要具有适应升学和就业的作用。学生自己也是这样，有希望能升入高一级学校的学生，刻苦攻读，能够保持对学校教育的兴趣，而对于学习成绩较差的学生，既然升学无望，而学习内容又不能为自己就业做些准备，因此对学习便失去了兴趣，产生厌学、逃学甚至辍学现象。家长和学生的利益需要也必然影响基础教育的课程改革，以前基础教育的课程内容仅仅从国家利益出发，影响了课程领域的利益平衡。

5. 科学共同体的利益

其实，在我国没有压力集团①的情况下，各利益群体的利益要求最后均是由专家整合的。教育的一个重要职能就是发展科学，为了科学事业后继有人，在基础教育的课程中也强烈地体现了科学共同体的利益取向，课程编排以学科为取向，课程内容选择考虑科学知识的系统性。传统的基础教育课程内容，由于社会其他方面的利益没有凸显出来，专家们在决定课程内容时，可以尽情地表达科学对基础教育的要求，然而社会利益分化以后，专家对学科利益的迷恋必将受到社会各方面利益要求的冲击。事实上，美国杜威的教育改革思想就是对学科利益的反叛，以致走向了另一个极端。

其实，对课程内容改革的要求还有很多。就学生而言，农村学生和城市学生的要求就很不一样，东部学生与西部学生也有很大的区别，汉族学生与少数民族学生的需求不同，正常学生与超常学生、残疾学生也有很大的需求差异，固定居所学生与流动人口学生的需求还不一样。所有这些需求都需要得到某种程度的尊重，也都会影响基础教育的课程内容。现实情况是，有些需求得到了满足，有些需求却被忽视了。

三、大众利益：义务教育的课程要求

课程是政治、经济和文化活动的产物，是不同阶级、种族、性别和宗教群体之间权力斗争和妥协的结果。课程知识的选择和分配是社会权势者依据某一选择或组织原理而做的意识形态上的抉择。某阶级能接近其他阶级分配不到的知识，某些团体只能接近其他团体分配剩余的知识。（黄忠敬，2002）[68]尽管如此，义务教育的课程政策，需要考虑义务教育自身的特性，根据其自身特性进行义务教育课程知识的选择，特别要求知识应该为现实“说话”、为底层服务，关注社会、关怀人生。

分析义务教育的特点，应该从两个方面进行：一是自身的特点分析，二是与其他各级各类教育特点的对比。从义务教育自身的特点而

① 压力集团“pressure group”是指那些致力于对政府施加压力、影响政策方向的社会组织或非组织的利益群体。

言，它是一种全体性和全面性的教育。所谓全体性，或称普遍性，是义务教育最显著的特性。义务教育的对象是全社会范围内的所有适龄儿童，不论乡村城市和山区海岛，不论民族种族和社会地位，不论贫富智愚和男女性别，只要适龄儿童就要使其享受一定程度的教育。义务教育的这种普遍性，充分体现了教育机会均等的思想和公民享受教育的基本权利。从人员范围而言，义务教育的涵盖范围是最广泛的。所谓全面性，是指学生的发展应该是全面的，因为实施义务教育的目的是为了所实施范围内的所有人员的整体素质得到提高，是实施范围内人员素质的整体推进。

与其他各级各类教育进行比较，义务教育的特征更能够得到凸显。与职业教育相比，职业教育是面向少数人的教育，是为了少数人或某部分人某些方面的发展。与高中教育和高等教育相比，只要高中教育和高等教育尚未实现大众化、普及化，其仍然是面向少数人的，与义务教育面向全体人的全面发展是有区别的。高中教育的任务之一是为高等教育培养后备人员，为高等教育打好基础。高等教育主要是培养专才，在某一方面有所专长，从而为完成社会的某些任务服务。虽然现在有许多人提出高等教育也需要培养通才，然而，这不是高等教育的主要任务。如果高等教育培养的人不能满足社会某些特殊方面的需求，那么高等教育的“高”又高在何处呢？当然，要将这一点讨论清楚，需要费不少工夫，因为这个问题尚处于争论阶段。然而，有一点是可以肯定的，义务教育与职业教育、高中教育和高等教育是有质的区别的，区别在于义务教育毫无疑问是面向全体适龄儿童的，而职业教育、高中教育和高等教育则不可能面向全体适龄学生。义务教育与职业教育、高中教育和高等教育的区别实质上是义务教育与“筛选教育”的区别。职业教育、高中教育和高等教育均属于“筛选教育”，必须经过或严格或宽松的筛选过程，高等教育的筛选是最严格的，其淘汰率也是最高的，然而义务教育是不容许进行筛选的。

基于义务教育自身的特点和与其他各级各类教育的比较，义务教育与其他各级各类教育的课程也是不一样的。我们不必研究其他各级各类教育的课程是如何的，只需明确义务教育课程的特点。从利益角度进行考察，义务教育所反映的利益关系是一种基本的、全面的利益关系，必须反映全体人员的利益。这种利益关系是一种大众的利益关系，与职业教育、高中教育和高等教育反映特殊的、少数人或部分人的利益关系相比，这里所反映的利益关系具有自身的特点，是其他各级各类教育没法相比的。这种利益关系决定了义务教育课程的自身特点，是值得单独研究的一个领域。同时，反映这种大众利益的课程，其具体内容的选择也是不一样的。

认识义务教育所反映的利益关系的特点，是我们思考义务教育中课程知识选择的基础。然而这也仅仅是基础而已，这并不能决定我们现行的课程知识选择的基本思路。为什么呢？因为关键还在于可供我们选择的东西是什么。可供选择的知识具有什么特征，这在上一章中已经得到了讨论，与义务教育的利益需求配合起来，才能决定义务教育中课程知识选择的政策思路。

第三节　课程知识选择的视角

课程知识选择作为一项选择活动，需要有一个标准，按照什么标准选择知识进入课程，必然有价值的涉入。不同时期，即使按照价值标准进行选择，对价值的认定也是不一样的。有时按照实用的标准，有时则按照理想的标准。除了一些技术环节的标准外，从古至今的两个著名标准是需要我们回顾的，那就是：什么知识最有价值和谁的知识最有价值。

一、什么知识最有价值

赫伯特·斯宾塞（Herbert Spencer，1820—1903）是19世纪后半期至20世纪开始时期的英国著名资产阶级社会学家、哲学家和教育家。他在《什么知识最有价值》[①] 一文中，在区分各项知识的相对价值或比较价值的基础上，确立了他所认为的一个衡量知识价值的尺度，即是否

① 斯宾塞的著作《教育论》一书，包含了四篇教育论文：《什么知识最有价值》、《智育》、《德育》和《体育》。

有利于完满人的生活。他依其重要性程度或者说价值大小确定了五类人类活动，即直接保全自己的活动；从获得生活必需品而间接保全自己的活动；目的在于教育子女的活动；维持正常社会政治关系有关的活动；在生活的闲暇时间满足爱好和感情的各种活动。在这五类人类活动的基础上相应地设置五类课程。对于这五类课程，斯宾塞说："什么知识最有价值？一致的答案就是科学"。为了直接保全自己或是维护生命和健康最重要的知识是科学。为了那个叫做谋生的间接保全自己有最大价值的知识是科学。为了正当地完成父母的职责，正确指导的是科学。为了解释过去和现在国家生活，使每个公民能合理地调节他的行为所必需的不可或缺的钥匙是科学。同样，为了各种艺术的完美创作和最高欣赏所需要的准备也是科学。而为了智慧、道德、宗教训练的目的，最有效的学习还是科学。

斯宾塞通过这样的提问方式和回答问题的结论，受到技术理性和科学知识霸权的影响，对以后的课程理论具有深远的影响。体现了科学知识霸权阶段科学对社会、对教育、对课程的控制，其实质是认为课程中的知识选择只是个技术问题。这反映在以后的课程理论与活动中。无论从早期博比特的活动分析法、查特斯的工作分析法，还是到后来著名的泰勒原理，都受到这一知识选择标准的影响。1918 年，美国课程理论家博比特《课程》出版，标志着课程成为专门研究领域诞生，到 20 世纪三四十年代泰勒原理的问世和成熟表明课程论已成为一门独立的学科。课程自从产生之日起，就直接得益于以追求效率为主要目的的科学管理运动。泰罗制被广泛运用于课程领域，产生了课程编制的科学化运动，课程研究受工具理性的左右，假设：学校如同工厂，学生就是"原料"，教师则是工人，要对学生这个原料进行不断地加工改造，如同计算机系统输入与输出的是信息一样，学校在系统过程中输入与输出的是儿童。为了使加工过程具有效率，需要对这个过程进行有效的控制。

泰勒（1994）是课程科学化运动的集大成者，在《课程与教学的基本原理》一书中，他提出了著名的"泰勒原理"，主要围绕四个问题展开：（1）学校应该达到哪些教育目标；（2）提供哪些教育经验才能实现这些目标；（3）怎样才能有效地组织这些教育经验；（4）我们怎样才能确定这些目标正在得到实现。人们认为这一原理达到了人类课程编制的一个阶段的顶点，成了一段时期课程研究的范式。尽管如此，泰勒原理仍然是技术性的，其追求的目标没有脱离斯宾塞的“什么知识最有价值”这个命题。

斯宾塞提出这样的问题，有其历史的背景。文艺复兴革命，剔除了神性，发扬了人性，使人从天上落到了地上，从而极大地提高了人的理性，科学知识逐渐取得了霸权地位。牛顿在《自然哲学的数学原理》一书中奠定了实证科学的基础，确立了机械自然观，这在当时对科学的发展起到了巨大的推动作用，确立了追求确定性和定量性的、机械的、封闭的观念。到了十八九世纪，理性成为了判定一切存在合理与否的最高尺度。兴起于英国的工业革命，以很快的速度向其他国家扩散，人们从科技的发展中得到了巨大的物质实惠，因而其对课程能够产生深远的影响，什么知识最有价值的课程知识选择标准走向世界，影响全人类。

二、谁的知识最有价值

20 世纪 70 年代以后，在概念重构主义、新马克思主义、新教育社会学、解释学、后现代主义、女性主义的影响下，越来越多的学者开始关注课程与经济、政治的分配与控制之间的关系，更准确地说即是知识与权力的关系，其中取得的成果有扬（F. D. Young）主编的《知识与控制》、布朗（Richard Brown）主编的《知识、教育和文化变革》、伯恩斯坦（Basil Bernstein）的《阶级、符码和控制（第三卷）：朝向教育传播理论》，还有鲍尔斯和金蒂斯（S. Bowles & H. Gintis）的《资本主义美国的学校教育》、布迪厄（P. Bourdieu）的《教育、社会和文化的再生产》以及吉鲁（H. Groux）的《新教育社会的再生和抵制理论：一个批判性的分析》，等等。这些理论尽管有错综复杂的关系，但它们都有诸多的共同或者说是相似之处，就是对“什么知识最有价值”这一经典性的课程问题提出挑战，认为课程知识选择不只是一个教育上的问题，同时也是意识形态的和政治的问题。这样，人们开始把目光由教育本身投向更广阔的社会空间。

在这些人物中，迈克尔·W. 阿普尔是其中的杰出代表。阿普尔对 20 世纪以来在科学主义指导下的课程知识选择进行了批判，他说，“课程领域从其胚胎期起，就潜存着工厂导向的特征。其名称虽有改变，但课程思想中的逻辑仍然是输入—产出、手段—目的的推理方式”（阿普尔，2001）。他批评了这种课程知识选择的诸多特征（吴永军，1998）[7]：（1）注重明确而具体的目标。教学系统要先设定特定的学习目标，明确地指出学习的结果是要学习者能做什么，能知道什么，能感觉到什么，亦即思想、行动、感觉被缩小为明确而个别的因素。（2）信赖工学。认为课程的编制、设计、教学，甚至是意思决定都是技术问题，工学的策略和资料能解决所有的教育问题。教育功能的缺陷是由于工学程序的缺陷，可以由工学方面谋求改进。（3）原子论的观点。就像把生产的过程分成许多能达成预定结果之简单的单位一样，学生的活动也被分割成许多部分，而课程系统的有效性可由满足结果的程度来评价。（4）重视预定和效率。学生的行为在参与活动之前已被选好，这些行为被视为教学系统之最佳产品。

阿普尔认为，当斯宾塞提出“什么知识最有价值”时，他并没有错，但阿普尔认为，此问题是一个过于简单化的问题。因为有关应当教什么的冲突是尖锐而深不可测的，它不仅是一个“教育”的问题，而且本质上也是一个“意识形态”的问题。不论我们是否同意这一点，课程和更一般的教育问题总是陷入阶级、种族、性别和宗教冲突的历史之中。因此，阿普尔指出：“一个更好的表达这个问题的方式要突出教育争论的深刻的政治本质，也就是谁的知识最有价值?”在《意识形态与课程》一书中，阿普尔非常强调课程中的意识形态的问题。他运用批判理论、知识社会学、哲学等工具，试图在政治与教育之间，课程与文化的、政治的、经济的权力问题之间搭起一座人工的桥梁。对课程中的霸权、符号权力、意识形态等进行分析，以理清知识、权力、意识形态等之间的复杂而辩证的关系。他认为，要回答“谁的知识最有价值?”这个问题，需要思考以下四个问题（阿普尔，2001）：（1）这是谁的知识；（2）它是由谁来选择的；（3）为什么要这样组织知识并以这种方式来教；（4）它对这个特定的群体是否有利。这四个问题正是针对泰勒的四个经典问题而提出来的，目的是改变自斯宾塞以来课程的不断科学化、程式化的状况，以实现课程范式的转变。

通过对这些问题的考察，我们就能理解课程知识总是代表着某些集团或阶级的利益，并为它们的利益服务。知识社会学之父马克斯·舍勒也指出了知识形式与某些集团之间的关系，认为只有在这些集团中，那些知识与思想形式才可能产生并得到详细阐述。他指出，对于社会的统治阶级来说，他一定要维持传统的知识体系，并竭力证明他们的有效性。由此看来，所有的知识都是受制于社会阶级的。

阿普尔提出“谁的知识最有价值”，给课程知识选择提供了一个新的视角，使课程知识选择不仅要注重技术层面而且要注重政治层面，具体地说，就是增加了利益层面，通过考察知识的归属，从而决定课程内容。

三、课程知识选择的标准

学校的课程空间是一种“稀有资源”，不可能无限膨胀。这就产生了课程知识的“合法化”问题。值得注意的是，这里的“合法”不只是“合乎法律”。课程知识“合法化”的途径和方式是多样的，有强制性的政策、法令，也有政治意识形态和技术性意识形态的渗透。而我们所说的“课程知识的合法化”，是作为人类文化成果的“一般知识”被允许进入课程的过程。从“合法化”的角度讲，这是一个价值选择、权力运作和利益冲突的过程。这使我们在关注“什么知识最有价值”这一传统课程问题的同时，必须进一步关注“谁的知识最有价值”、“谁来决定课程知识”一类的问题。(阿普尔，2001)[6,第二版序言]

经验告诉我们，并不是人类所有知识都能成为“课程知识”，只有那些经过社会认定“适合”进入学校的知识才能成为“课程知识”。而“适合”与否的标准不只是技术标准，也不只是从儿童身心发展的规律中得出，它往往还有“价值标准”和“利益标准”。自从人类迈入不平等社会以来，不同阶层和不同个人之间的利益冲突和利益竞争在世界上任何一个地方都从未停止过。这种竞争与冲突不仅在政治、经济领域展开，而且也在文化领域展开。价值性知识从来就是社会统治的工具，而科学知识自近代成为人们获取物质利益乃至政治掌控权的基础以来，也成为人们争夺的对象。

在现代社会，教育不仅是传播知识的场所，也是通过知识传播实现社会再生产的普遍工具和人们迈入上层社会的必经之路。因而社会各利益集团都千方百计想将对自己有利的知识或自己最希望获得的知识纳入学校课程。在20世纪中期，英国处于不同社会阶层的人的不同社会立场及其对教育政策及课程知识的不同要求是这样的（麦克·F. D. 扬，2002）："贵族/绅士"持"自由/保守"的意识形态，要求课程非职业化；"商人和职业阶层"站在资产阶级立场上，要求重视高等职业和专业课程；"激进的改革者"从民主的要求出发，主张课程要为"所有的人"服务；而"工人阶级/社会地位不利群体"则站在"平民主义/无产阶级"的立场上，要求重视学生的选择和参与。

但在这场"知识之战"中，并不是人人都能如愿，只有那些符合"强势集团"的利益和价值需求的知识才被"认定"适合纳入学校课程，而此种"认定"在现代社会往往是以国家的政策乃至法令的形式实现的。罗素（Russell. B.）（1998）就说，几乎所有的教育都有一个"政治的动机"，"其目的在于加强国家或宗教的甚至社会的某些集团，以便和其他集团竞争。主要就是这个动机决定了所教的课程，决定某些知识应当提供，某些知识应受抑制，也决定了希望学生培养的思想习惯。"

任何一项事业背后均有理论进行支撑，为了构建课程内容进行知识选择的背后也有理论支撑。在知识民主阶段的课程知识选择，我们这里认为，可以用两句名言来概括，这就是"什么知识最有价值"和"谁的知识最有价值"，前者是英国19世纪的教育家斯宾塞提出来的，后者是20世纪的美国教育家阿普尔提出来的。前一句名言着重于从知识内部的关系考察课程问题，人们力图从既有的知识范式中选出其认为最有价值的知识作为课程内容，影响了一百多年的课程史，决定了课程理论的走向；后一句名言则从课程与社会的关系出发来考虑知识的选择问题，将知识的教育价值放在广阔的社会背景中进行考察，也必将对以后的课程政策和课程理论产生深远的影响。

联合国教科文组织强调现代教育的"四根支柱"——"学会认知、学会做事、学会共生、学会生存"，有人围绕"生存能力"的思路来界定理想的"学校知识"（钟启泉，2000b）。可以考虑三个层次：社会生活和学校学习所必要的知识、技能，诸如读、写、算技能和各门学科的基础知识；渗透于各学科和学科之间的科学思考方式；作为社会生活所必要的价值观、态度。这样，“学校知识”包括三个侧面：一是作为认识事物与现象之结果的“实质性知识”，一般称为知识技能；二是掌握信息与知识的“方法论知识”，即学习方法；三是为什么而学习的“价值性知识”，是同克服知识的非人性化和知识的活用相关的。本书认为要特别关注“方法论知识”和“价值性知识”。如果这样进行课程知识选择，则符合知识民主阶段的要求。

第四章

课程知识选择政策定位的内涵

教育是通过传授知识来培养人的活动，对知识的不同认识，将影响到课程政策。进行课程改革，就是在一定知识观引导下进行的，课程政策设计，也一定会受到知识政治学的影响。传统课程受霸权知识阶段的影响，在知识的选择上严格区分“知识”与“非知识”，这样，与儿童的日常生活直接相关的和儿童个人的知识均被排除在课程知识以外。在知识民主阶段，课程知识选择呈多样化趋势。英国的课程改革对此作了很好的注释（吴刚平，2000b），自 1979 年以来，英格兰和威尔士教育改革的历史贯穿着五大主题：质量，多样化，不断增加的家长选择机会，给学校更多的自主权和更高度的责任制。即使在强调国家统一课程的 20 世纪 90 年代，英国政府也仍然认为其教育制度改革的整个重点是走向多样化、高标准和选择性。

第一节 课程知识多样化的价值与来源

一、课程知识多样化的价值

认识到课程知识多样化是课程政策选择的基本思路，具有很强的实践意义和理论意义，有助于清理课程改革中的一些理论混乱和实践的盲目，从而确立理性化而不是情绪化的课程政策。

1. 课程改革中的几种课程观

随着课程改革的进行，课程政策进行了大的调整。在课程政策调整过程中，提出了很多新颖的解释课程政策的课程观，这些课程观作为课程政策的反映，反过来影响了课程政策，同时也影响了课程改革实践。我们可以罗列以下一些文章，其中就包括着这样的观点：(1)《课程范式的转变与创新人才的培养》(冯建军，2000)，(2)《由“知识口袋”向创新教育课程转变》(张胤 等，2001)，(3)《课程的迷失与回归》(刘继平，2001)。

《课程范式的转变与创新人才的培养》一文认为，要由占有型课程转向创新型课程，占有型课程就是对知识的占有，要对其进行转变就是不要占有了；《由“知识口袋”向创新教育课程转变》一文则是将以前知识的学习比喻为口袋，认为知识逐渐增多，口袋再也装不下了，需要进行创新；《课程的迷失与回归》一文认为以前传授确定性知识，是受工业社会技术理性的控制，因而是课程的一种迷失，现在处于知识经济时期，要回归人文。其实，另外还可以列出很多这样的文章，其思路是一样的，均是认为以前的课程是适合于工业社会的，现在需要发生转变，转变为不要以前的东西了。

所有这些观点得到了很多人的支持，也引起很多人的怀疑、批评，从而引起了混乱。得到人们支持是因为，这些观点的的确确针对现实教育中的问题，提出了自己的观点；受到人们批评在于这些观点均是在提倡新的观点的同时，对以前的课程政策及其相应的课程观进行否定，没有看到其是历史的产物，同时也在现实生活中有很强的社会政治经济基础。

现在仅以《课程范式的转变与创新人才的培养》（冯建军，2000）一文中所阐述的“从占有型课程转向创新型课程”为例进行介绍。在该文中，作者将传统课程称为占有型课程。该文认为“知识经济时代的到来，要求教育必须培养学生的创新意识和创造能力。课程作为教育改革的先导，必须超越‘占有型课程观’，在课程的性质、形态、编制方式等方面进行革命性的范式转换”。什么是革命性的转变，就是要抛弃以前的占有观，不占有、只创新。

该文认为“占有”型课程是工业社会中的课程观，是与培养占有型个人主体相适应的。从博比特发表《课程》、查特斯发表《课程编制》开始，直到20世纪中叶泰勒发表《课程与教学的基本原理》，逐渐确立起课程研究的主导范式：实证——科学研究范式。该范式在学理上受哲学中的实证主义和自然科学方法论的影响，在实践中是泰罗科学管理的原则在课程领域的推衍。它把课程看成是客观存在的、外在于人的知识，通过设定目标，按照工业化的技术管理程序组织课程实施过程，坚持所谓的“价值中立”立场，重效率、重目标、重控制，重技术操作，使整个课程编制过程成为一个“输入—产出”的机器加工系统。该文还认为，学生除了每个人都变成某个已由他人所定论的既定思想的占有者之外，与他所听到的讲座内容完全是貌合神离的。今日课程学习的现状，正是占有型的方式。以占有型的方式为指向，人只能是“占有”知识，而不是“懂得”知识。在占有型的课程观中，人为课程编制的技术程序所控制，课程成为与“我”无关的外在世界，为“我”所接受和认同，人无创造性可言。

为了解决这些问题，该文作者提出了创新性学习的设想。要发展主体的创造性，必须变革这种实证——科学范式的占有型个人主体课程观，而指向一种人文范式的创造性课程观。这种新型的课程观，应该为学生创造一个活生生的“生活世界”、“意义世界”，学生在意义世界中通过自己自由自觉的活动而与外界相互作用，使自己的意义不断提升，经验不断扩展。在这里，没有任何强制的成分和外在的枷锁，到处洋溢着学生能直接体验到的主体性。教师与学生的关系不是“主—客”的占有关系，而是一种交互主体的交往关系。建立创造性课程观，就是要超越占有型个人主体的课程观，为此，在课程的性质、课程的编制模式、课程的实施、课程的形态等方面都必须做出根本性的变革和转换。

为什么要提出由占有型课程观向创新型课程转变呢？该文认为是由现代社会的特征决定的。因为现代社会不再是一个知识认同和占有的社会，而是一个知识创新的社会。如果说“知识就是力量”是传统的工业社会的特有理念的话，那么现代和未来的社会应该强调的是“创新就是力量”。适应社会向知识创新的转型，教育也由以教授知识为主变为全面培养学生独立自主的分析判断能力、创造能力和学会学习的能力。

为此，要求课程观也由认同性课程走向自主创新性课程。课程要培养人的自主创新意识、能力和精神，首先要变革知识观和抛弃课程的目标模式。注重过程的课程编制模式将为这种新型课程观奠定基础。

这些观点给人耳目一新的感觉，然而将其放在知识政治学视野中进行考察，我们认为其仍然受到霸权知识阶段观念的影响，是一种非此即彼的课程观。

2. 这几种课程观存在的问题

上述列举的所有这些观点均在人们对创新型人才提出强烈要求的时代高扬创新的旗帜，将创新推向极端，而将传统知识打入地狱。这其实也是一种霸权的思路，受到以前知识霸权阶段的影响。前面我们之所以要专章谈知识发展阶段已经从霸权阶段转入民主阶段，就是因为现在理论上和实践中人们仍然停留于用传统的霸权思维思考民主知识阶段的课程建设问题。

我们对课程知识多样化的思考与上述观点是不一样的，不是因为要适应现代社会对创新型人才的需求而抛弃传统的知识，只是要在传统的知识范围内增加新的知识，从而构成多样化和冲突性的课程知识体系，从而有助于创新型人才的培养。坚持这一观点，就是在创新型人才培养时，没有忘记为其准备原料，这原料就是多样化和冲突性的知识。上述的各种创新性观点的误区在于，要培养学生的创新能力，而不准备相应的课程知识，这将导致课程政策的误区。这就好像要马跑，而又不让马吃草一样。

现在许多关于课程的新观点都抛弃了知识在培养创新型人才中的作用，转而将课程看成是一个不断生成的过程，是将课程与教学混为一谈，将课程的实施与课程本身混为一谈，这样的课程是难以看见的，其效果也是不稳定的，因为它取决于教师在课程进行中能否有高水平的建构能力。

现实中，有人认为，现在实施素质教育了，教师不敢理直气壮地教知识了，恐怕是受了这一类思想观念的影响。其实，人们要创新，不掌握知识是不可想象的，人们常说巧妇难为无米之炊，就是这个道理。没有知识，谈何创新？现在知识经济了，人们提出要培养创新型人才，很多人提出了关键不在学习多少知识，而在于要在学习知识的过程中培养创新能力。对这一点，从课程知识多样化的观点出发，我们不能同意，即使心理学的研究成果也不能支持这些观点。我们与有些人观点的区别在于，人家是不要知识，我们仍然需要知识，只是我们比其他人需要的知识更多，故而称为多样化的和冲突性的知识，这是从知识政治学的观点出发而得出的观点，这还可以得到心理学的支持。

多样化和冲突化的知识才能培养学生的创新能力、才能改变学生的素质结构。我们现在过于注重教师和学生在教学活动中的技巧，希望通过课程实施中解决教育质量提高的问题，出于良好的愿望，然而不能达到良好的效果，因为教师与学生的水平参差不齐，很难保证这样的效果。如果从政策层面上解决知识的多样化和冲突性问题，则创新教育的实施水到渠成。我们自己可以反思，我们的创造性是仅仅靠培养的吗？就个人感受而言，创造性还是在大量阅读书籍后形成的，只是这些书籍为我们提供了多样和冲突的知识，从而激发了我们的思考。

二、历史渊源

现在，我们提出课程知识多样化的观点，虽然是直接来源于对知识处于民主阶段的看法，其实在历史上已经为其做好了准备。因为历史上各派教育理论无非是在学科知识与非学科知识方面各执一词，将它们统一起来考虑，实质上就是从多种知识中进行知识选择从而构成课程的观点。

在思考课程知识选择时，夸美纽斯和法国的百科全书派均提出了把人类的一切知识教给一切人类的思想，并且亲自编写教材，然而最终难以实现其理想。当时，他们提出这样的观点，正是义务教育体制建立的时候。在这个时候，他们能提出这样的看法，与义务教育的性质不谋而合。可以说，夸美纽斯和法国的百科全书派是课程知识多样化观点的先驱，在他们那里已经有了课程知识多样化的思想萌芽。虽然他们的愿望是美好的，然而在当时的知识背景下是很难做到的，因为当时的知识状况是霸权型的。即使将所有已经合法化的知识纳入课程，也只是具有当时知识型下规范的单一知识。这正所谓巧妇难为无米之炊！

杜威的实用主义教育哲学是现代西方主要教育哲学流派之一。在课程问题上，杜威的基本原则是“做中学”，他认为教材的基本源泉是儿童的直接经验而又能构成知识内容的东西。在这里杜威看到了非学科知识、经验知识、隐性知识的作用，然而当时还没有从知识政治学的角度进行考察，因袭了传统霸权知识的思路，实施中从一个极端走向了另一个极端。作为对杜威的纠正，要素主义教育哲学是当代西方有影响的教育哲学流派之一，它出现于20世纪30年代的美国，提出了向学生传授基本知识和进行基本训练的主张，它重视基础学科知识，加强新三艺（数学、外语、理科）的教学，看到了学科知识在课程中的价值。以后永恒主义的课程理论则是要寻找那些具有理智训练的“永恒的学科”，以作为课程的内容，同样延续了以前的错误。虽然说，人们将以前的课程争论归结为科学主义与人文主义的争论，然而可以发现他们争论的实质是背后隐藏着对各种知识认可的思想，各自强调了一种类型知识的价值。

长期以来，我国课程过于强调学科本位，重视作为结果的内容性知识，忽视作为过程的方法性知识、体验性知识；强调原理性知识，轻视技能性知识、实践性知识；强调共同知识，排斥个人知识；强调分门别类的知识体系，无视知识之间的内在关联。这样，学科课程独霸天下，权力至尊，其他课程相形见绌，十分弱小。在知识民主阶段，作为结论的知识与作为过程的知识、科学知识与人文知识、普通知识与实用知识、公共知识与个人知识、理性知识与感性知识均有存在的理由与价值，它们相互补充、相得益彰，共同支撑起人类知识的大厦。对于个体的和谐发展，各种知识均有一定的价值，不可或缺。所以，在课程知识选择时，应充分估计各类知识的作用，包括多种知识类型。

知识霸权阶段强调确定的、作为结论的理性知识，忽视非确定性的、过程性的感性知识，因而在课程教材领域，充斥着大量的概念、原理、公式，以确定的结论呈现的理性知识长期成为强势话语，不可动摇，而作为与人类生活至关密切的经验性知识、个人知识则无足轻重。课程内容远离生动的社会情景，疏离了学生的真切感受和经验基础，而作为一种异己的力量“客观”地存在着，外在于学生的生活世界，课程知识被限制在一个狭窄的范围之内。

尽管个体的、经验的知识有时也得到某种程度的肯定，但也仅仅是作为理性知识学习的背景和“支架”，感性知识仅仅具有工具性价值，而非目的本身，工具价值高于目的价值。知识民主阶段，知识的存在样式多姿多彩：理性知识与感性知识、观念知识与行动知识、国际知识与本土知识、公共知识与个人知识、显性知识与隐性知识，它们共存互补，彼此辉映。因此，课程知识不仅要关注理性的、观念的、公共的、显性的知识，还应关切感性知识、行为知识、本土知识、个人知识、隐性知识，做到理智与情感、结论与过程、显性与隐性、材料与方法、确定性与非确定性兼顾。

刘良华在《全球教育展望》上发表的一篇文章《什么知识才有力量》（刘良华，2004），是可以佐证课程知识多样化观点的文章。这篇文章有以下一些有趣的观点：若知识是丰富的、有用的、有趣的，那么，“知识就是力量”。“丰富”对知识的力量影响最大，却最容易被误解，因为丰富也可能意味着纷繁“复杂”。丰富是知识的真相，复杂也是知识的真相。复杂本身不是一件坏事，但总有人躲避复杂。躲避复杂之后，知识变得单薄，没有了相关的解释和链接。并且，因为打算躲避复杂，于是语文教材剔除了“活”的生活语言，排挤了第一语言（口语，声音），只剩下干巴巴的规范和“死”的语法，哪怕某些篇目已经过时了呢，也因为它的正统、“样板”或崇高而大量地占用教材的页码，语文教材成为“样板戏”出演的地方。因为打算躲避复杂，于是数学教材斩断了公式和定理的来龙去脉，只剩下掐头去尾的“中段”。于是，数学课本总是无例外地显得“结构简单”。数学家的困惑看不见了，历届世界数学大会的不同声音退到背后，甚至消失。数学课本理所当然地显示为“数学原理”，绝不呈现为“数学历史”。为了教学的简单，数学可以集中在解题技巧上，而不用来解决实际生活中的实际问题。这种简单的数学虽然给学生也带来营养，但它惯常以“压缩饼干”的方式提供。压缩饼干确实含有营养，可它丢失了丰富。压缩饼干也是可以充饥的，却不能激起人的食欲。因为打算躲避复杂，于是科学教材大量地删减科学家探究知识的激情和欢乐，隐没了科学家的人格魅力，有意无意地免除了科学家在形成正确结论之前大量的尝试错误的劳动，只剩下一些宏大的发现。为了结论的简单和追求结论的速度，我们不得不省略过程的丰富。

第二节 课程知识多样化中的“多样”

单一知识进入课程，其思路是清晰、明确的，因为单一的特征决定了问题的简单化。在现在知识多样性凸显的知识背景下，课程知识多样化则是一个复杂的问题。人们的经验不同，看问题的视角不同，知识结构不同均会对知识多样化这一思想存在着自己的理解。可以从以下四个方面理解课程知识多样化中的“多样”，课程知识多样化应该朝着四个方面发展：知识的特性方面、知识的种类方面、知识的载体方面和知识的需求方面。

一、从知识的特性方面看

从知识的特性方面看，课程知识选择应该从知识霸权阶段的客观性、确定性、显性、普遍性、中立性向知识民主阶段客观性与主观性统一、确定性与不确定性统一、显性与隐性的统一、普遍性与地域性统一、中立性与价值性统一方向发展。就是说，就课程政策角度而言，对于知识的选择问题，从知识的性质方面考虑，不仅要选择具有客观性、确定性、显性、普遍性、中立性的知识，这反映了知识的真理性方面，而且还要选择具有主观性、不确定性、隐性、地域性和价值性的知识，两者相结合才能反映课程知识的多样性。

从知识性质方面看，课程知识的范围就大大扩展了。仅仅选择具有客观性、确定性、显性、普遍性和中立性的知识，是以前课程内容选择中的政策取向，反映的是工业社会的利益，着眼于对教育的强控制，与

“科学”管理的观念是符合的，这样的知识选择符合工业社会的利益，反映了科学家对社会控制的要求，然而不符合义务教育的性质。同时将具有主观性、不确定性、隐性、地域性和价值性的知识选进教育领域作为课程内容，说明多样知识在教育领域的合法化，是我们所期望的课程内容选择的政策取向，反映了后工业社会的利益，体现了社会由强控制走向弱控制、由控制走向“去”控制的要求，能够满足大多数人的利益。

在有的专家那里，将后面一部分称之为知识的另一半（吴定初，2005）。客观知识、显性知识、社会知识、科学知识和理论知识，同与之对应的主观知识、缄默知识、个人知识、人文知识和经验知识相比较，前者具有较突出的客观性、社会性、普遍性和外显性，后者则具有较明显的个体性、多样性、情景性和潜在性。这样，可以把前者划归为知识的“一半”，后者划归为知识的“另一半”。在知识民主阶段，在“两半”知识中选择课程知识，课程知识才是完整的。

二、从知识的种类方面看

关于知识，在知识系统内我们可以做出若干的划分。比如，从内生来源来讲，可分为直接知识和间接知识；从生成状况来说，可分为感性知识和理性知识；从学科逻辑出发，可分为自然科学知识和社会科学知识；从占有状况来说，可分为个人知识和公共知识。直接知识，是人类实践的直接产物，是改造自然所积累的第一手资料；间接知识，则是从前人或他人获取的精神养料。感性知识是个人偏好的信息显示，而理性知识则是系统化、理论化的信息合成。自然科学知识可以不断地降低技术变化的成本，而社会科学知识则能不断地降低制度变迁或社会变迁的成本。个人知识是个人的阅历和经验的积累，而公共知识则是使用频度较高的集体偏好和集体选择的公共资源。

在工业社会中，人们一般将知识分为自然科学知识、社会科学知识和人文科学知识，这样的知识分类符合科学知识霸权阶段的分类标准，是霸权知识型内的知识分类标准，认为知识必须是科学的，而科学知识又是能够学科化的，这样就排除了许多种类的知识。其实不然，在知识的民主阶段，更多的知识具有社会政治经济的合法性基础，从而被人们所认识，这些被人们所认识的知识尚未或者说根本就不能学科化。就种类而言，按照是否学科化，我们将知识分为学科知识和非学科知识。学科知识可以按照传统的分类：自然科学知识、社会科学知识和人文科学知识，因为这是发展比较成熟的知识分类。在霸权知识阶段，可以这样分类；在民主知识阶段，也可以这样分类。不过，由于知识阶段发生了根本性质的转变，因而需要按照知识民主阶段的理念去重新认识这三类知识。对于非学科知识，传统上没有成熟的、大家一致认可的可供参考的分类资料，我们在这里做出初步的尝试。按照知识的普遍性程度分为全球性知识、地域性知识和个人知识，其中的全球知识主要属于学科知识，而其中的地域性知识和个人知识则主要属于非学科知识；按照能否编码、是否具有显性特征可以分为显性知识与隐性知识，其中可编码的、显性的知识主要属于学科知识范畴，而其中的隐性知识则主要属于非学科知识。

让·弗朗索瓦·利奥塔是后现代理论的重要代表人物，最能体现利奥塔思想特色的著作是他于 1979 年完成的《后现代状况》一书，该书的副标题是“关于知识的报告”。利奥塔主要是从认识论和知识社会学的角度来把握后现代的脉络的，他将知识分为“叙事知识”和“科学知识”。他所说的“叙事知识”是指由原始口述方式演化而来的传统知识体系，包含了数量极大的各种故事或寓言，人们以之来为自己的生命赋予意义，这些叙事可能有很强的个人性、政治性、道德性、神话性、宗教性，等等。与之相对的“科学知识”，则是从叙事知识中派生出来的，关于世界客观而真实的知识，旨在陈述普遍适用的有关自然和社会的原理和规律。这样，在传统的科学知识之外，叙事知识也可以成为课程知识选择的重要内容。

认知心理学则将知识分为三大类：（1）陈述性知识，指个人关于世界的知识，由于个人能有意识地提取线索，因而这类知识能直接陈述；（2）程序性知识，指用于具体情境的方法或一套步骤，由于个人不能有意识地提取线索，因而这类知识的存在只能借助某种活动形式间接推测出来；（3）策略性知识，指如何学习、记忆或解决问题的一般方法，包括应用策略进行自我监控的方法。策略性知识实质是一套如何学习、记忆、思维的规则和程序，它控制着人的学习、记忆和思维活动。在一个完整的学习过程中，处处涉及策略。一个优秀的学生，学习时会处处采用策略性知识指导自己的学习实践。策略性知识有助于学习者学会学习、记忆和思维，是发展人的智力的核心部分。

按照新的知识分类进行多样化知识选择，这样，从知识分类的角度，课程知识也大大丰富了，不仅局限于自然科学知识、社会科学知识和人文科学知识这三大类别了。

三、从知识的需求方面考虑

从知识的需求方面考虑，应该对知识需求进行细分。可以从两个维度对知识需求进行细分：一个是纵向维度，一个是横向维度。从纵向维度看，基于知识需求的普遍性水平，有全球普遍的需求，一个国家的需求，国家内部一个地区的需求，也有个人的需求。一般而言，以前知识选择时，在这个维度上，有些国家侧重从个人需求的维度考虑，而另外一些国家则侧重从国家维度进行考虑。现在经济全球化，特别是许多国家加入了世界贸易组织，又有一种呼声，要求从全球维度选择知识，甚至于直接从国外选择原版教材，以利于国际间的交流、对话与合作。这样，可以将知识分为全球需求知识、国家需求知识、地方需求知识和个人需求知识。从横向方面考虑知识需求，则需要考虑性别的知识需求、民族的知识需求、城市与乡村的知识需求、发达地区与落后地区的知识需求。这样可以分为性别需求知识、民族需求知识、城乡需求知识和地区需求知识，等等。在课程知识选择时，明确课程知识选择需求方面的纵向和横向两个维度，就可以避免走向极端进入单一课程知识的陷阱，保证多样化的课程知识选择。

还可以从系统知识与有用知识维度来思考知识的需求（刘良华，2004）。所谓“系统”，就是同一类事物按照一定的关系组成的整体；所谓“有用”，就是指能指导学生的实践，比如语言实践、计算实践。系统知识不等于有用知识，有用知识也不一定是无系统的。然而，课程知识选择中，的的确确出现了为了追求知识的系统和完整而导致绝大多数知识无用的状况。为此，知识选择时，知识需求是一个重要的维度，不仅要选择系统知识，更要选择有用知识。“培根说，知识就是力量。这话我信。但若说所有知识都是有力量的，我不信。我相信‘丰富’的知识比单调的知识更有力量；我相信‘有用’的知识比无用的知识更有力量；我相信‘有趣’的知识比无趣的知识更有力量。”（刘良华，2004）其实，这也是一种根据需求对知识的一种分类形式，尽管非常通俗，然而对于课程知识选择而言，不妨也是一个参照。

新一轮基础教育课程改革所制定的各科课程标准的实验稿中提出的有些目标、内容要求、课程资源的建议，主要是以城市和重点学校的条件为假想对象，一定程度上偏离我国的教育现实，对于经济落后的广大农村地区的学校及其儿童来说无异于形同虚设（彭泽平，2006）[62]，这就是知识需求失衡的现实表现。这一方面既影响了课程改革的效果，实际上也损害了农村地区和弱势学校学生的基本课程权利。针对我国区域教育发展不平衡的特点，基础教育课程尤其是义务教育阶段的课程标准设计上应当充分注意广大农村的弱势学校的课程实施条件，制定出能够确保所有学校和学生均能达到的最基本的课程内容、质量标准和切实可行的课程资源开发建议。

四、从知识载体方面考虑

从知识载体方面考虑，在原始知识霸权阶段，主要是口头知识，以后随着技术的发展，有了书面知识，作为课程内容的主要是书面知识，特别到了科学知识霸权阶段，书面知识成了课程内容的全部，并且书面知识中还只有经典性的、能够被称为人类优秀文化成果的书面知识才能进入课程领域，这些特点决定了课程内容单一的特性。20 世纪中叶以来，随着计算机技术的发展，知识载体得到了新技术的支撑，决定了数字化知识（Digital Knowledge）的产生，这是在计算机系统、网络和数据库中经过整理、加工的知识，这些知识具有大容量、及时性和交互性等特点。这样，可以按照载体的不同将知识分为口头知识、书面知识和数字化知识。知识多样化就是需要将口头知识和数字化知识纳入课程，与书面知识一样，成为课程知识选择的源泉。

特别是长期以来书面知识在学校课程中起着主导作用，且主要承载确定性知识，是现在教育教学活动枯燥乏味的重要原因。在知识选择时，更要考虑载体的多样化。比如，口头知识，各种各样的辩论赛特别是亚洲大专辩论赛，其中包含了很多难以用书面载体表现的知识，如果能够作为课程知识选择的对象，将会受到学生的欢迎。

走向课程知识载体多样化，需要提倡多媒体知识，要改变知识就是与书本联系起来的观点。自19世纪以来，知识载体发生了极大的变化，声、光、电、网络，这些载体不仅承载了我们所认为的确定性知识、真理性知识，而且更主要的是，这些载体为承载个人知识、主观性知识、不确定性知识、隐性知识提供了技术保障。

在教育领域，课程知识类型的完整性就成为个体走向精神自由的基本前提（郭晓明，2003）[29]。也许正是由于认识到这一点，众多学者才强调课程内容的均衡性和完整性，不断呼吁解决课程结构的非均衡化问题。

第三节　课程知识多样化中的“化”

一、课程知识多样化的基本含义

以前的知识背景下，课程知识非常单一，由于被人们认可为知识的仅为学科知识，因而即使像西方国家很早就实施了义务教育，然而仍然在课程中体现出单一的知识。现在适应义务教育的需要，要体现大众的、各个方面的利益要求，在新的民主知识框架下，可以构成多样的课程知识体系。因为由单一的课程知识到多样的课程知识需要一个转变的过程，需要政策层面的渐变过程，我们将这种政策的渐变过程称为课程知识多样化中“化”的过程。任何跨越式的改变，所谓的“转轨”，与“化”的过程是背道而驰的，有可能达不到多样化的目的。实践中表现为学校、教师和学生的拒斥态度，仅仅提倡转变观念是不够的，因为其违背了“化”的基本要求，忽视了知识阶段的民主性特征。

这个过程具体而言，就是在改进对传统科学知识认识的同时，不仅选择学科性知识，而且选择非学科性知识进入课程；不仅选择全球性知识，而且选择地域性知识和个人知识进入课程；不仅选择显性知识，而且选择隐性知识进入课程。这样构成的知识体系，在数量上不是整个知识的全部，然而在类型上概括了民主知识阶段的所有知识。虽然不可能满足每一个受教育者的要求，然而可以满足大多数受教育者的要求。以前，课程知识选择注重学科知识、全球性知识，这些知识具有永久性、显性的特征，体现的是一部分人、部分地区的利益，这样的知识结构是单一的课程知识结构。现在提出在知识选择中增加非学科知识、地域性知识和个人知识，则可能体现大多数人和大多数部门、地区的利益，呈现出课程知识的多样化。

从总体上而言，这样进行知识选择的结果，能够保证课程的义务教育性质。然而其中的搭配关系是不一样的。在课程知识多样化的道路上，由于教师素质和课程的历史继承性等其他多方面的原因，课程建设总是缓慢的，总是逐渐从确定性、客观性、普遍性、中立性、显性知识到不确定性、主观性、地域性、价值性和隐性知识，也总是逐渐从学科知识到非学科、地域性和个人知识。这个过程，是“化”这个过程的必经之路。

尽管有这样复杂多样的知识进入课程，我们还是应该抓住主要的知识进行分类。我们认为，在这些复杂的知识体系中，传统的科学知识是一个重要的方面，因为处于民主阶段的知识并不否定传统知识，这与现在比较流行的课程观对传统知识进行否定是不同的，然而我们应该对传统知识进行重新理解，消解科学知识霸权，发现自然科学知识丰富生动的一面，让社会科学知识和人文科学知识找到自己的位置、体现自己的价值，而不是按照科学知识的规范去约束他们。

根据知识民主阶段的解释，传统上所说的科学知识，既存在着确定性的一面，也存在着不确定性的一面，而不是现在人们所说的传统的知识均走向了不确定的一面。其中自然科学知识中，可能确定性的一面更多一些，而社会科学知识和人文科学知识可能确定性的一面更少一些。认识到这样的性质，有助于课堂教学中确定性的知识按照确定性知识的办法进行教授，而对于不确定性的一面，则按照不确定性知识的办法进行教授。现在对知识单一性的理解已经造成了单一的教学观和单一的教学模式，以前是讲授接受教学，现在全是启发式、讨论式，以至于教师们说，按照新思想进行教授，时间不够，这就是以前霸权知识阶段导致霸权教学观和教学模式的负面影响。

同时，除了消解传统科学知识霸权以外，还需要增加许多新的知识类型。这些知识类型与传统知识互相交叉，然而可以从多个侧面把握知识的多样性。这些侧面我们将其主要归结为以下三类：按照能否学科化分为学科知识和非学科知识，按照适用地域分为全球知识和地域性知识，按照可否编码或显现分为显性知识和隐性知识。从这三个不同角度，基本上可以反映知识的全貌，从而构成知识的多样性。以前没有这样进行划分，原因在于只是考虑到科学知识部分，因而只包括了自然科学知识、社会科学知识和人文科学知识三个部分，并且社会科学知识和人文科学知识按照自然科学知识的标准进行规范，因而实践中暴露出知识的单一性。

由于知识的单一性导致了教育教学危机，人们这些年提出的许多解决方案从知识政治学角度进行审视就是为了解决知识的单一性问题。然而开错了药方，因为课程政策中出现的问题，必须站在政策高度、用政策思维去解决，其中需要包含政治学基础，于课程而言，则是知识政治学基础。更新教学观念、改进教学方法也有价值，然而仅仅用改进教学的方法去解决，必然导致人们在教学中的思想混乱。力图通过活动、实践、研究性学习等手段解决课程知识选择中的问题，只是课程知识单一性的事后补充，因而其效果也会令人怀疑。

在课程知识选择中，要从单一性走向多样化，是一个困难的过程，因为长期以来的观念和行为禁锢了人们的思路，束缚了人们的手脚。在多样化的知识中，对于新获得合法性的知识，尤其需要人们具有宽容的心态，具有蔡元培先生在北京大学所提倡的“兼容并包”精神。如果没有“兼容并包”的精神，要实现多样化也是不可能的，因为课程政策最直接体现为教材的编写。

随着教材选用权的下放，学校和教师将取得教材选用权，如果教材选用者仍然按照客观性知识、确定性知识的标准选择教材，那么能够体现知识多样化课程政策的教材将被扼杀在摇篮中。同时，现在实行教材审定制，如果我们的审定专家仍然用霸权知识阶段的思路审定教材，能够体现知识多样化的教材也有可能“胎死腹中”。

在对待隐性知识和主观性知识的过程中，笔者曾经在一次讲学活动中经历了尴尬的一例。那是一次自认为具有创新性的学术报告，本来打算该报告能够给听课者开启智慧，引起其对日常教育教学问题的思考，并不在于提供多少显性的、具有确定性的知识。我当时开篇给老师们说的是："各位老师前来参加本次课程，希望能够获得一些确定性知识，得到某些问题的确切解答，我很可能要与此愿望相反，我的目的是想让老师们糊涂，通俗点说，就是产生很多问题，然后，我们就产生的问题进行讨论，从而使大家形成看待诸多教育问题的视角，目的不在于掌握公共知识，而在于形成个人知识"。

课堂进行过程中，气氛活跃，引得听者哈哈大笑，观点新颖，可以说产生了很多隐性知识，提供了很多主观性知识，得到了许多听课老师的欣赏，最后给每位听课老师发一张小纸条，希望能够得到反馈，然而就有一部分老师提出了听的时候觉得很过瘾，但很难记笔记，不便于回学校向领导汇报，内心感到很空虚。这正说明即使经过当时课堂的深刻分析，并且大家实实在在地享受了课堂，仍然受显性知识、客观性知识才具有价值的观念的影响，从而产生了疑虑。

二、课程知识多样化的有效策略

要实现课程知识多样化，仅仅有观念是不够的，还必须选择有效的策略。应该能够探索出很多实现课程中知识多样化的策略，我们这里先介绍两个。在下一章介绍的另外两个策略：故事化知识和生活化知识，这两个策略也可以算是课程知识多样化的有效策略。

1. 冲突性知识策略

课程知识多样化是选择课程知识的基本思路，然而要落到实处才能发挥作用，我们提出构建在多样化前提下具有冲突性的课程知识体系的办法。这样的知识体系用于解决现在的教育教学危机，可能比现在过多从教学改革入手更有效，也比将课程理解为师生在教学过程中进行不断的建构，从而造就所谓有"生命"的课程更易于操作。因为这是在政策层面，从源头上解决了课程无生气、学生厌学、课堂没有充满智力气氛的问题。同时还因为，师生在教学过程中不断地建构课程，将课程的主动权寄希望于不确定事件之中：师生水平不确定。师生建构水平不确定，其直接结果就是教学水平不确定，这一建构理论的直接后果有可能是带来教育质量的下降，尽管这一理论现在很时髦、很流行。现在提倡的课堂对话，费时费力，效果也不一定很好，我们觉得不如让学生看书本上课程知识之间的对话，从而引发自身头脑中各种观点的对话，这也许比课堂上显在的、表面的对话有益处得多。正如王策三（2004）[16-17]先生所言，课程知识中的“珍宝”不会自动地呈现出来，也不能简单而直接地拿来，需要将知识打开。所谓将知识打开，就是把知识原始获得的实践认识活动方式和过程，加以还原、展开、重演、再现……使他们（学生个体）“与人类总体‘相遇’”。我们提倡的冲突性知识策略将王先生要求在课堂教学中进行这些环节提前搬到了课程知识选择环节，由专家完成，比单个的教师更有力量。冲突性知识策略是还原、展开、重演、再现的一种形式，也许是比较有趣的形式。

以前将课程仅仅看成是科学知识的体系，知识具有霸道的品行，导致课程无生气，也不能激发学生思考问题，为了激发学生的学习兴趣、启发其智慧，需要教师对教材进行二次加工。现在在理论上消解了科学知识霸权，完全可以做到知识的多样化和冲突化，这为多样化和冲突性的课程知识体系建设提供了前提。同时，建设多样化和冲突化的课程知识体系，还来源于个人的体验和心理学的启示。从个人体验而言，在看小说时、在看电视电影时、在听人们讲故事时，如果平铺直叙，那是多么的枯燥，可是如果设置冲突情节，引起故事进入高潮，那是多么的吸引人，那是多么的冲击心灵、智慧，会有多么生动的情感体验。从心理学角度而言，具有冲突性的知识更能吸引人的注意力、提高记忆力、激发想象力、开发思维力、培养创造力，因为多样化和冲突性的知识，学生更加感兴趣，其中存在着的冲突和对抗，学生可以从多样和冲突的知识中受到启发，从而使课程的载体充满智慧的活跃气氛。

为了使课堂活跃，教学改革中人们提出了教师要给学生创造丰富多彩的活动，然而由于很多办法只是外在的活跃，看起来热闹，没有真正激发学生的智力兴趣。现在提倡启发式、提问式，很多教师在课堂上面临着学生不能积极回答或者答案非常没有价值的现象，其原因在于学生的智慧不是靠技巧培养的，而是在多样而又冲突的智力气氛中得到发展的，这也是我们将课程知识选择作为课程教学改革中需要政策介入的理由。在课程改革中，将教学改革放在首要位置是不可能成功的，且不说侵犯了教师的专业自主权，同时也没有把握课程改革的根本。课程改革的根本应该是要对课程知识进行重新选择，同时保证课程知识选择满足大多数人的需要。

实际上，正如波普尔、库恩和费耶阿本德所说，人类知识的进步是各种观点、方法之间相互竞争、对话的结果。离开了这种交流、对话、合作或竞争，就没有任何的知识进步（石中英，2001）[207]。人类知识的进步是这样，个人知识的发展也是这样。

多样化而又冲突性的课程知识体系，并不是本人的杜撰，国外已经有人在进行实践，只是我们这里将其纳入知识多样化课程政策体系之中。多观点（multiperspective）课程（王红宇，1995）即是其中之一。下面我们通过王红宇文章提供的材料对荷兰的罗格霍尔特基于新的知识观提出的多观点课程进行介绍。

> 多观点课程的核心便在于课程内容中包括了现实的各种观点，包括学生自己的、教师提出的、常识的以及学者提出的各种解释，这样通过促使学生面对不一致的观点，在各种观点的冲撞与融合之中便可以形成对现实的新的解释，通常导向创造性的发现。让学生面对差异和矛盾的目的并不在于以某种“科学”的观点来取代学生自己对世界的解释，也不仅在于促使学生曝光于新的思考方式之下，更重要的是要为学生探讨各种思考方式的优点和局限提供一个平台，可以扩宽视野、加深思想力度，从而形成一种适当的建立于共享基础上的新的理解。
>
> 可见，多观点课程是各种观点矛盾、协调、融合从而形成新知识的过程。在此，课程不再是某一特定知识体系的载体，而成为师生共同参与创造性地解释现实的发展的过程。

2. 动姿化知识策略

郭晓明（2005）[137－144]认为，如果课程知识要成为人类精神解放的力量，则必须对教材进行动姿化处理，这是在教材设计环节的工作，其实，在课程知识选择环节也可以选择动姿化的知识。“课程知识”不应是冷冰冰的“知识块”，而应是灵动的、热切的、表现出趋向性的、具有与人对话的姿态的。只有这样的知识，才能较好地参与人的精神生活，与人建立起意义关系。“动姿化”是一种趋于运动的姿态，它使课程知识向学习者敞开，为知识与个体的精神交往创造可能。处于“动姿化”的知识不再是“死的”，而具有了作为“对话者”的生命活力。

例如，同位角相等，两直线平行。这是一个数学陈述，阐明两条直线平行的一种判定条件。就其本身而言，它是“静观的”、“封闭的”。如果知识选择时就选择这样简单的知识，那么这个数学陈述是很枯燥的，也不便于学生与书本对话。北京师范大学出版社 2002 年出版马复主编的《义务教育课程标准实验教科书·数学》（七年级·下册）在知识选择上则符合动姿化策略（郭晓明，2005）[139-140]。

首先，它给学生提供一张某海港城市的精美彩色照片，在这张照片上，蔚蓝的海和天空映衬着远近一座座错落有致的白色现代建筑，雄伟的斜拉式跨海大桥飞架两岸，连接桥柱和桥面的钢索所构成的各组生动线条，或平行、或交叉，扑面而来，使人很快联想起种种生活场景中所见的各种线条以及它们的关系。照片的上方还隐含着一幅窗棂图，并提供了这样一段引导语：“生活中处处可见道路、房屋、山川、桥梁……在这些大自然的杰作和人类的创造物中，蕴涵着大量的平行线和相交线，你能从桥梁和窗棂图中找到平行线和相交线吗?”

其次，教材通过一幅展现台球运动轨迹的画面和各种操作活动引导学生思考各种“角”之间的关系。

最后，教材引入一个装修工如何在墙面钉好两根平行木条的问题情境（配有彩图），并提供三根木条，引导学生自由探索直线间平行的条件。

三、课程知识多样化的重点和难点

1. 区分课程知识重点和难点的意义

树立知识多样化的观点，就是认可了一切真正的知识都有用，一切真正的知识均应该进入教育领域，成为课程内容的组成部分。课程政策研究的必要性，不仅在于确定一切知识均可以进入课程，而且还要借鉴其他学科的研究结果，解决知识的丰富性与儿童、少年学习年限的有限性之间的矛盾，儿童、少年素质发展的可能性、广阔性与学生成长期限的有限性之间的矛盾（孙喜亭，1998）[5]，夸美纽斯把一切知识教给一切儿童的理想是不可能实现的。正因为如此，在课程知识选择过程中，就存在着重点与难点问题。

我们认为，所谓重点，就是在教育教学过程中，在知识选择中分量要重，安排的时间要多的内容，这些内容构成课程内容选择中的重点，是需要采取措施予以重点保证的；所谓难点，就是在教育教学活动中，以前没有多少经验，难以在课程中体现出来的知识是难点。对于难点知识的选择，需要进行专门研究，要有新的办法，从而保证在课程知识总体中占有相应的地位。重点要突出，难点要突破。

可以说，课程知识多样化是对课程政策的一般把握。在知识多样化这个“化”的渐变过程中，不同地方、不同时期、甚至不同学校、不同个人的重点和难点也是不同的。在实际运作中如果不能把握多样化中的重点和难点，将会干扰教育教学工作。实际中，就有将重点当成难点，将难点当成重点的情况。特别是这几年的课程改革给了我们很大的警醒，在课程改革中，由于难点问题的出现，而将难点当成重点的现象比比皆是。以前，课程中对于学生能力培养、态度培养重视不够，带来了很多问题，这是难点。可是，为了解决这些问题，在理论上、在实践中往往将这些问题作为重点，不同程度上出现了为了克服难点而削弱重点的情况。这也许是尽管新课程改革的组织者、参加者声称不轻视知识，然而在实践中的的确确有轻视知识的思潮存在的原因。

研究知识多样化中的重点与难点，关键在树立知识多样化过程中需要确定重点与难点的思路。有了这一思路，才可能做到因时、因地、因校、因人而异确定相应的课程知识，而不至于出现对需要确定性知识、显性知识、科学知识的地区、学校或个人却强调不确定性知识、隐性知识、非学科知识的情况，同时，也不至于出现对需要不确定性知识、隐性知识、非学科知识的地区与个人却强调确定性知识、显性知识、科学知识的情况。

2. 总体意义上课程知识的重点与难点

我们认为，一般而言，传统概念中的知识是课程知识多样化中的重点，新获得合法性的知识是课程知识多样化的难点。

具体来说，从知识特性方面而言，客观性知识、确定性知识、普遍性知识、中立性知识是课程知识多样化中的重点；从课程知识的种类而言，科学知识、学科知识、全球性知识、显性知识也是课程知识多样化中的重点。同理，从知识的特性方面考虑，不确定性知识、主观性知识、地方性知识和价值性知识，是课程知识多样化的难点，因为这些知识以前不具有合法性，如何进入课程尚没有经验，以前这些知识进入课程，只是开展多样的活动课，或者鼓励教师与学生参加活动，这些课和活动的计划性不强，很难保证具有这些特性的知识能有效地、完整地、系统地进入课程，实质上最后还是流于形式；从知识的种类而言，非学科知识、地方性知识、隐性知识是课程知识多样化的难点，同样也是因为以前这些种类的知识不具有合法性，没有进入课程，人们对此经验不足，构成了知识多样化中的难点所在。

之所以这样确定知识多样化中的重点，是因为中小学课程的构成同人类创造的文化科学知识有着血肉般的联系。新生一代只有继承人类创造的基本文化成果才能逐步参与现实社会生活，使自身的发展逐步社会化，从而站在前人的肩膀上去从事新的社会实践，做出新的发现和创造。在一定意义上说，离开人类积累的优秀文化遗产，课程就会成为无源之水和无本之木。受后现代主义哲学思潮尤其是后现代知识观的影响，在我国新课改过程中，响起了贬低科学知识教育作用与价值的声音。(潘新民 等，2006)[18]这些声音，没有抓住问题的重点，误把课程改革中的难点当成了重点。

从国家这个角度而言，因为我国正处于工业化时期，正加快社会主义现代化建设。这时的经济发展需要的是科学知识和确定性知识，同时，我国现在也有一部分部门进入了后工业时期，因而也需要新获得合法性的知识。只是前者是重点，而后者是难点。正如有的学者高呼：素质教育不能背离时代潮流，脱离国情。在民族矛盾错综复杂、国际冲突频繁不断、国力竞争尖锐激烈的情况下，立国制胜之本在于拥有先进的科学技术和掌握现代科技知识。从个体角度来说，一个人如果不掌握必要的科学文化知识，在智育方面达到较高的水准，就难以适应现代社会生活和生产的要求，就不能把握生存和发展的主动权，更不可能对社会进步做出积极的贡献；从社会角度来说，无论是物质文明建设还是精神文明建设，都主要依赖于国民的科学文化知识修养和智力发展水平。我们不能无视我国面临的诸多实际问题的实质性根源，而进行脱离国情的文化误导。比较而言，当前我国最为急需、也最为匮乏的是先进的科学技术知识，我们的文化当中最为稀缺的，首推科学精神，而不是人文精神；我们的国民素质当中略嫌不足的，肯定是智商，而不是其功能被某些人不切实际地加以夸大了的“情商”。（孙喜亭，1998）

同时，在现代社会，科学知识已经成为改造世界、创造奇迹的强大武器，社会生产和社会生活越来越依靠科学知识，而我国真正掌握科学知识的专门人才的数量还很少，所占人口比例就更小，缺少必要的科学知识修养的劳动者为数众多，相当数量的劳动者还是文盲或半文盲，这是我们谁都不能不正视的一种客观存在。抓住科学知识教育这根主线，就可以带动全局，确保我们的教育不失现代水准，全面提高学生的基本素质的理想目标就具备了坚实的基础，这是教育的一个千古不易的“硬道理”。（王策三，1999）

美国在 20 世纪 80 年代以后逐渐开始重新强调课程的学术标准和统一的国家基础（吴刚平，2000b）[79]，从 1983 年《国家处在危机中：教育改革势在必行》的发表到 1989 年完成《2061 计划：为了全体美国人的科学》以及 1993 年公布《2000 年目标：美国教育法》，课程改革紧锣密鼓地进行，旨在推行全国统一的课程标准，提高学校教育的质量。这充分说明，知识多样化过程中，不仅在我国科学知识仍然是重点，在国外也一样。

我国社会现阶段，“并不是如有些人所想象的那样已进入后现代（后工业）社会，‘科学主义’或‘工具理性’肆虐了。虽然现代化带来的问题有所表现，但更有大范围属于前现代性质的状况，整个讲，处在现代化（工业化）进程之中，科学和科学精神发展得远远不够。在今天的中国，任何轻视知识、淡化知识（主要指科学知识——著者理解）的想法和做法，都是没有真正弄清我国的国情和历史坐标。”（王策三，2004）[12]

3. 具体意义上课程知识的重点与难点

就各个地区而言，知识多样化的重点与难点不一样。下面这段话（吕乃基，1999）[60]说明东部地区与西部地区所需要的知识是不一样的，相应地我们也可以推断课程知识重点与难点的基础也是不一样的。

> 东部，尤其是沿海地区，工业化已基本完成，现代企业制度、市场经济也比较完善，整个经济与社会的运行已经越来越深入普遍地建立于编码知识的基础之上。在这种情况下，为迎接知识经济的到来，就要鼓励创造意会知识，特别是其中的主观部分，以此作为竞争中的制高点。然而对于广大中西部地区，工业化程度较低，市场经济很不完善，离现代企业制度也还有相当大的距离，在这种情况下，首先重要的不是发展意会知识。因为缺乏编码知识为基础的意会知识，或者不能成为知识经济的基础，或者会陷入虚妄，甚至违背事实，违背规律。所以广大中西部地区第一要做的就是迅速普及在东部地区已经达到的各种编码知识，主要是科技知识、法律知识，以及更为重要的——市场经济的一系列制度。由此才能提高中西部地区人民的素质，使经济和社会真正建立于事实和规律的基础之上。简要说，面对知识经济的到来，东部地区贵在创造，而中西部地区重在普及和应用。东部从事知识的创造，中西部则进行知识的转化和应用工作。

就整个国家而言，课程知识的重点和难点是如上那样进行区分的。而从各个地区而言，对每一所学校、每一个人而言，重点和难点则是不一样的。对于发达地区、先进学校和优秀学生，其知识的重点有可能是不确定性知识、主观性知识、隐性知识、非学科知识和地域性知识；而对于落后地区、落后学校、条件差的学生，其重点则可能是确定性知识、显性知识、学科知识，等等。对课程知识重点和难点的确定，需要面向课程的对象——课程服务的具体地域、学校和学生，由课程的对象确定自己的重点和难点。这也是课程改革必须权力下放的原因。

第五章

改进课程知识选择政策的思路

义务教育课程建设，对于课程知识的选择，根据我们对知识多样化的认识，需要克服以前知识单一性的弊端。如何克服呢？我们推论可以有很多维度，然而学科知识与非学科知识这个维度可能是较好的维度。以前，人们认为只有学科化的知识才是知识，这是知识领域中的霸权现象。其实，在知识领域内，不仅存在着学科知识，而且还存在着更大数量的非学科知识，学科知识、非学科知识相加才能构成人类的知识总体。正如英国知识课程论的代表人物赫斯特所作的知识划分（张华 等，2000）[390]，认为知识包括根本的知识形式和知识范畴两大类。根本的知识形式属于学科种类，有分支学科，比如数学、物理、理科、文科、历史、宗教、文学艺术和哲学等，应该属于我们这里所说的学科知识；知识范畴包括理论性知识和实践性知识，这是由一些既非学科又非学科分支的知识组成，这些知识根据主题组成，这可以成为我们这里所指的非学科知识。

以前的知识选择中，人们往往从学科中去选择知识，从而构成课程，这着重于学科专门人员的培养，表面上体现了人类的普遍利益，其实存在着知识单一化的特点，只体现了部分人的利益，只是少部分人在课程中行使权力的结果。实施义务教育，需要体现大多数人的利益，在知识选择中，就不仅需要选择学科知识，而且还要选择非学科知识。现在，进行课程改革，有一种倾向，就是对学科知识大加批判，同样也是不对的，因为这不符合知识多样性的状况，也不符合知识多样化的政策取向，是霸权知识阶段思维方式从一个极端走向另一个极端在课程理论和实践领域的体现，也是课程的政策导向缺位的结果。处理学科知识与非学科知识之间的关系，同样需要以民主阶段的知识具有多样性为理论基础。

第一节　课程内容的源泉

一、学科知识作为课程内容及其局限

1. 学科知识及其对课程内容的占领

选择学科知识构成的课程被称为学科课程，学科课程的核心就是从各门学科中选择知识构成课程，学科课程又被人们称为学问中心课程。从学科中选择知识组成课程时，如果知识越系统、越完整、越严密、越专门化，这门课程也就越成熟，越能站得住脚。数、理、化、史、地、生等似乎是最经得起时间考验的成熟课程了。的确，这种学问中心课程保留了很大一部分的人类文化遗产，最值得通过教学一代一代地传递下去。学问化是学问中心课程的本质特征，它着眼于充分反映现代科技的成就，强调学科的基本概念和理论的系统性，强调学科的基本结构、基本方法线索。将学科知识作为主要的课程内容，有一个长期的发展和完善过程。我国古代的教育中使用的知识是“六艺”：礼、乐、射、御、书、数；西方的代表是古希腊，其教育领域的知识是“三科”和“四学”，“三科”是指文法、修辞、辩证法，“四学”是指算术、几何、天

文、音乐。由此我们发现，不论中外，在古代均是分科设课，从各个学科中选择知识，当然当时的“科”还不是现代意义的学科，这时的学科还具有很粗浅的特点，不过其实质还是很清楚的，主要就是统治者子弟的教育，属于少数人的教育。以赫尔巴特为代表的传统教育派，为适应资本主义工业生产迅速发展的需要，在教育史上首次完成了学科课程的奠基工作，其实质就是从学科中选择知识构成课程。赫尔巴特提出的学科课程，不仅对当时的德国，而且对整个欧洲和世界上许多国家的中小学教育产生了极大影响。在赫尔巴特的学科课程的基础上，近二百年来，人们对学科课程进行不断的加工改造，补充了许多新内容，形式也更加精致完善。当代美国布鲁纳的“学科结构课程”试图用自己的理论进一步加工和改造学科课程，在新的条件下巩固和加强学科课程的地位，使从学科中选择知识更加完善，当时布鲁纳邀集了全美国最著名的科学家为中小学进行知识选择，就是为了在学科知识的选择上具有权威地位。我国自 1903 年废除科举制度以来，大多采用分科教学的课程结构（如物理、化学、生物等），比较强调学科知识的系统性和完整性，并一直沿用至今。美国著名教育哲学家、课程论专家费尼克斯曾说，一切的课程内容应当从学术（学问）中引申出来。或者换言之，唯有学术（学问）中所包含的知识才是课程的适当内容。在学科知识作为课程内容的现阶段，有了新的发展，那就是学科间知识作为课程内容。在课程领域中，这就是综合课程的产生。综合课程就是要将不同的学科知识组成一个综合课，这个综合课是适应现代社会大科学、大工业的需要而对传统的分科进行综合而产生的。综合课程论，主张把若干有关学科合并起来编订课程，旨在改正学科课程分科过细的缺点，使每一门学科包括的科学领域范围更广。例如，把政治、经济、历史等学科合并为社会学科，把物理、化学、生物、天文、地理等学科合并为自然学科，把代数、几何、三角等学科合并为数学学科。这种综合课程减少了分科的数目，便于联系学生的生活实际来教学。现代综合课程是由学科课程脱胎而来的，它作为对学科课程的继承，保持了学科课程长期形成的许多特点和优势，如知识的相对系统性与完整性，教学活动的计划性与目的性等，正是从这个角度出发，与其说综合教学是学科教学的背离，不如说综合教学是学科教学的延伸和拓宽。

2. 学科知识不能代表全体人民的利益

虽然学科有着显明的社会维度，但人们所熟悉的仍是以知识论标准对学科所下的定义：学科，就是指使用独特的研究方法对专门的研究对象进行研究而形成的严密、完整的知识体系。学科的纯知识论标准往往会被强化，并带着点学术守门人的意味——“学科”成了一种身份。一门知识是否能够得到尊重，在于它是否能在知识论意义上被称为“学科”；如果它被判定为“不是一门（独立的）学科”，就有如同被斥为“虚假学问”。因此，有许多人是在不自觉中使用“下定义”的措辞技巧垒起了“学科门槛”，更多的人则努力使自己的学问跨过这道门槛，以获得“学科式”的尊重。（鲍嵘，2006）[9]在人们的集体无意识中，认为对知识进行学科划分体现了知识研究的深化和进步，并且这样对知识进行划分也的确促进了知识的发展。随着对知识的学科研究，现在知识发展非常迅速，据统计，现在仅自然科学就已经达到4 000门学科了。随着福柯对知识权力性质的研究，人们发现学科也不过是权力的派生物而已，学科的产生和学科的划分均是社会权力的实践，体现了有权阶层的话语权。福柯的观点未免过于极端，然而其中也包含着积极因素。我们不妨对其限定一个范围，就是说，在我们所界定的知识霸权阶段，尽管学科划分体现了知识的进步，同时学科划分也体现了权力的要求。正如一个研究大学的史学者所观察到的：“学科首先是一个以具有正当资格的研究者为中心的研究社群。各个体为了利于互相交流和对他们的研究工作设立一定程度的权威标准，组成了这个社群”。（华勒斯坦，1999）[20-21]从具有正当资格到满足研究社群的需要，均体现了一种权力的影响。从知识与政治的关系看，课程内容选择学科知识体现了知识领域的政治状况。人们发现，现今的学术知识生产，已深深地和各种社会权力利益体制相互交缠。这不单只是说大规模的知识生产只是为功利的社会国家目标甚或个别社会阶层的利益而服务，而是说学术体制的内部组织就存在权力关系。关于知识发展和开拓的规划，都受制于关乎学科门类的偏见，及这些偏见所体现出来的权力和利益关系。褊狭的学科分类，一方面框限着知识朝向专业化和日益互相分割的方向发展，另一方面也可能促使接受这些学科训练的人，日益以学科内部的严格训练为借口，树立不必要的界限，以谋求巩固学科的专业地位。学科制度的优点是能够建立完整而融贯的理论传统和严格的方法学训练，但同时也有使学术体制成为偏见的生产地，以服务自己的利益。

通过对社会科学学科发展的考察，我们可以发现学科知识并不代表全体人民的利益。人们认为，将社会研究划分为历史、政治、经济、社会、人类学等互相分割的学科，是起自19世纪。这套学科划分准则内含着对掌权势者有利的理论前提和意识形态，包括欧洲中心主义、科学主义和国家中心主义等，它们被建构出来的期间，国家政权的力量一直扮演着极其重要的角色。（鲍嵘，2006）[9]同时，这种发源于欧美的19世纪社会科学范式，是与欧美势力在世界的扩张的同时发展起来的。特别是在“二战”后初期美国霸权主宰和世界经济急促增长之下，这种带欧洲中心视点的社会科学学科范式更大规模地在世界各地扩散，成为欠发达国家的学术体制正统模式。然而，随着欧美霸权的日渐衰落和世界各地非殖民化运动的发展，各种反欧洲中心/父权中心的努力提出了多种在知识领域的非殖民化要求。这种要求除了在政治上要求改组和扩大学术殿堂的构成和人选之外，在知识论上已对主流的社会科学知识划分提出挑战。（华勒斯坦，1999）[3]岂止社会科学是这样，自然科学何尝不是如此。自然科学一直受到牛顿主义的主宰，为了工业社会的利益在西方发展起来，也为了西方的利益而传遍了世界各地。

将学科知识作为课程内容的主要来源，可以称为学科规训制度，这种制度其实是“社会控制和轨调方式的一部分”。（华勒斯坦，1999）[5]就学科这个词而言，汉语的“学科”翻译自西文的discipline。经过长期的演变，discipline成为一个含义丰富的词汇，意思包括：（1）训导、磨炼，（2）纪律、风纪、行为准则，（3）规章制度，（4）惩罚，（5）学科、科目，（6）宗教的教规与苦行修炼。它的名词形式还有学徒、学者的意思。汉语中显然没有一个现成的词语能够涵盖discipline的全部意蕴，为人们所熟知的“学科、科目”的译词只不过是discipline诸多含义中的一个。为了准确地传达discipline的全面含义，人们不得不使用“学科规训”来翻译它，但即使是译者自己也认为如此译法是无奈之举（华勒斯坦，1999）[230]。福柯率先意识到了学科这个词具有多重而又相关的意义：包括学科、学术领域、课程、纪律、规范准则、约束以致熏陶等。一方面discipline具有学科的含义，同时还具有规训的含义。从词源学意义上看，学科知识的规训含义限定了其在义务教育中的价值，因为义务教育不仅需要对适龄学生进行规训，而且更需要促进其发展。注重学科知识在课程中的地位，直接培养了学生对学科的忠诚，具有单一的利益取向，这与普及义务教育关注大众利益的旨趣是相悖的。同时，“学科课程长期主宰我国的教育实践，在教学上有其便利性的一面，但切割了知识之间完整性”（熊和平，2005）[33]。

二、学科知识与非学科知识是课程内容的共同源泉

1. 对学科课程改革的不足

将学科知识作为课程内容的唯一来源是一个历史阶段的产物。学科的迅速发展是西欧文艺复兴以后，自然科学和社会科学先后进入了分门别类的研究阶段，学科的分支越来越细。随着知识的分化，学校课程的设置也逐渐发生了分化。例如，在 14 世纪的西欧学校里，自然科学只有算术、几何、天文学。可是，从文艺复兴到 16 世纪，许多西欧学校增设了地理和力学。至 17 世纪、18 世纪，代数、三角、植物、动物、物理和化学已成为中学的重要科目了。19 世纪中叶以后，由于科学技术的进一步发展，物理、化学、生物等基础科学的研究遇到了许多困难，因为有些问题单靠一门学科已经无法解决。这时两门或几门学科间便产生了相互结合、相互渗透、相互交叉的情景，从而形成了许多新型学科，即交叉学科，如物理化学、生物化学、天体物理学，等等。

其实，人们对课程中仅仅是学科知识的弊端有所发现，并力图予以解决，设置综合课程就是克服学科课程弊端的尝试。然而综合课程却不能解决学科课程中的所有问题，只能解决其中的部分问题。具体点说，综合课程只能解决传统学科中单一学科所不能解决的问题，而不能解决学科知识独占课程内容的问题，因为综合课程也仍然是以学科知识为基础的。对这一点，华勒斯坦在其《开放社会科学》（1997）一书和《超越年鉴学派》（华勒斯坦，1999）一文中，为学科改革奠定了分析的基点。他认为超越学科性的制约不能靠简单的多学科综合研究，因为在具体的实践中，这些简单的跨学科建议其实只会强化固有的学科界限。因为它预设了原来学科分类的合法地位，不言而喻地首肯了学科知识可以

个别独立地存在。学科改革是这样，用综合课程对学科课程进行改革仍然存在着这样的问题，也只会强化固有的学科课程的界限。

其实，早在20世纪初，美国的杜威就指出了选择学科知识组建分科课程存在的问题，认为将学生完整的生活从理智上加以“分割”，分科课程既没有反映人类知识进步的基本情况，也严重地脱离了学生生活的实际。杜威所提出的解决方案就是以学生的“生活经验”为中心而不再以学科知识为中心，这可能是一个很好的视角。然而，他没有认识到生活经验只是非学科知识中的一部分，同时他似乎在倒洗澡水的时候将孩子一起倒掉了，因为他否定了学科知识的存在价值，并且他的解决方案也似乎有点头痛医头的感觉，是针对当时学生在教育活动中的现实表现而提出来的。提出以学生为中心，事实上是要抛弃学科知识的价值，难怪杜威后来又受到了学科知识的挑战，包括要素主义和永恒主义均高度重视学科知识的价值。从现在的知识政治学看来，杜威之所以走向另一个极端，需要后人对其进行纠正，也与当时知识的合法化状况有关，因为当时在资本主义高度发展时期，在宣布一些新的知识类型的合法性的同时，选择了忽视传统学科知识的价值，受到了霸权知识阶段遗风的影响。

2. 学科知识与非学科知识需要取长补短

在目前和未来，我们将接触到许多新事物、新问题，如核能是否应该发展，环境污染怎样防止和消除，世界人口怎样控制，非再生能源的消耗怎样限制以及粮食问题，健康问题和军备问题，等等。这些是大问题，是关系国家全局的问题，同时还有很多小问题、中问题，这些问题只关系个人、部分人或地区。所有这些实际问题的解决所需要的知识，不可能是由哪一门学科所能提供，必须动员多学科或跨学科的专家来共同研究，甚至这些问题的解决也不能仅靠学科知识来解决。因为许多新产生的知识的学科化需要有一个过程，一个学科得到社会的承认需要一段较长的时间，其合法化需要一个过程。在这时，学科知识不能完成其使命，需要非学科知识的参与。在课程内容的选择中增加非学科知识，有利于为培养解决未来社会问题的人才打下必要的基础。其实，近代以来人们所恪守的学科界限是一条“虚拟的界限”，而不是一条实际不可逾越的界限。更重要的是，在从事跨学科或跨学科与非学科的研究中，人们发现了许多在学科内和学科间不可能发现或提出的问题、方法、技术和理论，这在客观上刺激了人们进一步从非学科的角度来考虑一些原来在学科知识框架内没有能够得到解决或没有能够得到很好解决的问题。这样看来，学生的培养也需要跨越学科的界限，在学科内寻找知识的同时，也要在非学科中寻找知识。

从学科化与非学科化这个维度考虑知识选择，对学科知识的重视是传统，这是没有问题的，孙喜亭先生的文章《当前基础教育的改革是要取代以学科知识为中心的课程体系吗——与一种课程观讨论》坚定地表明了学科知识在课程中的地位。其实，对非学科知识的强调也不应该引起反对，因为人们特别对此进行了强调，以至于走向了极端。曾经就有一种比较流行的观点，认为要想使中小学摆脱“应试教育”的影响，走上素质教育的轨道，中心环节是改变以学科知识系统为中心的教育体系，构建以全面提高学生素质为中心的教育体系，为学生学会做人、学会求知、学会劳动、学会生活、学会健体奠定扎实的基础。这里的学会做人、学会求知、学会劳动、学会生活和学会健体其实包含了对非学科知识的要求，起码做人、求知、劳动、生活、健体均不是单一的学科知识学习就能解决的。将两者结合起来就可以支持我们关于学科知识与非学科知识应该共同成为课程内容的源泉的观点。前者的问题在于忽略了知识变化的事实，只注意了传统知识方面；而后者的问题则在于忽视了知识变化的性质属于民主性变革从而排斥传统的学科知识。提出要改变以学科知识系统为中心的教育体系，从而构建以全面提高学生素质为中心的教育体系，将素质教育与学科知识简单对立起来，这是走向了极端，应该更深入地分析在哪些条件下，对于哪些地区、哪些学校、哪些学生，两者对立的可能更多一些，而对于哪些地区、哪些学校、哪些学生，两者依存的可能更多一些。

我们认为，学科知识与非学科知识两者应该互相取长补短，共同构成义务教育的课程内容。

第二节　改造学科知识的选择

一、弱化科学知识霸权

国内外教育改革发展史中，对科学知识教育怀疑甚至否定的教训，对我们认识科学知识教育的作用与价值也是有益的。美国受进步主义思潮影响的教育改革是最突出的例子，他们轻视科学知识教育，认为在中小学没必要进行科学知识教育，主张以儿童经验、生活常识为中心，使学生学会生活，适应社会，而教育改革的后果却是直接导致教育质量的下降。其后的教育改革吸取了经验教训，逐渐形成了向基础教育要质量，一切以提高教育质量为目标，统一教学大纲、统一考试，注重以科学知识教育为标志的基础教育革新。苏联在 20 世纪 20 年代的教育改革也是一个相当典型的例子，他们轻视甚至否定科学知识的教育，主张取消课堂教学代之以生产劳动、社会课堂，到了 30 年代，他们也认识到了忽视科学知识教育的恶果，不得不重新回到注重科学知识教育的道路上来。而我国 1958 年的“教育革命”不提倡学习科学知识的恶果也是众所周知。可以说，任何一次忽视科学知识教育的教育改革，都是不成功的，其经验教训也是深刻的，我国的新课程改革必须要回到重视科学知识教育的道路上来。只是，在科学知识作为课程知识选择时，需要启动改革的步伐，那就是要弱化科学知识霸权。

在霸权知识阶段，认为科学知识具有客观性、普遍性和中立性，从而使科学知识失去了丰富的内涵、失去了人性。相应地，在以往的课程知识选择过程中，主要选择一些简明扼要的学科概念、范畴、命题、原理以及支持它们的事实、经验、实验、例题和习题。这种选择知识的好处就是容易使学生比较清晰地把握一个又一个的知识点以及前后知识点之间的联系，然而不利于鼓励和培养他们的质疑与批判意识。这种脱离科学发展实际、按照霸权知识阶段的知识观所认识的科学和相应的课程知识选择对科学、学生和社会的发展都产生了不利影响：绝对化的科学知识观，学生毫不怀疑地接受这些“科学真理”，将来从事科学研究时，感到没有必要证明所使用的每一个概念都合理，也不会积极开辟和确立新的研究领域；错误的科学方法论，课程编制采用成功模式忽略了科学家所走的弯路和所犯的错误；压抑了学生的创造性，学生陷入死记科学概念和定律、机械套用公式解题的努力中。为避免学生把科学看成是不变真理、形成错误的科学本质观，教科书在进行课程知识选择时就不能仅仅静态地吸取科学研究成果，对科学做出与实际不相符或片面的描述，要让学生从科学形成过程的历史中感受前人在科学研究中所遇到的艰难困苦、表现出的巨大创造智慧和不畏崎岖的攀登精神。

以前课程知识选择中，只看到了知识的确定性，而不大重视知识的过程性，结果使课程知识变成了一个冷漠的、封闭的、“无言的”世界，就像杜威所批评的那样，知识只是“堆积的”，处于“呆板、静止”的状态，课程载体抱着一种“静止的、冷藏库式的知识理想”。这样的课程知识似乎被套上了一层坚硬的外壳，拒人于千里之外。在知识的民主阶段，科学知识不仅具有传统的特性，其主观性、价值性、不确定性的一面也被人们所认识。在这时对科学知识的选择需要进行改革，把具有霸权性质的科学知识选择改革为具有生活性、人性的知识选择。我们认为，可以从两个方向进行这样的选择。一方面是不仅要给出科学知识的结论，而且还要展示其被忽略了的一面，让人们全方位地认识科学知识；另一方面需要将科学知识置身于社会生活中进行选择。通过这两种方式，改变科学知识的“黑脸包公”形象。加上以前选择科学知识方面积累的优秀经验，科学知识选择就有了三种思路：科学家心目中的科学知识、故事化的科学知识和生活化的科学知识，这是现阶段人们探索的知识民主阶段科学知识的选择思路。科学家心目中的知识选择有一个很长的历史，在布鲁纳那里已经达到了成熟水平，这里不再细说，下面介绍故事化的科学知识和生活化的科学知识。这样，弱化科学知识霸权，起码可以有以下两个有效的策略。

1. 故事化知识策略

选择知识的故事（石中英，2001）[209-211]作为课程，讲述一个个真实的“知识故事”，讲清这些故事发生的“时间”、“地点”、“人物”、“事件”、“过程”与“结果”，这是弱化科学知识霸权的一个有效策略，并且是很有价值的策略。这样选择课程知识，学生们不仅可以学习到科学的概念、命题、公式、定理等原来课程中能够学到的东西，而且可以学习到科学史、科学社会学、科学哲学、科学伦理学等方面的内容；不仅可以学习到目前为止最好的一些科学概念、命题、公式、定理，而且可以接触到曾经和正在挑战这些科学概念、命题、公式和定理的知识等，从而丰富学生的头脑。在知识处于霸权阶段时，这种知识的故事性被压抑甚至废除了，因为它有损于知识“客观性”、“普遍性”和“价值中立”的形象，有损于科学家或知识分子的“圣徒”形象，甚至有损于以这些知识为基础的社会集团的形象。于是，教师和学生们在课本上所看到的人类知识进步是被大大“简化”甚至“歪曲”了的知识进步。事实上，每一种知识都有一个属于它自己的故事，每一种知识的故事都非常精彩。看看下面的回忆（许锡良，2006），则可以说明这个策略的价值。

在初三年级的时候，一段时间，我对数学的兴趣非常浓厚，常常把攻克数学难题当成每天学习的乐趣。有一次，我们开始学习代数里的“对数”，数学老师用了整整一节课来讲“对数”的运算法则，而我对这个毫无兴趣，因为我对新学习的数学概念“对数”是怎么来的，代表了实物世界中的什么这个问题产生了浓厚的兴趣。下课时我就追着老师去问这个问题。我怕老师不能明白我的意思，还一连串地举出了负数、整数、小数的含义，要他类似地解释一下“对数”究竟是什么意思。数学老师只是一个中师毕业生，教学不过一年，不仅教我们的数学，还教我们的化学与政治。上我们的课只是课前临时备的课，哪里经得住我这样好奇地一问？数学教师怔了半天，最后对我说“你问这个干吗？你只要知道做题考试就可以了。”也就是这以后，我对数学的兴趣一下子降落到了零点。我后来读大学时毫不犹豫地选择了中文系，读研究生时又选择了教育系，这多少都与这次经历有关。一直到我研究生毕业，来到广东教育学院教育系任教，所从事的工作早已与数学相去十万八千里了，但我对初中时的这个数学问题还一直耿耿于怀。直到后来我在广州的书店里买到了一本由英国人斯科特著的《数学史》才明白，对数的发现是17世纪时英国的贵族约翰·纳披尔的功劳。他是在寻找算术级数与几何级数之间的对应关系，或者是匀速运动和加速运动之间的对应关系时应运而生的。我曾经在 20 多年后，用这同样的对数问题问过许多有大学数学专业背景的中学数学教师。结果几乎没有一个教师知道数学史上的这个发现过程。可见注重过程的知识对于我们的教育方式来说却是非常不容易的。如果每个知识点都要这样丰富下去，那么学生学得会丰富，也会有趣，但是，我们的教育系统，特别是我们的社会能够允许这样探究下去吗？

2. 生活化知识策略

叶澜先生在其近年的“新基础教育”研究与实践中，一再强调要重新“激活”书本知识，使知识恢复到“鲜活的状态”。尽管她目前只侧重从教学的角度提出以上问题，其实现策略也主要是强调教学过程的“多向互动”和“动态生成”，但她的看法①对课程知识选择很有启发。上海师范大学与上海市黄浦区联合投标的一套新编化学教材（解守宗，1996），为创新课程知识的选择提供了范例。

他们将科学知识置身于一定的社会情境和社会问题中进行选择。在知识选择中，他们强调设置学习情境，让学生在解决问题中获得亲身感受，强调学以致用，教、学、做合一。他们力图把化学知识与概念放在社会和生活课题背景下进行教学，他们相信，一个个具体的社会、生活问题，虽然带有普遍的综合性，但还是可以从其涉及的主要学术问题，从化学的角度去分析与讨论，经过精心挑选与编排，可以把化学的主要概念和原理，依次组织到各个社会、生活课题中去，组成学术化了的经验课程。学生在课题背景下学习化学，不仅兴趣浓、积极性高，而且感受到学习化学有用，能回答他们面临的社会生活问题，这种围绕社会课题展开的化学课程，他们称之为 CSP 化学（Chemistry-around the social problems）。很明显，这种课程编制的指导思想已经摆脱了以元素周期律为纲的传统的学问中心化学课程的统一模式，注重学习情境和学生的兴趣与需要，较好地符合了应试教育向素质教育转化的课改根本宗旨。

与此同时，世界范围内摆脱学问中心模式的新化学课程教材不断出

① 这方面的研究请参见：叶澜：《“新基础教育”探索性研究报告集》，上海：三联书店，1999 年版，第 39 – 40 页；叶澜：《重建课堂教学价值观》，《教育研究》2002 年第 5 期；叶澜：《重建课堂教学过程观》，《教育研究》2002 年第 10 期。

现，最为著名的可推美国的《社会中的化学》（*CHEMCOM*）和英国的《索尔特化学》（*Salter's Chemistry*）。这两本新教材都一改纯粹学术化的面目，让化学知识的教学围绕燃料与能源，矿物、大气、聚合物、农业、药物、核化学、环境、海洋……课题展开，充分显示了它们人本主义课程的色彩。就数学知识选择而言，《21 世纪中国数学教育展望》（《21 世纪中国数学教育展望》编写组，1993）一书，就是全国哲学社会科学青年基金项目“21 世纪中国数学教育展望——大众数学的理论与实践”课题组的成果，明确地提出了生活化的数学知识改革思路。

二、解放被压迫的学科知识

1. 谁被压迫

在知识的霸权阶段，科学知识最有价值，能为工业社会带来直接的经济利益，这时主要指的是自然科学知识。随着自然科学的发展，自然科学发展出一套规范，那就是实证的规范，最科学的知识是经过实验室实证并且能够数据化的知识。虽然自然科学知识的发展不足以将社会科学和人文科学赶出科学的范围，然而必须按照自然科学的规范去改造社会科学和人文科学知识，这样使社会科学和人文科学丧失了其自身的特性，处于被压迫状态。虽然在工业社会，在知识的霸权阶段，社会科学知识和人文科学知识仍然存在，仍然被人们所认可，然而没有其独特的地位，沦为了低地位的知识。

在我国知识生活中，这种现象很突出。比如，最先心理学是为了教育科学的发展而发展，可是发展了的心理学逐渐走向了自然科学范式。本来采取自然科学范式是心理学的进步，可是有个别人将其极端化，以至于一个非常浅显的道理也需要几年时间去进行实验研究，以至于最后用一堆数据说了一些非常简单的道理。这一现象背后隐含着自然科学范式比社会科学范式更为优秀的预设，因而数据压迫了心理学也可以采用人文社会科学的解释范式。还有人认为教育学的进步就是要科学化，科学化的核心就是要数据化、数学化，甚至用数学模型来解释教育现象。基于这样的认识，认为现行教育学不是科学，没有多少价值。这其中也是隐含着霸权思路，教育学知识则是被压迫的知识。

2. 受压迫的状况

相应地，在知识选择这样的教育活动中，社会科学知识与人文科学知识的选择以自然科学知识的规范为标准，也选择基本的概念、基本的范畴，寻求普遍的真理、普遍的规律。并且在人文科学和社会科学的教学中，也采用自然科学的思路，以至于在课程活动的各个环节，人文科学和社会科学知识均是被压迫的知识。在教学中，语文课中的课文，往往进行中心思想、段落大意的细分，甚至在练习中，还要得出标准的答案，这样就将语文知识的客观性和确定性推向了极端。在艺术教学中，也有老师采取满堂灌的方式，一步一步地向学生传授确定性知识，以至于忽视了艺术课知识中的丰富性，学生最后对艺术也失去了兴趣。

这样社会科学和人文科学知识既不受重视又没有独立的地位，这是现实教育问题在课程政策上的根源。同时，由于社会科学和人文科学不具有自然科学那样高的“科学”化程度，也不被人们所重视。所谓“学好数理化、走遍天下都不怕”，就是这种情况的现实表现。现实教育中，人们批评培养的学生不适应社会、人文精神的沦丧，就是社会科学知识和人文科学知识不受重视并且没有体现出自身价值的表现。同时，在学校生活中，从事社会科学和人文科学教学的教师也与从事自然科学教学的教师相比，地位较低。

3. 改革的想法

在知识的民主阶段，自然科学知识、社会科学知识和人文科学知识应该同是知识大家庭中的一员，各自有自身的地位，也需要各自展示自身的特性，需要从以前被压迫的状态中解放出来。首先，与过去相比，社会科学知识和人文科学知识应该更加受到重视，其在知识选择中的表现就是在数量上应该得到增加，这是社会政治经济发展的需要，也是社会政治经济发展在知识领域的体现。其次，在知识选择中，社会科学知识和人文科学知识的选择还需要质的提高，从按照自然科学的规范进行选择过渡到按照其自身的性质进行选择，追求自身的独立品格。

那么，社会科学知识与人文科学知识自身的特性是什么呢？又如何根据他们自身的特性进行知识选择呢？石中英先生在《知识转型与教育改革》（石中英，2001）[262-321]一书中进行了深入的研究，可以给我们很大的启发。

材料一：社会科学知识的选择

“社会知识”是一种“规范性的知识”（Normative Knowledge）或“策略性的知识”（Prescriptive Knowledge），旨在借助于一定的理论传统和价值立场，对“社会事实”或“社会事件”的现状与发展趋势进行系统化、类型化或模型化的分析，并得出或暗示着有关的实践建议或策略。“社会知识”的发展方式是“阶段性”的，明显具有一种“三十年河东四十年河西”的“阶段性”特征。社会科学的概念从实质上来说，不是一种“普遍性”的和“指示性”的概念，而是一种“文化性”（cultural）的和“功能性”（functional）的概念。

所谓“文化性”的概念是指，社会科学的概念不是约定俗成的，也不是一种人工语言，而是从日常生活语言中选择出来的，因而与社会的文化传统和主导价值观念之间有着密切的关系。由于社会科学知识性质的这种特殊性，对社会科学知识的选择不宜采用自然科学知识选择的形式，即不宜围绕着知识的传递、理解、掌握和探究来进行，更不宜围绕着社会问题研究的方法来进行，而应该围绕着指导学生个体在不同年龄阶段参与不同范围和性质的社会实际生活来进行。例如，对于小学儿童来说，他们所参与的主要社会生活是“家庭”、“班集体”生活、“学校”生活与“社区”生活。因此，小学阶段应该主要围绕着如何指导小学生认识、理解和参与这四种类型的社会生活来进行，所需要的社会科学知识也要紧紧地围绕着这四种社会生活中的主题来组织。

以前课程中分门别类地在义务教育阶段讲授有关社会政治、经济、法律和社会发展的知识，不符合社会科学知识的性质，在相当程度上可以说受了自然科学课程模式的影响。虽然学生可以掌握一些比较系统的社会科学知识，包括一些基本的社会概念、命题和原理，但是缺点是不能够指导学生形成实际参与适宜的社会生活的意识、素质和能力。围绕着上述学生实际参与的社会生活来组织社会科学知识的课程内容，不仅可以帮助学生理解和掌握社会科学知识，而且还可以创造条件使他们去感受和应用社会科学知识，使他们真正地懂得为什么要学习那些知识，真正地体会到社会科学知识的学习对于提高自己实际社会生活能力的价值，真正地意识到作为一个“社会人”可以分享的权力与不可推卸的义务和责任。

材料二：人文科学知识的选择

选择的基本观念

人文科学知识又是一种不同于严格意义上的自然科学知识和社会科学知识的特殊类型的知识，这种特殊性体现在知识对象、认识方法、知识陈述、知识增长方式、适用范围以及辩护程序等许多方面。由于这些特征，就人文科学知识作为课程内容的选择来说，应该突出“典型化”、“个性化”、“生活化”等标准。

所谓典型化是指，人文科学知识的内容应该是非常“典型”的问题、故事、文学和艺术形象、生活经验，等等。之所以提出这个标准是因为，人文科学知识由于受自身性质的限定，它发挥作用的方式既不是要通过一定的方法或程序将自己“证明”或“证实”给人看，也不是要用不容置疑的口吻来约束和规范人的行为，而是要启迪人的相关思考。因此，越是“典型的”问题、故事、文学、艺术形象以及生活经验越是能够达到这一目的。

个性化的标准是指，人文科学知识作为课程内容的选择应该反映知识生产者独特的个人经历和所处的社会背景，之所以提出这一标准是因为他的人文科学知识和他试图探索与回答的人文问题都是蕴涵在他的生活经历和社会背景之中的，并因此具有很强烈的个性特征。因此，如果学生不理解他的生活经历和社会背景，就不能理解他们提出和探索问题的心路历程，不能理解他们所提出的观点、所创作的作品和所做出的人生选择，从而也就不能够由人及己，展开自己的内心思考。

生活化的标准是指，人文教育的内容应该是源于生活和贴近生活的，不能够选择那些只有少数学究们才使用的与理论建构有关的知识，而应该选择那些每一个人都可以使用的与促进自身意义反思有关的知识。

教材编写

同样出于人文科学知识的特殊性，人文教材的编写既不应该像科学教材那样围绕着“知识”展开，又不应像社会教材那样围绕着“实践”展开，而应该围绕着人生意义问题的“反思”或“内省”展开，或者说，围绕着日常生活实践中价值规范的合理性问题而展开。

例如，小学高年级的儿童提出“我是谁?”这样的问题。这种问题的提出就表明，他们作为人类大家族中的一员，已经不满足于用科学的眼光或社会的眼光来打量自己，开始从人文的视角来认真思考人一辈子都要思考的问题。对于这样的问题，从教育学的角度来看，促进思考比给出答案更为重要。事实上，这样的问题不可能有一个“标准的”答案。因此，在教材编写中也不可能指望给出一个“标准的”答案就万事大吉。古人和他人有关这个问题的思考和论述是有价值的，但是对于学生的问题来说，都是十分不充分的。没有任何一个人在这类问题上可以拿别人现成的论述来搪塞自己。他需要在多种不同的人文知识体系中通过各种不同的形式来亲自探索。教育唯一可以期待的是学生自己可以利用古人和他人的不同形式的思考（哲学的、历史的、艺术的、宗教的、道德的等）来不断地深化和表达着自己的思考。

因此，人文教材的编写应该给学生的内心反思留下足够的时间和空间，以便他们感受自己的问题并在此问题上与前人和他人“对话”。人文知识与其说是就某一问题给人们一个“结论”，不如说是要“激起”人们更多的“反省”；与其说是要表明作者的“立场”，不如说是要渴望与人们的“对话”；与其说是要达成一个“共识”，不如说是要开发新的“歧见”或促成新的“理解”。

第三节　增加非学科知识

近来，有学者（徐冰，2005）指出，中国近二十年来经济起飞主要归功于下层的农民和民工，他们有令人感动的道德情操，在他们那里才能找回失落的人文精神，看到中国现代精神的希望。所谓现代性，最根本的一条就是小民百姓的文化翻身。小民百姓的文化，是没有学科化的，甚至于也是不能学科化的。这可以给我们一个启示，要实现现代化，这些未学科化或者不能学科化的知识是需要的，可是在以前的教育活动中，受霸权知识阶段科学知识的权力影响，构成课程内容的为科学知识，包括自然科学、社会科学和人文科学知识，这些科学知识以学科的面貌出现在课程中，从小学开始，一直到大学、研究院，可以说，学科知识主宰着课程内容，独霸着课程领地。这样的课程政策是导致课程内容陈旧、脱离学生实际、脱离地方实际、脱离社会实际的政策根源。因为要成其为学科知识必须要有一个长期的发展和成熟过程。现在知识进入民主阶段，学科知识的合法性仍然存在，然而，非学科知识的价值得到了凸显，非学科知识作为知识大家庭的一员，也需要进入课程领域，在培养人的活动中发挥作用。无论如何，对于学科知识的选择，以前有很多经验和研究，然而对于非学科知识的选择则是新的课题。哪些知识属于非学科知识、如何选择非学科知识均是比较新颖的工作，这需要不断地研究。就大类而言，非学科知识主要包括尚未学科化的知识和不能学科化的知识。

一、尚未学科化的科学知识

一般而言，最新的科学知识达到学科化的程度，需要较长的时间，包括从业人员达到相当的数量，研究成果已经足够丰富，以至于可以组成相应的学术组织，可以出版相应的图书、杂志，影响已经足够大以至于影响政府的学科制度，建立相应的学位制度，并且在大学建立相应的学院、学系，专门培养学科事业的后继人员。

现在科学发展非常迅速，科学家们对自然界和人类社会的各个领域展开了研究，取得了丰硕成果，然而，受传统学科霸权的压制，很多成果尚不能纳入传统的学科领域。如果这些新成果不能在适当的时候、以恰当的方式纳入课程领域，则课程显得陈旧，同时不能满足学生对最新科技知识的需要。在现代传播媒体非常发达的情况下，学生们可以通过各种渠道获得最新的科技知识，然而这些知识不能在课程中得到体现，将凸显课程落后于时代。

作为义务教育的课程，需要体现每一个学生的需要，然而不将一些最新的科学知识纳入课程，学生只能依靠其家庭和环境提供的条件获得最新科技知识。在一定程度上，家庭环境条件好的学生能够了解最新的科技知识，家庭环境条件不好的学生，则不容易获得最新的科技知识。这样，在义务教育阶段，则因为家庭条件和环境条件的制约，导致社会的不平等得到复制，与义务教育的公平性是背离的。

尚未学科化的知识，虽然随着时间的推移，有可能逐渐纳入学科范围内，或者对传统学科进行改造，从而构成新的学科，然而为了使课堂接近学生的生活和社会发展的实际，其首先可以在校本课程这个范围内有所作为。在固定的课程之外，预留课程发展的空间，用于最新产生的知识，是使课程贴近科学前沿的有效办法。同时，随着实践的推移，逐渐可以在地方课程或国家课程层面将其固定下来。

如何处理好课程基础知识与现代科学知识之间的关系是课程内容改革研究的一个重要课题。课程基础知识是指学科中那些最具有迁移性、适应性、概括性和对了解与掌握一门学科所必需的知识。随着科学技术的发展，基础知识的内涵也在发生变化，新的先进的知识进入基础知识结构的过程，实际上就是基础知识结构不断同化和顺应新知识的过程。这就需要我们在课程改革实践中，严格筛选需要进入学校教育内容的新知识，切实把握其特性，以便做出相应的处理。

如何使课程内容现代化成为各国课程改革研究者所首要考虑的问题。从国外近 30 年来的课程改革来看，虽然由于指导思想、改革方案不同，改革内容和幅度也不相同，但这些国家在吸收科技新成果，使课程内容现代化上是相同的。将科技新成果纳入传统的学科体系中，是做局部性的改良，还是必须对传统学科体系进行彻底的改造，从国外关于课程内容现代化所采取的方式上看，主要表现为两种观点（赵昌木 等，2002）[6]：其一，压缩旧有的课程内容；其二，彻底改造旧有课程。从我国国情出发，课程内容现代化应该根据现代科学观点增加基础理论知识的比重，通过充实基础学科或改组基础学科来实现课程内容现代化。

二、不能学科化的知识

1. 地方知识（石中英，2001）348－362

其实，任何学校与社会的关系也只能是指学校与某一具体的社会的关系，而不可能是与一个抽象的社会的关系。任何社会建立学校的目的都是为了保证那个具体社会能够发展，而不是为了保证某一抽象的一般社会的发展。尽管义务教育实施强制入学，然而"'客观'知识"为课程内容，使得地方知识几乎无立锥之地。正是它们使得学校与实际生活相脱离，并使实际生活委身于学科知识的标准。各地方要实现自己的发展，必须让未来的建设者清晰地了解当地社会所遭遇的问题，认识这些问题产生的根源，寻找解决问题的可能方案，根据当地社会的实际情况实施这些方案。这样，需要加强对当地知识的收集、整理、分析和研究。我们这里谈地方知识属于非学科知识中的一个类别，主要指有关地方的知识和地方需求的知识。

其实，陶行知先生身体力行的"生活教育"，就为地方知识进入课程提供了方便。众所周知，"生活教育"的要义就是教育要和生活"联姻"，学校要和"社会"合作，打破传统的学科界限，实行"教学做合一"。学校所教授的内容与地方所有的知识或者地方需求的知识相脱离，恐怕与我国农村地区每年数以百万计的学生从学校流失也有重要关联。当年轻人从学校里回到生养自己的地方以后，对农业却一无所知。以前，农村地区的流生问题一直被假定是由于他们的家庭"贫困"所导致的，但是，随着人们对流生问题的进一步研究发现，这些措施似乎无助于从根本上解决问题，因为那些从学校中流失的学生有相当一部分并非是因为家里负担不起自己的教育费用，而是因为他们自己已经"厌倦"了学校生活，他们的父母也自觉自己的孩子升学无望所导致的。如果升学无望，学习的知识乃至学习本身还有什么"用处"呢？因此，还不如早日退学回家。

20 世纪 90 年代汤加地区的课程改革就很注重将当地的知识纳入进去，根据当地的认识，将"鱼"与"水草"作为一个板块进入课程，因为当地人认为"鱼靠水草生活"，"对鱼的认识"与对"水草的认识"

是分不开的。菲律宾的吕宋中央国立大学农学院曾经请一位有经验的农民到大学校园里进行一种叫做“水产—蔬菜—水果—水稻—鸭子一条龙”的农业生态系统实验。这项实验其实就是由这位农民在自己多年的生产、养殖、种植经验基础上所摸索出来的一套生态农业模式，属于当地的地方性知识。

2. 隐性知识

现行课程理论中，显性课程与隐性课程是两个相对应的范畴。所谓“显性课程”，是指学校教育中有计划、有组织实施的课程，这类课程是根据国家或地方教育行政部门所颁布的教育计划、教学大纲而制定的。这类课程是“正式课程”或“官方课程”。所谓“隐性课程”，是指学生在学习环境（包括物质环境、社会环境和文化体系）中所学习到的非预期性或非计划性的知识、价值观念、规范和态度。这类课程当然是非正式的、非官方的，具有潜在性和隐蔽性。

在霸权知识阶段，由于人们追求知识的客观性和普遍性，因而我们所说的隐性知识是不被人们认识的，即使被认识，也是非官方的、是处于被压迫地位的，更不用说在知识选择时，将隐性知识作为一个类别进行考虑。由于学科化的知识必须由可以书面描述的概念、定理来表达，因而，学科知识是显性知识，而隐性知识是隐藏在显性知识背后的，因而隐性知识只能是非学科知识。

以前具有这些特点的知识不被认识为知识，因而没有享受知识的地位，特别是在传播时没有享受知识的待遇。要获得意会知识，只是通过活动，而这些活动只是对可编码的知识进行规划，而对意会知识的获得则没有规划，因而其效果很不稳定。人们常说，在传授知识（这里指传统知识观念下的知识）的同时要形成技能、能力、态度和价值观，其中的技能、能力、态度和价值观就是知识民主阶段所说的隐性知识。

教学中要培养技能、能力、态度和价值观，仅仅靠教师和学生的技巧是很难成功的，只有在知识选择时，考虑了这些方面的要求，才可能对学生这些方面的发展起到积极的作用。因为我们以前在知识选择时，在进行价值比较的过程中，仅仅从显性知识入手，并没有考虑到隐性知识，枯燥、无疑的材料很难对学生隐性知识的形成起决定性作用。因为在显性方面具有价值的知识，在隐性方面并不一定具有很高的价值。

同时，显性知识背后还潜藏着关于性别、民族、城市与乡村、发达地区与落后地区、发达国家与落后国家的隐性知识。现在的知识选择中潜藏着对男性、汉族、城市、发达地区和发达国家的重视，偏重于体现这些方面的利益。而义务教育体现的是社会的进步，社会的进步恰恰需要关注弱势群体的需要。

因此，进行课程知识选择，需要从隐性方面进行考虑。要考虑所选择的课程知识是否更多地包含着有益于技能、能力、态度和价值观形成的知识，常识告诉我们，有些显性知识背后包含着更多有益于技能、能力、态度和价值观形成的知识，有些显性知识背后包含着较少有益于技能、能力、态度和价值观形成的知识。并不是每一种显性知识背后所包括的发展价值均是一样的，这是心理学研究的启示。心理学研究（皮连生，1997）告诉人们，对于技能、能力、态度和价值观形成，更需要相应类型的知识。

3. 口头表达的知识

在霸权知识观的主宰下，选入课程的知识经过书面化处理，可以说浓缩科学精华，现在的教科书编写越来越薄，就与这种思路有关。这一课程政策下所体现的教科书已经失去了其鲜活的精髓，然而人们潜意识中却认为这才是教育的本意。从起点上，就确定了课程知识远离日常生活。从心理学上看，书面化、人工化的语言所表述的思想的确有益于抽象思维的培养，然而却出现枯燥、远离学生现实生活、学生不易理解的弊端。

霸权知识观下，解决这一问题的思路是教师在书本之外，根据学生的实际，尽量从学生的实际、社会实践和生活实践中找一些材料引入课堂，这对教师的业务水平提出了很高的要求。水平一般的教师只能按照本宣科的办法进行教学，这样，课程政策中的弊端就暴露出来。因此，从外在表现而言，如果需要口头表达的知识进入课程，就需要体现课程政策的教科书更加厚重一些，更加“啰唆”一些。

同时，口头表达的知识进入课程知识内，在表现形式上还需要有所扩展。多媒体手段、数字手段，均在表现口语化知识方面有所长，因为其容量大。风行一时的辩论赛形式，就一个议题组织正反双方进行辩论，各自从自己的立场阐述自己的观点、批驳对方的观点，集中了口头表达知识的精华，如果能通过录像或光盘的形式有计划地进入课程，学生一定会喜欢，同时也可能非常有益于开启学生的心智。

4. 主观性知识

主观性知识以前没有取得合法性，因而很难体现在教材中。然而，在教学中却不能避免主观性知识的参与。教育最终需要形成学生的个人知识，这种个人知识就是主观性知识。因而在课程知识选择中，在选择客观性知识、真理性知识以外，还应选择主观性知识。这有利于为形成学生主观性知识提供示范，同时也是形成学生主观性知识的有益材料和润滑剂。如果课程中仅仅是“硬”的客观性知识，学生的个性化知识形成过程既是痛苦的，也是低效的。

选择主观性知识进入课程，在课程政策层面，要抛弃只有经典、公理、大多数人认可的才是知识，才适于作为课程知识用于学生培养的观念。主观性知识进入课程，要引入“个人意见”的思路，要让学生在课程知识中形成很多的个人意见，并且这些个人意见均有其逻辑严密的论证程序。分析哪些个人意见转变成了公众意见以及为什么，是形成学生个人知识的有效策略，同时也可以为学生想方设法将个人意见转变为公众意见提供榜样。

适应信息时代要求，各国课程改革大都把学习者的“个人知识”作为课程内容的有机构成，成为课程改革的重要趋向。这在课程内容上的集中表现是重视学习者的自我履历和生活史，重视经验课程与学科课程的内在整合。

5. 不确定性知识

在知识霸权阶段，课程选择的知识必定是确定性的，因为社会是简单的。即使有不确定的情况，也将其去除掉，从而追求确定性的因果关系。在知识民主阶段，不确定性知识进入课程，需要一系列措施进行保障。比如，在知识陈述时，尽量要将事情发展中的干扰因素作为课程知识选择的范围，对于事物发展的结果，也需要根据情况做出多项选择，甚至没有结果，而不是必然的一项选择。在复习作业的设计上，也不应该是由简单的条件推出必然的结论，而应该是复杂的、相关的、不相关的条件混合在一起，最终有可能得出答案，也有可能没有答案，或者是有多个答案。

知识的不确定性主要表现在三个方面：知识前提的不确定性，知识生成过程的不确定性和知识成果的不确定性。在课程知识选择时，从知识的前提、过程和结果几个方面考虑到从不确定性方面进行知识选择，可以体现课程知识多样化的一个方面。

第六章

课程管理改革的政策定位基础

课程管理政策与课程内容政策共同构成课程政策的主要内容。如果说，课程内容政策主要是从知识政治入手，通过研究知识中的权力关系，为了实现义务教育的普遍利益要求从而研究选择什么知识、为什么要选择这些知识进入课程内容的问题，那么课程管理政策则是在此基础上，具体结合一般政治关系，具体分析一般权力关系，研究谁来选择和怎样选择知识从而构成课程的问题。课程管理政策是课程知识合法化的操作体系及其机制。不同社会的课程管理政策在知识管理的主体、途径和手段等方面都可能极不相同，但不论何种课程管理政策，对课程知识的影响都必然涉及三个方面：一是课程知识的选择，二是课程知识的分配，三是课程知识的解释。

在民主知识阶段，义务教育的课程内容需要选择多样化的知识。相应地，为了保证这些多样化知识能够切实地进入课程，则需要以权力多极化为基础的课程管理政策提供制度保障。从这一课程管理框架如何行使权力、保证相应的利益这个角度考察，这就属于课程管理的政治学问题。更具体一些，就新课程管理框架的具体建立需要采取什么措施，则落实到了课程管理政策的层面。

以前，人们很少研究课程管理问题，因为课程管理是政府的职责，与学术领域无关，似乎预先为课程研究设置了边界，因而对课程管理问题基本上没有多少可供参考的成果。随着最近几年在市场经济背景下进行课程改革的深入，在政策层面上出现了国家课程、地方课程和学校课程，人们对课程管理问题进行了初步研究，比如走向决策分享（崔永漷，2000）、课程共有（胡东芳，2001a）等观点，所有这些分析都具有一个特点，就是预设现行的课程管理政策具有合理性。

我们从政策角度研究课程管理，其结论可能会支持现有的课程管理政策，然而我们这里力图从两个方面有所创新。一是从权力入手研究课程管理，提供市场经济条件下的权力理论，从而分析课程管理中的政策问题；二是与课程内容的变革结合起来分析课程管理，就是从多样化的课程知识入手分析课程管理。从这两个方面入手，其依据在于课程管理政策首先受社会政治经济结构所导致的权力结构的影响，其次，课程管理政策也受其自身是对教育领域的知识进行管理的特殊性的影响。

从其特殊性方面考虑，要求本章必须以第二章的分析为基础；从其与社会一般权力结构的联系考虑，本章又需要有其特殊的理论基础。这样，课程管理政策的来源就有两个方面：其一是社会权力结构方面，其二为课程知识的权力结构方面。其实，社会权力结构与知识中的权力结构是相互决定的，因而是相互联系的。社会权力结构的变迁导致知识的重新合法化，新的知识决定新的课程管理政策。在社会权力结构、知识权力结构和课程权力结构之间，是相互影响、相互决定的，其中社会权力结构是矛盾的主要方面，是知识权力结构和课程权力结构的源泉。

第一节　课程管理中的政策问题

课程管理政策的问题，隐藏在实际的课程管理政策中。通过分析我国课程管理政策的历史发展，可以明白我国课程管理政策中的问题。通过分析，我国课程管理政策中长期存在着在集权与分权之间的摇摆：要么集权过度，要么分权不规范，很难走出集权与分权的困境。其问题的根源在于，课程权力仅仅在行政权力内分配，具有行政权力的单极性，课程权力结构的单极性导致课程知识的单一性。要么强调中央权力，确保国家利益，围绕科学知识进行课程内容选择；要么强调地方权力，确保地方利益，围绕社会问题进行课程内容选择，然而如果没有规范特别是在地方各自为政的情况下，国家利益将受到影响。走出单极课程权力的困境，与政府机构改革中转换职能的思路是一致的，有可能克服在围绕科学还是围绕社会问题选择课程内容方面走极端的弊病。这一问题，构成本章走向课程权力多极化的现实问题基础。

一、我国课程管理政策发展的历程

我国课程管理政策是在继承新中国成立前课程管理政策的基础上，吸收老解放区的经验，全面学习苏联的基础上形成的，并在不同时期根据社会政治权力结构的变化得到不断发展，经历了不断集权、不断分权的过程。①

1. 集权的形成

新中国成立初期，我国第一次制定了统一的课程政策，制定颁发了两套全国通用的教学大纲和教材，逐渐形成了集权的课程权力结构。其主要标志是：（1）制定了全国统一的课程标准和教学计划：1950 年 8 月颁发了《小学各科课程暂行标准（草案）》和《中学暂行教学计划（草案）》。1951 年 3 月，教育部召开全国中等教育工作会议，提出了普通中学的宗旨和教育目标，并通过了《中学暂行规程》（1952 年 3 月，教育部正式颁布）以及中学政治等 7 个学科的课程标准草案。1951 年 8 月，教育部召开第一次全国初等教育工作会议，通过了《小学暂行规程》（1952 年颁布），并制定了新中国第一个《小学教学计划》。（2）确定了全国统一供应中小学教材的方针。1950 年 9 月，新闻出版

① 文中材料来自石筠弢的《我国基础教育课程教材政策发展 50 年》，见全国课程专业委员会秘书处编：《21 世纪中国课程研究与改革》，人民教育出版社，2001。

总署召开全国出版会议，会议上确定了这一方针。（3）决定成立了国家统一编辑出版中小学教材的专门机构。1950 年 12 月，由国家出版总署和中央教育部共同组建的人民教育出版社正式成立，承担编辑出版中小学教材的任务。在这样的政策指引下，教育部于 1950—1952 年和 1956 年分别颁发了第一、第二套教学大纲，人民教育出版社 1952 年和 1956 年出版了第一、第二套教材。

2. 第一次放权

1958 年，在各地经济“大跃进”的同时，也掀起了“教育大革命”，当时认为中小学教育存在少慢差的现象。教育内容一是陈旧落后、重复烦琐，落后于青少年的智力发展；二是脱离政治、生产等中国国情的实际。在这样的情况下，1958 年 8 月，中共中央和国务院发布了《关于教育事业管理权下放问题的规定》，指出以后教育部的任务之一是“组织编写通用的基本教材、教科书”，“各地方根据因地制宜、因校制宜的原则，可以对教育部和教育主管部门颁发的各级各类学校指导性教学计划、教学大纲和通用的教材、教科书，领导学校进行修订补充，也可以自编教材和教科书。”因此，教育部发出通知：今后各地可以自编教材，教育部不再颁发教学用书表。1958 年 10 月 4 日，《人民日报》发表了社论：《根据党的教育方针来改革教材》，并推荐了河南省农林业部门工作者编写教材、制订教学计划和教学大纲的经验。此后，很多地方教育部门和学校都开展了编写自己的中小学教材和教学参考书的工作。1958 年秋开始，各地还纷纷进行了缩短学制的试验，根据相应的学制，有些地区或学校还编写了试验教材，如北京师范大学就编写了九年一贯制的中小学教材。

由上可见，这个时期，新中国成立以来第一次下放了中小学课程教材制定和编写权限，教育实践中也因此产生了编写、试验教学计划、大纲和教材的事实。

3. 重新集权

放权之后，各地编写、试验自制课程教材的实践不少，但是，各地所编写的教材出现了内容“政治化”、“政治贴标签”，将大学一年级内容下放到中学，超出学生理解水平，还存在内容系统性差、削弱了基础知识、难教难学等问题。为此，中央于 1959 年 1 月做出了新决定：权力下放后，中央对学制、课程设置和课本等必须管起来。同年 5 月 17 日，中共中央转发教育部党组《关于编写普通中小学和师范学校教材意见》指出，鉴于各地自编教材中存在的问题，普通中小学教材应保证全国必要的统一性和应有水平，建议教育部编写普通中小学和师范学校的通用教材。为此，教育部党组提出，由教育部负责制定中小学和师范学校的指导性教学大纲，编写通用教材供各地采用，地方可作适当变动，编写补充教材和乡土教材，并于同年 6 月布置人民教育出版社重编中小学通用教材，同时对中学教学计划做出了新规定。

4. 混乱中的权力分散

自 1972 年开始，由于教育部的领导权被夺等原因，根本无法进行课程规划和教材编写。这个阶段是中国历史上的“文革”时期，由于特殊的历史原因，中小学正常的教学秩序遭到严重破坏，教学计划、教学大纲和教材处于无政府状态，中小学教学片面突出政治和联系实际，大幅度削减基础知识，教育质量严重降低。由于受“四人帮”控制和“左倾”错误路线影响，中小学课程教材的发展总体上处于非理性的无序状态：以前的国家统编通用教材被视为“封资修大杂烩”加以批判；国家不设统一的课程标准和教学计划、教学大纲，也不使用统一的教材，组织了“革命委员会”的省、市自定课程、自编教材；课程教材建设因“大革命”而一片混乱。

5. 集权恢复

1977—1985 年，我国中小学课程教材建设进入集权恢复阶段，继续实行课程教材国定制。“文革”结束后，全国教育几乎处于瘫痪状态，各地中小学学制混乱，课程标准不一，教材五花八门，教育质量低下。在这样的情况下，教育急切需要重建，国家采取了统一学制和教学大纲、统一编写和使用教材的政策以及相应的一些措施，这也是当时既迫切又必要的任务。

1977 年邓小平恢复工作，召开了全国科学教育工作会议，亲自抓教育和教材建设，并就中小学课程教材建设做出了重要指示：中小学教育，关键是教材，教材非从中小学抓起不可，要编印通用教材。

教育部根据邓小平同志的指示，制定了中小学课程教材工作的有关政策和措施：（1）成立“教材编审领导小组”，教育部副部长浦通修为组长，领导教材编写工作；（2）重建人民教育出版社，组织“中小学教材编写工作会议”，编写中小学各科教材；（3）确定中小学十年制为基本学制，制定颁布统一的教学大纲，编写全日制中小学教材；（4）确定1978年秋开始使用新教材，即第五套全国通用中小学教材。在这些政策指引下，经过努力，教育部于1978年颁布了《全日制十年制学校中小学各科教学大纲（试行草案）》。

6. 多样化的开始

1985年1月，教育部颁布了《全国中小学教材审定委员会工作条例（试行）》，指出：今后中小学教材的建设，要把编写和审查分开，人民教育出版社负责编写，各省、直辖市、自治区教育部门，学校、教师和专家可以编写；全国中小学教材审定委员会负责审定，审定后的教材由教育部推荐，供各地选用。同年4月，教育部发出《关于选聘全国中小学教材审定委员会学科审查委员会委员的通知》，同时公布了第一批选聘委员。1987年10月，国家教育委员会正式发布了《全国中小学教材审定委员会工作章程》、《中小学教材审定标准》和《中小学教材送审办法》三个文件。规定所有按照国家课程设置规定科目编写的中小学教材必须经过全国中小学教材审定委员会审定通过后才能选用，地方规定的教材必须经过省级教材审查委员会审查后使用，并采取编写和审定审查分开。建立有权威的教材审定制和成立全国中小学教材审定委员会，是为了在统一基本要求的前提下，有领导有计划地实现教材多样化，以适应不同地区的需要，促进中小学教材质量的提高。

国家教委1992年颁布的《义务教育全日制小学、初级中学课程计划（试行）》中首次提出了“国家安排课程”和“地方安排课程”，实现了新中国成立以来课程管理政策的较大突破，但地方安排课程的比例依然很小，留给各地管理课程的余地还不大。

7. 多样化的发展

1996年国家教委颁布的《全日制普通高级中学课程计划（试验）》第一次将“课程管理”部分单列，明确提出：“普通高中课程由中央、地方、学校三级管理”，并规定了各级的管理权限。建立课程教材三级管理模式，是为了保障和促进课程对不同地区、学校、学生的适应性，实行有指导的逐步放权，明确各自的职责。（1）国家（国家教委）：宏观指导基础教育课程改革，根据基础教育的性质和任务，规定课程的设置和比例；组织制订、修订、审定、颁布课程计划和课程标准，教材编写、开发、管理指南，课程评价制度；规划、组织编写和审查教材；定期向社会和学校公布经过审定（审查）的中小学教材目录；逐步建立教材公开评价制度和在教育主管部门指导下学校选用教材的制度等。(2) 各地（省级教育行政部门或由其授权的教育部门）：根据国家课程计划的要求，按照实际情况，制订本省实施课程的阶段计划，规划开发地方课程；制定学校实施地方课程的指导性意见；各地市和县级教育行政部门监督与评估课程计划的执行情况，组织专家指导学校制订实施课程计划的具体方案，为学校实施国家课程和地方课程提供保障，并具体指导学校开发课程。(3) 学校（不含学前教育机构）：根据国家和本省（自治区、直辖市）课程计划的有关规定，从实际出发，对必修学科和限选学科做出具体安排，合理设置本学校的任选课和活动课；参与社区课程具体实施方案的编制，开发本校课程，但必须报上级教育主管部门审批；建立学校课程评估机制，保证与国家课程、地方课程在目标上的一致性；及时反映课程实施中遇到的问题。

1996 年 10 月，国家教育委员会根据新的需要，修订发布了新的《全国中小学教材审定委员会工作章程》，对审定、审查委员的职责、纪律，教材审定标准、送审程序等做出了规定。其中一个重大变化是，将审定委员会的职责由“审定”大纲变为了“审议”。关于课程的三级管理政策，1999 年教育部《面向 21 世纪教育振兴行动计划》中再次作了明确，并进一步下放和扩大地方和学校的自主权。

二、科层制导致“一统就死、一放就乱、一乱就收”

我国的课程管理政策是在建国初期第一次课程改革的过程中建立和形成的。当时课程改革的主要目标是探索建立与社会主义建设需要相适应的新的课程体系，在形式上形成了全国统一的教学计划、教学大纲和教科书。适应这一“大一统”的课程模式的需要，课程管理也选择了一种强调绝对集中的管理模式。这样的课程管理体制表现出了强烈的“科层化”特征，被人们称之为“官僚—控制”范式。（靳玉乐 等，

2007）科层管理模式受到泰罗和法约尔的科学管理思想尤其是韦伯的科层组织理论的影响，最突出特点是强调组织中的垂直关系以及上层管理者的责任和权力。

课程管理中科层制管理模式的影响主要表现在课程管理目标的效率意识，以及课程管理手段上的严格控制。过分重视提高课程实施的效率，教师和学生被看作是实现课程目标的机器和工具，主要通过严格的规章制度加以控制，这虽然有利于保证教育工作的秩序，提高工作的效率，但是，过分追求严密的程序和统一的标准会控制教师和学生的行为，使他们的创造意识和能力丧失，沦为规章制度的奴隶，在繁文缛节中浪费大量的时间和精力。

我国这种高度集中的课程管理体制的特点在于：（1）课程设置标准、课程计划和教学计划合为一体，由国家（主要是中央有关部门）制定并通过政令颁布实施，地方政府和学校只能依照执行，无权做出调整，也无须承担责任；（2）对于科目设置，课程内容、教学时数以及学年周数、各学年培养目标，升学与放假等具体事宜，都有统一、详尽的规定；（3）教科书的管理采用国定制和统编制，即教科书的编写由国家组织有关部门和人员根据教学大纲的规定进行编写，编写出的教材由国家确定为全国统一使用的教科书，并指定专门的机构出版发行。这有利于实行统一的教育标准，维护教育平等；有助于运用国家的行政手段，保障学校的教育教学质量；有益于保持文化的统一，培养学生的文化认同感；便于国家对各地教育的管理，有利于增强中央的控制力。

随着时代的变迁，这种体制的局限性日益显现出来，其弊端突出地表现在以下几个方面（郭继东，1998）：（1）过度的一致性不能适应悬殊的地区差异性。我国地域辽阔，各地发展极不平衡，课程目标、科目设置、教学内容等均应根据各地的经济状况和教育发展水平有所不同，然而，集中型课程管理体制强调全国一致，不能照顾到各地的实际情况。（2）过分的集中性不利于调动地方和学校的积极性。在高度集中的课程管理体制下，地方和学校没有课程管理的自主权，只有按照中央的各项规定具体实施的执行权。这就挫伤了地方和学校管理课程的积极性，致使他们机械、僵化地执行中央的规定，使课程失去了应有的弹性和灵活性。（3）过度的统一性削弱了教育为当地经济和社会发展服务的功能。

为此，如何科学地划分中央和地方的课程行政权限，优化配置课程行政资源，调动中央和地方双方的积极性是课程管理体制改革中亟待解决的两难问题，也有人认为应该在中央与地方的课程权力之间保持必要的平衡。这是为了发挥中央与地方各自的优势，克服中央与地方各自的不足，并且这也是世界课程改革的趋势。我国课程管理体制改革的目的是想通过发挥中央集权制和地方分权制的长处，克服二者的短处，走中央与地方相结合的道路。

事实上，要实现二者的结合是很困难的事，它有赖于诸多因素的协调与配合。从 1958 年的第一次权力分配改革到 1995 年《教育法》的重新划分，其间时而强调中央集权，时而强调地方分权，一直未能在中央和地方之间实行合理的科学的职权划分，出现“一统就死、一放就乱、一乱就收”的恶性循环局面。如何吸取历史的经验教训，借鉴国外成功的经验，在新形势下科学地配置课程权力资源，是课程管理政策必须解决的问题。

三、问题在于课程权力的单极性

我们认为，中央与地方之间结合之所以不容易，还有更为深层次的根源，那就是我们现有的课程管理政策中，在中央与地方之间进行权力分配，只是在行政权力这个框架内进行考虑。如果仅仅考虑中央，或者仅仅考虑地方，权力具有单极性的特点的话，仅仅考虑中央与地方的结合，权力仍然具有单极性的特征，这一单极性的特征就是仅仅具有行政权力这单独的一“极”。这一问题没有引起人们的注意，更没有得到很好的解决，课程权力的单极性来源于课程领域与其他领域一样的国家主导。“国家主导”的实质是“国家全能主义”，即视国家为万能的观念及赋予国家以“全权”的体制。众所周知，“国家全能主义”并非始于今日，也绝非限于中国。

仅回眸近百余年的历史，我们就将会看到：19 世纪末 20 世纪初，“国家主义”在德国等西方世界就有明显抬头，而经历两次世界大战，特别是在“冷战”到来之后，“国家主义”则泛滥于全球，世界上的主要国家几乎无一幸免。我国的情况比较独特，在清末以前，我国并没有现代意义上的“国家”，有的只是代代更替的“封建王朝”，因而清末民初以来，传统国家的现代化改造就成为全社会的一项中心任务。但从清末民初引进和建立西方各项政治与法律制度到20世纪50年代，由于种种原因，国家的贫弱、社会的落后、政治的腐败、战争的纠缠，使“国家”并未很好地驾驭社会，真正的变化发生在1949年。

新民主主义革命的胜利使共产党建立起独立而基本统一的国家，结束了以前的战乱和分裂，开始了新的现代化进程。但正是在这一进程中，日渐普遍和深入的社会改造、“赶超型”工业化的要求和高度统一的政治、经济体制，使国家逐渐获得了对社会资源的全面控制，赋予其以最大限度的动员能力。社会由此极度地依赖国家的权威，国家的权力开始不受限制地渗入和控制社会的每一个领域和每一个阶层。国家机体的无限膨胀，最终几乎吞没了整个社会，宛如“天地合一”，“国家”与“个人”间的所有环节几乎都被取消。“公吞没了私、国家吞没了社会、政府吞没了民间。”（俞可平，1999）国家无所不能，无所不管，政治、经济、文化一体同构，政治的“强制逻辑”贯穿于所有社会领域，社会完全成为国家行政的附属物。在这种“国家全能主义”的环境里，不论在哪个方面，权力主体都是单一的：除了国家，还是国家。

现在随着整个社会的改革推进，国家主导正在得到改变，早在1987年左右，为了适应计划体制改革建立市场体制的要求，中央关于政府机构改革的一系列文件就提出了政府职能转变的要求，这是克服课程权力单极性的契机。解决课程权力的单极性，涉及几个更为具体的问题，那就是：为什么要克服课程权力的单极性，新的课程权力定位具有什么内涵，如何采取措施适应新的课程权力定位。解决这几个问题的一项基础性工作就是要进行课程权力细分，通过细分，从而建立与单极课程权力结构不同的多“极”课程权力结构。其实质是在中央与地方之间进行分权的基础上，在国家、社会与个人之间进行分权，实现从国家主导到多极权力同心协力又相互制约的局面。

第二节　课程权力定位基础

一、从一般权力到课程权力

在教育学视野中研究课程管理，无论如何是不会研究权力问题的。传统的课程研究，基本没有开展对课程政策的研究，即使有课程政策的研究者，也基本上属于经验思考，不会从权力角度研究课程问题。虽然以前研究课程时也谈到课程是一定时期政治经济的产物，然而比较泛泛而谈，具有简单化、线性化的特点。况且，以前谈课程受到社会政治经济的制约，主要指课程内容受社会政治经济的制约，没有揭示出这种制约要通过课程管理才能发挥作用。其实，社会政治经济的内容特点决定着课程，社会政治经济权力结构还通过决定课程管理结构，从而决定着课程的内容、实施以及效果。

1. 课程权力研究的价值

有的人甚至把政治定义为谋求权力、维护权力和使用权力。权力，特别是政治权力的本质特征、存在形态和运行方式，历来是政治学研究的中心问题，因而也构成政治学的重要内容。正是因为课程政治是课程政策的基础，同时在某种意义上两者可以交替使用，故而研究课程管理政策有必要研究其中课程权力的本质、权力的获取、控制和使用。权力关系的优化是一国政治结构、政治运作呈良性发展的关键。随着社会主义市场经济的建立，随着这一体制在深度和广度两个层面的推进，当代中国的各项权力关系已经或将要发生根本性的嬗变。如何适应社会主义市场经济的内在要求，理顺当前课程管理中的权力关系，是课程政治学必须思考的一大课题。

课程权力是一切课程管理现象的基础，一切课程管理活动，无论领导、决策，还是计划、实施，都要通过课程权力的运行来实现。课程权力的性质、有无、多少和强弱从根本上决定和影响着课程管理的效能，决定着哪些知识可以进入课程内容，哪些知识不能进入课程内容。课程管理主体要对课程管理客体施以有效的管理，实现既定目标，必须具备相应的条件，与其他构件不同，权力在课程管理过程中起着基础作用。

课程权力配置不合理、不科学，课程管理效能就无法实现。由于结构状况不合理不科学，功能关系就会紊乱，运行失误等一系列恶果就会显现，课程管理效能就会受阻。

由于习惯造成的惯性，现在很多对课程政策的研究，没有考虑到权力的视角，我们以为没有触及政策的本质，因而其结论是否是政策也很难说。从权力的角度思考课程管理问题，有可能找到了思考课程管理问题的根本。特别是现在这个时期，由于政治渗透社会的方式发生转变，政治与社会生活的联系复杂化，课程领域的政治问题特别是权力问题复杂化，使我们从权力角度研究课程管理问题更有了必要。20 世纪 80 年代国家实行教材多样化时，课程中的权力问题就凸显出来，然而由于理论研究的滞后性，人们还没有从权力角度系统研究课程问题。华东师范大学 2001 年博士论文《课程政策研究——对“课程共有”的理论探索》，作者胡东芳，是从权力角度研究课程问题的第一篇学术论文。

正如有的学者所写道的，对我国的课程改革而言，能否制定出既符合我国国情又符合国际课程政策发展潮流的课程政策，其关键就在于能否解决好课程权力合理分配的问题。长期以来，我国传统的课程管理模式由于只重自上而下的课程决策，而轻视自下而上的决策渠道，其弊病是不利于充分发挥与课程相关的中层和基层人员的积极性、主动性和创造性，并会导致学校工作方式上的唯“上”、唯“官”是从。教师在传统的课程管理中也只是一个课程执行者的角色，只能满足于照本宣科，最终造成了教师教教科书、学生背教科书的尴尬局面。因此，针对我国课程改革的现状及前景，如何在课程政策中解决好课程权力的合理分配从而制定出理想的课程政策就成为我国课程管理改革的重要任务。（樊亚峤等，2007）[130]

2. 课程权力的本质

认识课程权力的本质，需要从认识权力的本质开始，从权力的本质中推演课程权力的本质。“权力”（万斌，1995）这个词，在印欧语系中，源出于古拉丁语中的 Potere，原意为“能够”或具有做某事的能力。由此而派生出来的英文 Power 和法文 Lepouroir，也都保留了这个意思，并且比较侧重于某种能力和力量。权力概念几乎出现在社会科学的所有分支中，在政治理论中更是处于核心地位。权力是人类社会中特有的现象，或者说，组织起来的人类社会必然要运用权力来为组织提供保障。尤其在政治社会，权力是理解一切政治现象的关键，因而政治学的研究核心总是放在权力问题上，几乎所有的政治学家都需要对权力的问题发表意见，以至于众说纷纭，莫衷一是。

其实，权力是一种特殊的力量，而且是属于人类社会所独有的力量，它区别于包括人的身体在内的一切自然力。尽管存在诸多分歧，但是大多数学者还是承认，权力基本上是指一个行为者或机构影响其他行为者或机构的态度和行为的能力。在当代社会科学的各个领域中，权力一般被理解为人际关系中的特定的影响力，是根据自己的目的去影响他人行为的能力。在社会生活中，凡是依靠一定的力量使他人的行为符合自己的目的的现象，都属于权力现象。对权力的这种认识侧重于强调权力的拥有者对他人行为的干预能力。实际上，权力也意味着权力的拥有者具有按照自己的意愿行事的能力，即权力的拥有者具有不受他人支配的能力，或者说具有自治能力或自主性。

因此，所谓“权力”不仅仅是某个个人或机构影响他人或其他机构的能力，这个意义上的权力我们称为控制权（Power over）（丹尼斯·朗，2001）。同时权力还指某个个人或机构按照自己的意愿行事的能力，即自治能力或自主能力，这个意义上的权力我们称为行动权（Power to）（丹尼斯·朗，2001）。简而言之，权力在本质上意味着“具备做某种事的能力”或“产生某种结果的能力”。

同时，权力（Power）也和权利（Right）息息相关，有必要进行区分（曾峻，1995）[25]，因为在后面有可能有时将两者混用。（1）权力和权利有相同的内涵。它们都包含支配、强制的成分，即一方使另一方作为或不作为的能力。（2）权力来源于权利，权力是权利的实现形式和社会依托。只有权利主体在社会中借助附着于一定形式上的权力来实现自己的预期，权利才能得以表现出来。

二、课程权力定位的基础

从权力角度研究课程管理，除了前面几章从知识权力角度进行的研究以外，还需要从社会一般权力结构的角度进行分析。从知识权力角度进行分析，可以把握课程管理权力结构作为知识管理的个性；从社会权力结构角度进行分析，才可能把握课程管理权力作为管理行为的共性。可以说，分析社会一般权力结构的状况，是推演课程管理权力结构的基础。从社会权力结构推演课程管理的权力结构，需要了解社会的权力结构演变情况。

传统形态下的社会权力关系是一种不对称的权力关系，这种权力关系具有聚合型权力关系的特征，表现为国家权力过大，而义务约束过小或根本不存在。中国长达2000多年的封建历史将这种不对称的权力关系推向极端。新中国成立后不久，我国建立了计划经济体制，与这一体制相适应的是政治上的高度集权，权力关系上同样呈现出“聚合型”的不对称的特征。自1978年以来，我国社会发生了全面而又深刻的变化，其中最为引人注目的是，我国正在经历不可逆转的“权力分裂”过程，国家与社会的关系正在发生实质性的变化，这是我国数千年历史中未曾有过的现象。对这一现象的分析，我国学者引进了西方的市民社会理论作为解释的框架。这里的“市民”不是世俗概念中的“小市民”，而是政治学意义上拥有理性自主的“公民”。① 还要特别强调的是，这里的“市民社会”是在与已分化的“国家”相对应的意义上使用的，实指一个小的“社会”。

1. 市民社会理论

“1992年，当中国的改革进入市场经济在日常生活中普遍确立的阶段，‘社会’才被人们逐渐注意，源于西方的市民社会话语才在中国知识界引起普遍的注意。个人与国家的二元思维模式，在社会学—政治学层面上，被深化为社会与国家的新的二元模式。在国家面前，个人是如何通过建制化的社会组织与之发生关系的？社会与国家的互动关系又是如何实现的？面对这些充满现实意义的学理问题，‘市民社会’遂成为一个有生命的、富有原创性的分析概念。”（许纪霖，1998）[309]

市民社会是按照契约性规则，以自愿为前提、自治为基础参政议政的非官方公域（邓正来，1997）[6]。作为国家政治安排的社会公域，市民

① “Civil Society”被译为“公民社会”，“市民社会”是源于马克思主义经典著作的中文译名。

社会可以通过电视、广播、报纸、刊物、书籍等传媒表达自己的政治意见和观点，在沙龙、讨论会和集会中零散地、面对面地或集体地交换意见，形成广泛为社会承认的社会意见，即“公众舆论”（邓正来，1997）[7]。一般来说，市民社会“表示国家控制之外的社会和经济安排、规则、制度”，“是指当代社会秩序中的非政治领域”。（戴维·米勒 等，1992）在柯亨等现代市民社会理论家看来，市民社会则是国家与经济控制之外的那个社会领域。市民社会的发达、自治和法治化限制了国家权力的运作范围。“市民社会是一种独立于国家的私人自治领域，即不受国家直接干预的领域。”（徐国栋，1995）它构成对国家权力的功能要求，同时又构成对国家权力干预的合法性限度，即国家权力对市民社会的渗透和干预只能限制在不侵害社会自治权、有法律明文规定的限度以内，超出这种范围，政治权力就无权干涉，否则就是滥用权力。（刘旺洪，1999）

当代市民社会理论提出的一种三元分析框架，为我们审视社会权力结构的变迁提供了有用的工具。当我们用三分法来观察我国改革开放以来的社会变迁时，就可以发现我国社会正在经历“权力多极化”（康晓光，1999）[导言1]过程，伴随着政治领域的权力的减弱，经济领域和社会领域的权力正在逐渐成长，原先的那种政治领域垄断一切权力的“单极结构”正在向三个领域分享权力的“多极结构”转变，这是1978年改革开放以来我国社会权力结构演变的基本脉络。可以说，对于理解1978年以来我国社会结构的演变特别是权力在三个领域之间的再分配来说，市民社会理论提出的三元分析框架是不可或缺的理论基础和分析工具。

中国在1979年后的改革开放正是针对国家高度集权的分权运动：它把直接经营生产的权力返还给企业，把资源配置的权力返还给市场，把经济活动中的社会性监督与管理的权力返还给社会，这样，在“国家领域”的身边，开始生长出一个粗陋的“私人领域”。除经济领域外，20世纪80年代以来，中国的政治体制也发生了巨大的变革（俞可平，1999）[111-112]：其一，政府日益重视法制与法治，公民的结社自由开始具有实质性意义。其二，政府大幅度放权，这包括政企分开，包括中央政府大幅度将权力下放给地方政府，还包括政府对公民的管理的逐步放松（如农村的村民自治）。这种放权使高度一体的国家与社会开始走向分化。其三，政府开始转变职能。它弱化了其经济职能和社会职能，而强化了其行政管理职能；在大部分生产、经营、民事和文化、艺术、学术领域中，政府不再履行直接的管理职能，而把这些职能在一定程度上交给了相关民间组织。

“市民社会”的存在，肯定了社会利益主体的多元化；而“市民社会”的壮大，则势必推动利益主体多元化的进一步拓展。这里的首要原因在于，“市民社会”与“国家”的分化使“国家”及其政府不再是社会权力的唯一主体和社会利益的唯一代表，它从根本上肯定了“社会”作为权力主体的合法性和代表社会利益的合理性。另外，由于“市民社会”内部的运作奉行自治原则，其活动与管理都具有相当程度的自治性质，个人参与各种活动均以尊重他人的选择自由并辅以相应的责任为基础，因此“市民社会”内的权力主体也是多元的、独立的。正是独立而多元的权力主体在“市民社会”内的自由表达、自由参与和自由选择，赋予了“市民社会”与“国家”保持恰当间距并有效防范“国家”入侵的能力。

对这种权力关系的研究，最先是在20世纪80年代。当时学术界关注的是个人与国家的关系，而国家与社会的关系还没有进入学术研究领域。如何使个人从国家无所不在、无所不包的控制中获得解放，构成了80年代我国知识界研究的核心问题。那时，最时髦的学术术语是“人的权利”、“人的发现”和“人的解放”。在当时，许多人还没有清醒地意识到“个人只有组织成社会，成为一种建制化的‘个人’，‘个人’才构成国家的对应物，而这样的‘个人’，在现代社会中，就是市民社会。换言之，在集体行动中，个人是通过社会与国家发生关系，参与国家的政治事务。甚至个人之间的互动，也是通过社会实现的”。（许纪霖，1998）[305]

“市民社会”的形成，在课程领域，表明课程知识需求的多元化和课程知识权力主体的多元化。以往我们的课程设计在处理课程知识问题的时候，名义上说要满足学生的不同需要，增强课程对学生的适应性。但这里的“学生”只是一个抽象的存在，缺乏具体情境的分析，尤其是缺乏社会背景的分化。“国家主导”的课程知识供应在潜意识中实际上是把学生作“一致化”处理的，即便有所分化，也只是“个性”上

的考虑，而不是社会学和政治学上的分化。（郭晓明，2005）[228]

2. 市场经济的推动

为什么社会会分化为不同的领域？对于市民社会理论来说，这是一个基础性的问题。社会学、政治学和历史学已经为解答这一问题做出了巨大的贡献。但是，他们对社会领域的划分及其论证，主要还都是基于对现实或历史过程的描述或确认，而不是基于理论演绎。实际上，真正能够为市民社会理论的社会领域划分提供“科学理论基础”的并不是社会学，也不是政治学，更不是历史学，而是经济学，经济学揭示出了造成三个领域分离的最深刻的原因。值得指出的是，“社会—经济—国家”三元结构中的“经济”，并不是指随便一种经济体制或经济制度，而是指一种“特定的”经济制度，即市场经济。

也就是说，当我们讨论社会存在三元结构时，前提是这个社会存在市场机制，或者市场机制是这个社会进行资源配置的机制之一。尽管市场制度是人类最伟大的创造之一，但市场并不是万能的，它也有不灵的时候，即存在“市场失灵”问题。而正是由于存在“市场失灵”问题，才使得政府和非营利部门成为社会必不可少的组成部分。（康晓光，1999）[导言18－19]社会主义市场经济的发展从根本上改变了我国传统国家与社会高度同一的一元性结构，形成了社会逐渐从国家集权控制下相对独立和自治，同时又与国家相互依赖、彼此渗透、互为推动的新型的国家与社会良性互动的结构。

党的十一届三中全会以来，由于党和国家在指导思想上实现了拨乱反正，实行了以经济建设为中心的改革开放的决策，国家经济生活、政治生活走向民主化、法制化，国家权力在总体上纳入了健康运行的轨道。特别是近年转变计划经济体制为市场经济体制，国家完全统治社会的弊端受到巨大冲击，国家—社会一体化的格局有所突破，城乡经济自主权与相对自由得到确认，人民对某些社会资源拥有一定的自主支配力。国家权力虽继续保持它在宏观调控上的必要功能，但已逐步在某些领域“把‘国家’迄今所吞食的一切力量归还给社会机体”。

由于市场经济的推动，现代社会逐渐细分为三个领域，这三个领域中分别主要由三种性质不同的权力发挥作用。三个领域分别是政治领域、经济领域和社会领域；三种权力主要是政治权力、经济权力和社会权力。政治领域主要由政治权力主导，在实践中主要表现为政府掌握的一种行政性权力，政治权力具有强制的特征，其目的是为了维护国家的公益，主要是通过强制实现公益；经济领域主要由经济权力主导，在实践中主要表现为由企业享有的财产权利，财产权利主要是一种以平等利益为基础的权力，其基本手段是通过志愿追求私益；社会领域主要由社会权力主导，其基本手段是通过志愿追求公共利益。

3. 现行政府管理存在的问题

我国党政机关和行政体制存在的最主要弊端是权力过分集中，这同我们长期认为社会主义制度和计划管理制度必须对经济、政治、文化、社会都实行中央高度集权的管理体制有密切关系。在政府与社会尤其是政府与企业、市场的关系上，权力过分集中于政府；中央与地方的关系上，权力过分集中于中央，地方缺乏必要的自主权；上级机关与下级机关的关系上，权力过分集中于上级机关；在各级领导机构内部，权力过分集中于个人或少数人手里。早在1988年，中央就提出要向事业单位、群众团体下放权力，其实，我们的各级领导机关，都管了很多不该管、管不好、管不了的事，这些事只要有一定的规章，放在下面，放在企业、事业、社会单位自行处理，本来很好办，但是统统拿到党政领导机关、拿到上级部门甚至中央，就很难办。

权力资源的重新合理配置是课程管理政策转变中的核心问题，如果权力配置不科学、不合理，不适应现代市场经济规律和现代化发展的要求，而是囿于传统的高度集中的计划经济的思路，那么课程管理机构的职能运行就会失去其合法性支撑和权威性。我国现行的政府机构及其管理体制，基本上与当前的社会、经济、政治、文化状况不相适应，主要是依靠行政手段来管理社会事务，比如许多本来应该运用法律手段或通过社会中介组织来解决的问题，却是通过设立政府机构来管理，从而就把过多的社会责任和事务矛盾集中在政府身上。因此，削弱控制性管理职能，加大协调服务性管理职能，同样也是课程管理政策的方向。在社会主义市场经济条件下，国家对社会发展的协调服务职能，主要包括三大类：政策调控、社会保障和政务管理。除此以外，一切具体的社会事务，都应该逐步移交给各类社会组织去处理，行政部门不应再包揽社会事务。

政治全能化、高度集权化作为我国传统权力格局的主要特征，虽说在特定的历史条件下曾起到过积极的乃至全局性的决定作用，但随着改革开放的启动和加深，这一格局越来越使得转型时期的我国政治发展面临着诸多难题。现实生活中某些政府部门的职能错位，都能在一定程度上从其自身权力的错位中找到原因，权力错位则集中表现为权力的过分集中。而隐藏其中的实质性问题，则是某些国家权力严重脱离社会。因此，进行课程管理政策的设计，需要避免长期以来在政府工作中的误区，实现政府职能的转变，把切实解决国家权力向社会的逐步转移和回归提上日程，充分发挥国家、地方、学校、教师和学生五个方面的积极性。

课程制定中的这种“国家主导”模式实际上是我国传统计划经济的一个缩影。计划经济从根本上说是一种绝对理性经济。它遵循“层层上报，逐级下达”的等级模式，它首先将这些知识传递给一个中央机构，由该机构综合全部信息以后再下发给下级机构。这样，计划经济成立的依据在于存在一个全知全能、通晓人类全部知识的机构，它能够先在地把握人类知识体系，并完全了解社会所有资源的情况以及社会成员的价值需求，从而按照每个人或每个企业的生产能力进行资源配置。课程设置当中的全盘计划性实际上是精英主义知识观的体现，它认为只有少数的专家、学者才是某一个知识领域的权威人物，才可能接受国家的委托制定课程。

第三节　课程权力的基本定位

对课程权力进行基本定位，是研究课程管理政策的基础。只有在分析以前课程权力定位的基础上，根据现在社会的总体状况，才能对课程权力进行准确的定位，从而才有可能制定恰当的课程管理政策。如何对课程权力进行定位，有两种极端情况。一种是集权，一种是分权。其中地方分权课程权力定位有可能属于集权范畴，也有可能属于分权范畴。如果权力分配仅仅在行政权力范围内进行，则虽然形式上属于分权，其实质上也仍然是行政权力的集权。

一、现有课程权力定位的简单分析

1. 中央集权定位分析

集权的权力定位比较简单，其极端情况就是将课程领域的一切权力集中于中央政府，课程领域的个人权力和社会权力均归于国家，中央政府所掌管的国家权力侵蚀了地方政府的权力、社会权力和个人权力，地方政府只是代表中央政府组织和监督课程的实施，学校只是政府的一个附属单位，管理教师具体实施课程，教师没有任何课程权力，只是照本宣科，不敢越雷池一步，逼迫学生死记硬背书本知识，学生不得对教师和书本有任何怀疑。我国解放初期，全面学习苏联，也采取集权方式。课程决策权在中央，地方和学校没有任何权力，地方和学校只是严格遵守和执行中央的课程方针政策，并且通过层层检查作为制度保障。可以说，我国学校教育中的许多弊病可以从课程的权力结构中找到原因。

集权定位的指导思想以“统一论”或“国家中心主义”（胡东芳，2001a）[40]的价值观为基础，以国家本位或社会本位为价值取向，强调统一的国家基础和整体利益，追求全国范围内课程的基本统一。它的核心是把社会需要作为制定课程政策的出发点和归宿，主张为国家、社会而不是为了人自身来培养人。它的典型形式是以国家为中心，即把课程的一切都纳入国家需求的轨道，整合课程成为统治阶级进行统治的工具。

集权课程权力定位的优点是有助于国家课程的统一，有助于实现国家利益，同时在操作上方便，可以以国家雄厚的财力为基础，组织社会各方面的力量进行课程建设，从而保证课程建设的高质量。

2. 地方分权定位分析

地方分权的课程权力定位强调具体的地方适应性，因而以“适应论”或“地方中心主义”（胡东芳，2001a）[41]为基础。它强调课程要更加符合特定的地方环境和教育需求，主张学校课程在力求反映地方发展要求的基础上协调好地方与国家、地方与个人之间的关系。美国是典型的地方分权型国家，其课程权力由当地选举出来的官员们享有。只有当更广泛的利益处于危险之中时，联邦政府才会日常性地干预地方课程政策的制定。

地方分权的课程权力定位有助于根据地方实际建设课程，调动了地方课程建设的积极性，可以保证课程内容更加结合学生的实际，这样对学生的学习是非常有益的。然而地方与代表国家的中央相比，其实力相对较弱，同时地方分权有可能侵蚀国家的整体利益要求。对于经济发展相对落后的地区，地方分权也有可能是一项经济负担和人力资源负担，因为经济发展落后地区能够参与课程建设的资金和人才相对稀缺。

其实中央集权和以前的地方分权无非是权力从行政权力内部的最高级到行政权力的中级甚至最低级，均是单极化的权力分配思路。

3. 学校自主定位分析

学校自主决策型课程政策往往立足于本校及本校学生的实际，以追求学校特色为目的，以“特色论”（胡东芳，2001a）[42]作为课程权力定位的基础。这种权力定位是教育民主运动深入、社会总体上倾向于更多的人参与课程决策的结果。其目标在于创建学校的课程特色，用颇具个性特色的课程来培养学生。

这种权力定位有助于更好地实现教育目标和办学特色，有助于学校课程的实施与改进，有助于课程决策的民主化，有助于学生个性的发展以及教师专业化发展水平的提高，也有助于调动各个社区和学校的办学积极性。

由于需要给学校提供额外的人力、物力和财力等，因此不可能每一个学校均享有课程权力，开发特色课程。如果不分具体情况一律强调特色的话，落后学校享有更多的课程权力有可能导致其教育质量降低。可以说，学校自主享有课程权力只能是部分条件非常好的学校。

4. 课程共有定位分析

为了避免课程集权的状况，适应社会经济的发展和课程改革的实际，胡东芳在其论文中提出了“课程共有”的主张。（胡东芳，2001a）它包括三个方面的含义：一是指课程权力共有；二是指制定课程政策的一种全新的“超越论”价值观；三是指一种新的课程政策制定模式——课程共有模式。课程共有的一个重要目标在于保持国家、地方（包括学校）在课程权力分配上的合理状态，即各种不同主体在课程权力分配上的一种理想的关系——国家、地方和学校之间，教育行政部门、教育理论研究者和教育实践者之间以及教师、学生和家长之间在课程权力及其相关问题原则上可以成为“朋友”关系而非单向的命令与执行关系，认为这是在社会范围内形成课程认同及课程参与意识的重要保证，同时也指制定课程政策的一种全新的“超越论”价值观，即超越中央集权型课程政策“统一论”价值观和地方分权型课程政策“适应论”价值观以及学校自主决策型课程政策“特色论”价值观的各自局限并融合其长处，这是解决长期以来课程政策中课程权力集权与分权二元对立思维的前提，也是理想课程政策制定的关键。对我国而言，“课程共有”的提倡，从课程权力分配来看，是对课程权力下放的一种导向，因为在课程政策制定与实施中，处于“优势”地位的中央政府如果不将集权的课程权力下放的话，就难以调动地方、学校、教师等进行课程改革的积极性与责任感。

与这一理念相似的观点是，借鉴中庸哲学的管理思想，形成了一种以“执中”（樊亚峤 等，2007）为核心的课程管理理念，从而制定出理想的课程管理政策。“执中”的课程管理是指在制定课程政策过程中，国家、地方和学校，课程理论者、教育行政人员和课程实践者，教师、家长和学生都有自己的发言权，而不仅仅是把课程政策的制定看作是政府、教育行政人员的事。它强调上述各类组织及个人都应当在被赋予一定的课程权力基础上，对课程权力所包含的不同成分进行合理而明确的分工，并在发挥各自所长的基础上形成相应的合力，共同完成理想课程政策的制定及其实施。“执中”的课程管理意味着课程权力的共有状态；意味着制定课程政策的主体在政策制定过程中的相互协商、相互妥协，从而在某种程度上达成一致意见；意味着一定含有某种共识或合意的因素使课程政策得以生效，使课程政策真正成为一种有约束力的课程改革指南。

然而，我们认为，不对课程权力进行细分，笼统地提出课程共有，是不可能实现的。有些课程权力必须由政府行使，有些权力必须由学校行使，有些权力则必须由个人行使。实践中，权力必定有强度不同、性质不同之分，课程共有的理念抹杀了权力性质与种类的区别，不可能实现，也将是有害的。

二、权力多极化的分权定位

对课程权力进行定位，受两个方面的制约。一方面，是课程内容中的权力关系；另一方面是社会一般权力关系。从课程内容中的权力关系而言，现在总体知识状况从霸权型知识向民主型知识转变，需要课程管理的权力结构与其相适应，建立能够体现民主型知识的课程管理权力结构，这一课程管理结构要求分权。从社会权力结构状况而言，由于市场经济体制的作用，整个社会权力状况由单一的聚合型权力结构向国家、社会、经济三个领域分化。这样，课程内容中的权力关系和一般社会权力关系的共同作用，课程管理的权力结构应该是分权。这种分权，与地方分权的课程权力定位中的分权是不一样的，是与社会权力结构相适应的一种分权，主要是指（刘复兴，2001）[67]过度集中的“国家课程权力”在政府、教育组织（社会）和家庭之间的分散和分享，有两个基本方面：一是教育权力在政府及其各级教育行政机构之间的分散、分享与制衡，二是教育权力在政府、社会（教育组织、公民个人、家庭）之间的分散、分享与制衡。

我们认为，对课程权力进行定位，需要吸取以前课程权力定位中的优点、克服其中的缺点，真正达到优势互补。与课程内容政策中的课程知识多样化相对应，我们将课程管理政策中的课程权力定位称为权力多极化。我们将这种权力定位总结为以分权为基础、以细分课程权力为手段，各种权力由相应的权力主体行使而不是笼统地提集权、分权或共有的课程权力分配体制。权力多极化的课程权力定位，核心是向社会分权而不是仅仅向下级教育行政部门分权，分权的基本前提在于达成中央对课程的宏观控制，从而避免在以前以及国外的集权与分权之间来回摇摆的现象。

1. 课程权力分配的核心是向社会分权

我们可以从人们对一般权力分配的论述中（杨超，2000）推论课程分权的核心思想。国家权力本就来自于社会，随着经济和社会的发展，它最终还是要回归社会，这是国家和社会间关系发展的总趋势和一般规律。当然，这种趋势的实现首先表现为一种渐进和逐步的发展过程，即由集权政治向民主政治逐步发展、由较低的民主发育程度向较高民主发育程度逐步发展的规律。即便是在现代社会，国家权力向社会的回归也只能是一个逐步的转移过程。转型时期的选择应该是不断改革权力过分集中的现行课程管理体制，以实现公共权力在国家和社会之间的合理配置，逐步完善社会自我管理、自我发展的机制和社会制约国家权力的机制，创造社会能够收回国家权力的条件，最终实现国家权力向社会的转移和回归。改革权力过分集中的现行管理体制，主要是通过国家向社会全方位放权来实现的。

向社会分权，在课程管理政策上要打破"国家全能主义"的思维方式，实现"国家"与"社会"的分化。具体说（郭晓明，2005）[228-229]，就是不能再把"国家"作为唯一合法的课程知识管理主体，让其代行所有社会成员在课程知识上的权力。正确的选择是促进课程管理权力的分化，主动将"国家"以外的课程管理主体纳入到课程管理的制度框架中来。课程管理制度作这样的调整后，课程管理主体之间必将出现"权力的博弈"。正是在这种"博弈"中，"社会"才能制约"政府"，而"社会"也才能够考虑"国家"的正当课程知识诉求；"社会"中的不同课程知识权力主体之间也是如此。唯一需强调的是，"博弈"不能成为"你死我活"的战斗，这要求所有课程知识的权力主体都秉持理性的精神和相互尊重、相互承认的态度。

正如有专家（钟启泉 等，2006）所说，随着经济全球化时代的到来，市场经济、民主政治、公民社会和个人尊严成为一种世界普适性的价值追求的历史潮流，需要"摆脱历来的管理思想——自上而下的科层式的官僚体制的'监控'和'管制'，亦即改变学校接受上级行政部门的指令后开始围绕学校的课程展开活动和运作的课程决策模式，改变行政和管理是从学校的上司和外部提供驱动力的观念"。

1996 年国家教委基础教育司制定的《全日制普通高级中学课程计划（试验）》中第一次明确提出在课程管理方面"普通高中课程由中央、地方、学校三级管理"，1999 年 6 月在第三次全国教育工作会议上颁发的《关于深化教育改革，全面推进素质教育的决定》中进一步规定"建立新的基础教育课程体系，试行国家课程、地方课程和学校课程"。这是两个重要的文件，它标志着我国的课程管理政策由集权走向分权。同时，在具体实践中，课程管理也已经有向社会分权的迹象。

2. 课程权力分权的基本前提

我们也可以从一般权力分配的基本原则（胡玉鸿，1997）中推论出课程分权的基本前提。为了实现课程权力的有效分工，需要国家课程权力对分工行使的权力进行“宽容地干预”，即在肯定权力干预必要性的前提下，强调课程自由。怎样才算是做到了“宽容地干预”呢？参照政治理论中的成果，可以从以下三方面进行界定。（1）宏观。宏观调控是国家课程权力行使的主要形式。所谓宏观调控，是指国家机关基于履行国家职能的需要，对课程进行决策、指导、组织、规范等活动的权力总称。作为一项法定权力，宏观调控限于市场调节机制和社会自主运行失效的领域。一般来说，在市场经济条件下，市场调节和社会自主是主要的，属第一次调节；国家调节是次要的，为第二次调节。市场调节和社会自主能够做好，国家权力就无须进行干预。显然，以市场调节和社会自主为基础的宏观调控体系，是保持国家干预的合理性和有效性的前提。（2）适度。国家权力干预现实的课程运行与发展是必不可少的，但是在操作中“度”的把握同样重要，这是衡量国家权力干预效果的基本方面。所谓适度，主要包括两个方面的要求：一是从干预的范围上看，一般限于宏观调控的领域，不能过多地涉及市场主体和社会主体的行为领域。二是从干预的力度看，要把握“松”和“紧”的关系，该松则松，该紧则紧。（3）依法。在市场经济中，国家权力主体既是宏观调控的主体，但同时又是在市场经济中有着自身利益的主体，权力既可为市场和社会的有序运行提供条件，也可为权力主体获取利益创造机会。在我国传统的计划经济体制下，权力的不正当行使窒息了课程的发展。因此，要通过制定有关的法规、规章，使国家权力干预在法定的范围内并依照法律规定的程序进行。

通过把握分权的前提，从而构成分权过程中容易忽略的重要一“极”，那就是社会一“极”。

第七章

课程管理改革政策定位的内涵

前一章确定了课程管理的权力定位，那就是要走向权力多极化。政策研究不仅需要观念，更需要对这种定位进行深入的分析，给出权力多极化的操作定义。本章的任务就是分析权力多极化的内涵，具体分析课程管理领域有些什么性质的具体权力，这些权力由谁来行使；前者属于权力内容的范畴，后者属于权力主体的范畴；将两者结合起来，就是权力的分配。从构成多“极”权力的角度进行权力分配，则可以提供权力多极化的操作定义。

第一节　课程权力的具体内容

以前对课程管理的研究不研究课程权力，因为以前很少考虑课程管理政策。研究课程管理政策时，人们开始了对课程权力的研究，然而比较粗线条，没有进行具体的研究。人们常常所说的是中央集权或地方分权，或者是中央集权与地方分权的统一，具体中央集权如何集中、地方分权如何分化，均是笼统地进行考虑的。在我国现行的课程管理政策中，已经明确提出了编审分开，即是说要将教材编写权与教材审查权分开，说明人们已经认识到了课程权力细分的价值。在理论上对课程权力进行细分，是我们在这里的初步尝试。我们力图通过对课程权力进行细分，从而奠定权力多极化的具体理论基础，希望能够对课程权力研究有所深化。

一、分析的思路

在具体权力内容层次上进行考察，需要分析权力作用的范围和权力作用的过程。通过对权力作用的范围和过程进行分析，应该才完整地考察了课程领域中权力的方方面面，这样分析课程权力的具体内容才是完全的。从权力作用的范围而言，包括课程计划、课程标准和教科书，这三个方面是课程内容的载体，课程中的知识主要包括在这三种载体之中。在这三种载体中，权力表现为：建议、编制和审查。相应地，则产生九种权力：课程计划的建议权、编制权和审查权；课程标准的建议权、编制权和审查权；教科书的建议权、编写权和审查权。从权力作用的过程而言，则包括决策、实施、评价三个环节，这三个环节派生出决策权、实施权和评价权。这样，从权力作用的过程则可以派生出课程计划的决策权，课程标准的决策权，教科书的决策权；课程计划的实施权，课程标准的实施权，教科书的实施权；课程计划的评价权，课程标准的评价权，教科书的评价权。

在实行知识多样化的课程政策中，课程计划、课程标准、教科书还可以在不同层次上进行竞争。如果仅仅教科书进行竞争，则是“一纲多本”，即一套课程计划、课程标准，多套教科书；如果课程计划和课程标准还进行竞争，则是“多纲多本”，即多套大纲、多种教科书。在“一纲多本”和“多纲多本”的环境下，均面临着选择问题，有选择，则必然应该有监督，这样便派生出选择权和监督权。同样如果是多套课程计划的话，则派生出课程计划的选择权，选择课程计划的监督权；如果是多套课程标准的话，则派生出课程标准的选择权，选择课程标准的监督权；即使是一套课程计划、一套课程标准，只要是实行教材多样化，则仍然可以派生出教科书的选择权和对教科书选择权的监督权。这样进行的区分是在实然状况下的课程权力内容的分析，我们这里主要是在现行课程管理政策基础上的分析。如果从应然状况进行考察，也许还可以派生出更多的课程权力，因而权力的具体内容就更加丰富。对实然状况下的课程权力进行分析，可以为对应然状况下的课程权力分析提供参照。限于水平，对应然状况下的课程权力具体内容的分析在这里不予进行。

二、具体权力内容

现实中，并不是每一项课程权力都能凸显出来，在特定国家和特定时期，凸显出来的课程权力是不一样的。根据我国现实的状况和可以预见的发展，进一步对这些具体课程权力内容进行归纳、分析，可以发现以下一些课程权力内容是更为重要的，而突出这些现实中更为重要的具体课程权力，可以有利于权力的运用。我们认为，一项新的课程管理政策包括以下环节：决策、编制、审查、选择、监督、实施、评价。相应地，会凸显出以下一些具体课程权力。

1. 课程决策权

课程决策贯穿着课程活动的始终，可以说，在课程活动的每一个重要阶段，均有决策活动的参与。最初的课程立意需要决策，制订课程计划和课程标准需要决策，编写教科书也需要决策。由于决策活动的参与，从而产生决策权。任何课程问题均面临着决策，它决定基本课程政策，决定课程活动中的大政方针，决定课程的政治方向。根据决策的层级，课程决策可以是国家水平的决策，可以是地方水平的决策，也可以是学校水平的决策。课程决策权是一切课程活动的起点，是课程领域最重要的权力。要实现知识多样化，则需要决策权分级、分水平进行。各级课程权力主体独自承担自己的决策任务，还是上一级对下一级课程权力主体通过控制进行决策，表明课程权力主体的权力来源。如果课程权力来源于上一级课程权力主体，则上级权力主体控制着下级权力主体的决策活动；如果课程决策权力来源于课程权力主体本身所具有的权力，则自身独立进行决策。在我国现实状况下，即使赋予下级课程管理部门课程决策权，然而其权力仍然来源于上级，故而需要下级课程管理部门根据上级课程管理部门的指示精神进行决策，这样的课程决策权也不是完整的。

在20世纪上半叶，日本的课程管理体制是高度集权化的：文部省组织编写义务教育阶段（当时为小学）的课程教材，非义务教育阶段（中学）的课程教材则由大学和高等师范学校的学者负责编写，但须经文部省的严格审查。"二战"后，日本的课程管理体制有了重大变革：文部省负责制定中小学课程标准——《学习指导纲要》以及课程教材的审查标准，各教科书出版社根据《学习指导纲要》编写教材，教材编写后由文部省进行审查，审查合格后由各中小学自由选择。所以，日本课程的最终决策权在中央。

20世纪下半叶，美国课程决策的权力逐渐走向集中。50年代末至60年代末的"课程改革运动"即是在联邦政府的强力资助和法律保障之下所进行的，这次运动所推出的"学术中心课程"是以大学的学科专家、教育学家、心理学家为主体开发的，而地方和学校教师并未实质性地参与这场改革。自此以后，联邦政府经常通过提供巨额资助和政策法规的形式干预课程开发与变革，在80年代，美国出台了许多国家课程改革计划，这些计划大都是在政府资助下由一些著名的委员会所推出的，因而带有直接的、强烈的政治色彩，《国家处于危机之中：教育改革势在必行》就是其中著名的一例，这些计划提出了各种各样的关于初等和中等教育改革的方向和原则。所以，自20世纪下半叶以来，美国课程决策逐渐走向中央集权，课程决策者往往是高级教育行政管理人员、各学科领域的专家、政治领导人以及高级公务员。

2. 课程编制权

由于课程的载体有课程计划、课程标准和教科书，因而做出一定的课程决策以后，需要编制相应的课程计划、课程标准，同时也需要根据相应的课程计划和课程标准编写出教科书。编写出课程计划，是贯彻课程决策意图的第一步，是对课程政策的总的描述，没有这一步，便不能进行下一步课程标准的编制，因为课程标准比课程计划更加细致深入，是对具体知识选择的规定，同时这也是编写教科书的依据。只有编写出了教科书，课程决策意图才得到了具体的体现，才便于教师和学生落实课程决策意图时使用。没有编制课程计划，无法编写课程标准；没有课程标准，编不出教科书；没有教科书，师生的教学活动难以进行，仅仅按照建构主义所说的在具体教育教学活动中生成课程是难以落实课程决策意图的。因此编制课程计划和课程标准、编写教科书是课程活动中必不可少的一项权力，这是一项行动权（Power to）。

3. 课程审查权

为了鉴别课程计划是否符合课程决策的要求、课程标准是否体现了课程计划的安排、教科书是否很好地达到了课程标准的要求，需要对制订出的课程计划、课程标准和教科书进行审查，这一客观需要使得权力的价值得到体现，从而产生了权力，这一权力就是审查权，包括课程计划审查权、课程标准审查权和教科书审查权。世界上许多国家都建立了教材审查制度，因而教材审查权对我们而言并不陌生，日本就是这样的典型。我国在1986年实行教材审定制度以后，亦建立了中小学教材审定委员会，下辖学科教材审查委员会，将教材审查、审定的权力集中于一个机构，这样审查权就凸显了出来，审定权亦引起了行政部门的注意。

4. 课程选择权

课程选择权与教材选择权不一样，教材选择权是指选择何种教材的权力，课程选择权是指选择何种课程的权力。课程选择权的实现决定于国家的课程结构，课程结构规定得没有弹性，则没有课程选择的余地。现在在课程结构中规定了选修课，则增加了学生的课程选择权力，这可以调动学生的积极性。适应义务教育要求，多样化知识作为课程内容，由于各个时期、各个地方、每所学校存在着重点不同、难点各异的知识多样化进程，需要对课程计划、课程标准、教科书在各个层次上进行选择，因而决定了课程选择权的存在。最简单的情况是国家选择教材，全国一统，稍微放宽一点则允许地方政府具有教材的选择权，学校、教师和学生的教材选择权则很难实现。事实上，学校、教师和学生应该拥有一定的教材选择权，并且要为其选择教材创造一定的条件，这样才能调动学校、教师和学生的积极性，既可以促进教材编写质量的提高，也有助于学校、教师和学生参与课程活动的积极性，而不是被动接受。

已经实行的课程管理政策中，教科书选择权是最突出的，早在1992年原国家教委颁布的《义务教育教科书选用的意见》中就将其突出了出来。其实，课程计划和课程标准的选用权也应该突出出来，只是在实践中，这一权力被隐没了。实行义务教育课程改革之初，当时的教育行政部门就委托上海市和浙江省分别单独编制适应发达城市地区和发达农村地区的课程计划、课程标准和教科书，本来这两个省市的试验均是国家级的试验，应该是面向全国的，然而由于课程权力以行政权力为主，以至于这两个省市的课程和教材只在本地方内试验和使用，最后没有出现全国范围内能够对课程计划和课程标准进行选择的状况。如果当时其他省市能够允许这两个省市承担编制的国家课程计划、国家课程标准和教材进入，那么知识多样化的课程政策也许已经前进了一大步。可惜，行政权力禁锢了课程选择权的凸显。现实中，人们最关注教科书的选用权，因为说得直白一点，在我国现阶段的教材使用习惯背景下，教科书的选用权中蕴涵着巨大的经济效益。让教材选用权对学生发展起到积极的作用，应该是行使这项权力的最终目的。如何配置教科书选用权，世界各国的情况是不一样的，有人（刘力，2003）专门进行了研究，这对我国应该有参考价值。

从世界范围看，教科书的选用方式，不外乎如下四种：教师选定、校长选定、合作选定、由地方教育行政部门或学区教育董事会负责选定。在日本，选用何种教科书，在实施义务教育的公立学校是由设置该学校的市町村或都道府的教育委员会所决定（在国立及私立学校则校长拥有选用的权限）。有关教科书的选用，须依据《义务教育各学校教科用图书免费措施有关的法律》所规定的教科书共同选用制度来实施。在美国，中小学教科书的选用基本上是各学区教育董事会的权力，通常是组织一个教科书选用委员会来决定。美国的教育行政体制为地方分权制，教育行政的运作并没有划一的规定，而是由各州及地方负主要责任。所以教科书的选用各州的情况并不完全一致。一般来说，可以按照各州对教科书选用政策的开放与否，分成“州选政策”及“开放政策”两类。前者是指某些州的教育主管机构先选择一本或多本教科书，或多套教科书，在规定的年限之内，由州内的中小学加以采用。年限的长短各州不一，一般在2—6年不等。至于“开放政策”，顾名思义，就是各地方学区的学校自行选择适用的教科书，而不受州教育行政主管机构的制约。不过地方学区的选用权也并非漫无限制，许多地方还是受到州相当程度的影响。

5. 课程教材选择监督权

课程教材选择监督权是对课程教材选择权的监督。现实的课程管理政策中，由于课程计划、课程标准尚没有选择的余地，因而课程教材选择监督权主要表现为其中的教材选择监督权。教材选择权的凸显决定了与之相伴的监督权的存在，教材选择监督权是为了保证教材选择沿着健康的轨道进行，保证教材选择的正常秩序。

由于我国人口众多，普及九年义务教育，因而义务教育领域的学生也众多，学生的学习所需的教科书及其相关资料均采用学生自己出资购买的方式，因此，义务教育的教科书构成了一个巨大的市场。由于我国的人口是世界上最多的，相应地，学生也是最多的，因而与国外相比，我国的教科书选择中的经济利益尤其突出。同时，与国内其他行业相比，教科书市场的经济利益的突出表现在：第一，市场是恒定的，因为，学生数量是固定的，即使有学生流失，那也不影响全局，并且，根据义务教育法的规定，学生流失现象是违法的，因而其流失数量是受到控制的；第二，从教材的建设成本方面看，教材建设一经完成，每年均可以有固定的市场，一次投入可以有多次收益，除了在教材方面有收益外，教师参考书以及教学参考资料均具有与教材相应的市场收益；第三，从出版发行方面看，可以看出其时间短、收效显著，因为，出版必须赶在学校开学前，发行也必须保证课前到书，因此，教材的出版发行在我国现行的每学年两个学期的情况下，相关机构每年也就只需要两次工作高峰。经济基础决定上层建筑，由于教科书中经济利益的凸显，教材选择权对实现各个权力主体的经济利益至关重要，因而教材选择权特别需要受到监督。

当前我们在推行三级课程管理制度的时候，人们不太关心权力应如何使用，而如何对解放的权力进行约束和引导是个迫切的问题。这主要是由于长期的中央集权制的课程决策导致了权力的过度集中，导致了人们对分割权力的热情。这有可能导致从一种权力的专制转向另一种权力的专制，或者使课程改革完全受利益驱动，出现无序的竞争。因此，需

要处理好课程权力分配、制衡与运用关系。(胡定荣，2005)

6. 课程实施权

课程实施作为落实课程政策的最终活动，也是课程政策的主要目的。因而，课程实施必然需要权力，这一权力属于行动权（Power to)。可以说，课程实施权是存在的，然而其归属谁却没有得到很好的研究。课程实施权可以定义为与教师专业自主权相对应的课程专业自主权。作为专业自主权，它应该在课程专业活动中存在。这样，课程实施权就应该属于实施课程的地方和人员，然而情况并不尽然，长期以来，我国课程控制方式是强控制，受工厂模式的影响，学校和教师的课程实施权受到了严重的侵蚀。各级行政权力部门及其附属的具有行政控制职能的业务部门，通过各种工作安排、检查、考试和评比活动，蚕食着学校和教师的课程实施权。学生作为课程实施活动的主体，在课程实施中应该是有权的，然而由于陈旧教育观念的影响，教师往往把持了课程的实施权，而学生却没有课程实施权。如果从政治学的权力角度认识主体性教育思想，那么就是要重视学生课程实施权的尝试。

7. 课程评价权

作为一项完整的课程活动，必然需要有评价过程，评价过程构成整个课程活动的反馈环节。有评价活动，则存在着谁行使评价权的问题，这就是课程评价权。课程评价权从宏观到微观包括课程计划评价权、课程标准评价权、教科书评价权和课程实施评价权。评价权的行使是非常重要的，有助于了解课程活动的效果，同时也有助于优化课程活动，从而达到改进教育的目的，更有利于实现义务教育的目标。因为以前评价带来的负面效应而企图取消课程评价的行为是不理智的，正确运用、规范行使评价权是比较现实的选择。

总体上看，目前存在两种水平的课程监控和评价，即地方性的和国家性的。虽然各国都没有完全由地区控制的课程，但很多国家都有地方性课程。一般情况下，地方性课程的发展都必须遵循国家课程的结构。地方性课程的实施和国家性课程的实施一样，由教育的权威部门（如学校级、区级、省级等）遵循国家课程有关的政策来进行监控和评价。就校级课程监控和评价来说，课堂观察是最常用的方法，可以由校长、学科或教学法专家以及地区级教育督导人员来实施，还可以举行教师会议、教师在职培训等。国家性课程监控和评价过程中，国家级测验最常用，同时各国教育官员也开展了常规性督导。此外，由国家性或地区性组织在课程监控和评价过程中开展的有关课程的调查和研究也属重要的信息渠道。许多国家还运用全国性的学生成就测验来评价课程实施的效果，主要趋势是（高民 等，1999）：（1）发展不同学龄段的定期性国家级评估方案和地区性评估方案；（2）参与国际组织设计的国际性课程比较研究，以此来监控本国课程的发展；（3）联合运用校级、国家级和国际级的学生评估来进行课程评价的研究。

第二节　课程权力的类别

在考察了课程中有哪些具体权力以后，需要对这些权力进行归类。归类的目的在于更清晰地认识这些具体权力的性质，同时，通过归类，也有助于在实际中对这些权力更好地运用。如果对这些权力的归属类别不清楚，在权力配置时放错了位置，则权力对课程活动的积极作用将会变成消极作用。比如，在市场经济条件下的权力多极化过程中，将教材编写权赋予有关行政单位，作为一项行政权力，因而导致不规范的教材大战。各地行政部门根据自己的行政管理范围，将自己所编之教材锁定在自己所管辖行政区域内使用，从而由以前的全国一统变成地方一统，同样没有达到知识多样化的目的。国家课程的教材建设是这样，地方课程的教材建设更需要防止这种情况的发生，以便让行政权力远离经济活动，从而避免课程改革受到经济利益争斗的干扰。

一、三类性质不同的课程权力

要对具体课程权力进行归类，首先需要认识课程权力有哪几类。课程权力的类别与一般权力的类别是对称的，可以通过分析一般权力的类别来推演课程权力的类别。从政治国家和市民社会的理论考察权力的类别；大致可以将权力分为国家权力、社会权力和个人权力。个人权力是最原始的权力，后来为了完成个人所不能完成的任务，个人将一部分权力转让给社会，以便能够共同生活，国家产生以后，社会的一部分权力又转让给了国家，然而，随着国家的强大，逐渐国家权力掩盖了个人权力和社会权力，特别是国家在暴力机器的支持下，更是压制社会和个人的权力。现代社会的民主化进程加快，人们逐渐认识到了社会权力和个人权力的重要性和必要性，社会权力和个人权力的拥有程度也决定着国家权力的合法性，这样将权力分为国家、社会和个人就有了坚实的理论基础和法律基础。国家通过法制的手段确认社会权力和个人权力的合法性和运行规则。

在课程领域也一样，存在着国家权力、社会权力和个人权力。在不同时期，课程领域里的这三种权力具有不同的内容。有时，属于国家权力的内容，在情况变化的时候，则属于社会权力。有时，属于个人权力的内容又转移到了社会甚至国家。在我国古代，国家权力尚未涉入课程时，课程的一切权力归个人，比如，孔子自己删诗书、编教材、个人进行授徒；以后，随着统治阶级对教育作用的认识，则通过科举制度控制了课程的一切权力，以至于几千年均是“四书五经”作为课程内容，甚至连教学均是围绕科举制度进行死记硬背，以至于我们现在看来的教师的课程专业自主权也很难行使。分析各个时期课程权力的类别，有助于认识课程权力主体如何行使权力，确定课程权力主体的活动规则。属于国家权力的课程权力需要按照国家权力的运行规则即强制的规则运行，属于社会权力的课程权力则需要按照社会权力的运行法则即自我管理的规则进行运行，属于个人权力的课程权力则需要遵循个人自主的法则运行。

我们可以通过政治学中对这几类权力的理解来认识其在课程中的含义。(1) 行政权力。行政权力是国家权力在课程行政领域的主要体现，是课程行政管理的基础，合理调整、配置行政权力，恰当运用行政权力是实现和提高政府效能的关键。行政权力是政治权力的一种，是指国家行政机关依靠特定的强制性手段，为有效执行国家意志而依据宪法原则对全社会进行管理的一种能力。(张国庆，1990) 行政权力是一切行政现象的基础，一切行政活动，无论领导、决策，还是计划、实施，都要通过行政权力的运行来实现。(刘宏武 等，1999) (2) 社会权力。什么是社会权力？简言之，社会权力即社会主体以其所拥有的社会资源对社会的支配力。社会资源包括物质资源（人、财、物、资本、信息、科技等）与精神资源（思想文化、道德习俗、社会舆论、合乎历史正义的法外权利，等等），还包括各种社会群体（民族、阶级、阶层、各种利益群体，等等）、社会组织（政党、工会、妇女会、青年会、企业事业组织、各种行业协会，等等）、社会势力（宗教、宗族、帮会等）对社会的影响力。这些社会资源可以形成某种统治社会、支配社会进而左右国家权力的巨大力量。（3）个人权力，是教师与学生个人在课程活动中的权力。

二、课程权力的类别分析

根据课程权力的这几个类别，可以对具体课程权力进行归类分析。各种课程权力到底应该属于什么类别，取决于很多因素，因而很难得出一个科学的答案，对具体课程权力的归类是一项主观选择，这是由政策研究是一项价值性研究的性质所决定的。因而，课程权力的类别在不同国家不同，即使在同一个国家的不同时期也不相同。即使在同一时期，由于人们的知识结构不同，认识不同，因而也完全可能得出各不相同的结论。一般而言，我们认为，上面所总结的课程决策权、课程编制权、课程审查权、课程教材选择权、课程教材选择监督权、课程实施权、课程评价权等几种权力均可以归入国家权力、社会权力或个人权力的一种。完全归入个人权力是古代的情况，完全归入国家权力则是高度中央集权时的情况。

1. 课程决策权的类别

课程决策权可以是国家权力、社会权力或者个人权力。然而，由于现在社会复杂化，国家利益和地方利益最有利于社会的幸福，必须保证国家和地方长远和现实的利益需求，因此，课程决策权宜作为一项国家行政权力行使。因为国家行政权力具有强制性、权威性，课程决策权归为国家行政权力，则可以保证强有力的课程政策制定。这既是现在分权制课程管理国家向集权方向发展希望追求的结果，也是我国长期以来的经验。现在普遍的呼声是权力下放，要分权进行课程管理。然而，我们认为，国家、地方和学校三级课程决策权均应该加强。只有这样，课程活动才会得到强有力的国家权力的支撑。附带说一句，现在学校基本上属于一级行政组织，因而其行使的权力也算是一项行政权。

2. 课程编制权的归属

由于课程编制中包括课程计划、课程标准和教科书的编制，因而其权力也需要细分。原则上，这些权力均可以归入国家权力、社会权力和个人权力中的某一种。然而，课程计划和课程标准更具有公共产品的性质，由政府提供或社会中的非营利性组织提供更合适，也更有效。如果课程计划和课程标准编制权归社会，则最终决定权应该由行政权力行使，这样才可能保证其权威性。国家、地方和学校的各自课程均涉及计划和标准的编制问题，因而如果由社会提供计划与标准，那么国家、地方和学校则需要保留对课程计划和课程标准的决策权。由社会提供课程计划，需要政府的支持，包括经费支持和政策支持。同时，如果由社会提供计划与标准，可以引进竞争机制，由具有一定实力的多个社会组织拟定并且不断修订课程计划与课程标准，可以不断提高课程计划与课程标准的质量，行政力量最后就有了选择的余地。教科书的编写权则应该归社会行使，因为教科书更具有准公共产品的性质，由社会中的营利性组织或非营利性组织行使，可能比由行政权力行使更有效率。经国家决策认可并给予支持的课程计划和课程标准，分别可以派生出若干教科书，教科书的审查权由承担编制课程计划和课程标准的社会组织进行审查。这样，社会组织就承担了大部分的课程编制任务，有可能使课程改革经常化、日常化。同时，社会组织制订了课程计划、课程标准，这一社会组织理所当然享有其著作权，教材编写部门根据课程计划和课程标准编写的教科书向著作权所属部门支付著作权使用费，这样课程建设就有了资金保障。行政部门根据社会组织的推荐承担比审查权力更具权威性的教科书的审定权，在我国还需要最后进行政治审查，最后行政部门行使决策权。这样，社会组织的课程专业自主权得到了保障，行政部门又能有效、高效地行使课程权力。

3. 课程审查权的性质

这也是一项实际的选择行为。一般而言，课程审查权作为课程专业权力，应该由社会组织的社会权力承担。审查与审定不同，审定权是最后的决定权，属于决策权的一种，归为国家行政权力。具体到课程计划、课程标准和教科书，审查权对其审查的结论是事实结论而不是价值结论，表明社会权力对课程计划、课程标准和教科书的意见，最后是否采纳，不作决定，也没有权力做决定，最后决定权应该留待各级行政部门行使决策权。当然，各级决策部门是否采纳审查意见并做出决策，应该由相应的规章制度进行规范，而不是随意决策，即使决策不采纳审查意见时也应该符合决策程序和决策理由的规范，该规范由课程管理规章制度的精神支配。与审查权相伴而产生的还有申诉权、救济权，这应该属于国家行政权力行使的范畴，这是由国家行政权力行使的维持课程建设正常秩序的权力。因为课程计划、课程标准和教科书的制订涉及巨大的经济投入，如果审查不当、审定不当，将给参与编制的各社会单位造成巨大的经济损失，因而需要相应的权力救济措施。

4. 课程教材选择权的类别

课程教材选择权的权力归属，也需要进行选择。课程教材选择权中的课程计划选择权和课程标准选择权，作为国家行政权力参与选择，只能限定其保证自身所维护的利益那一部分。中央行政权力选择维持国家利益那一部分，地方行政权力选择维持地方利益那一部分，学校行政权力选择则维持学校利益那一部分。一般而言，课程计划、课程标准作为比较宏观的课程资源，其选择权力的行使应该由行政权力享有，主要是中央，然后才是地方和学校，因此选择权应该属于行政权力。作为课程选择权的教科书选择，因其更为微观，因而其选择权则应该由作为承担社会权力的教师组织甚至教师个人享有。行政权力介入也应该最少，最好是由学校这一最低级行政组织承担，其次就是由最低层级的教育行政部门承担。

5. 课程选择监督权的归属

课程选择监督权的权力归属受课程选择权的制约。如果课程选择权归属行政权力，那么监督权应该归属为社会权力；如果课程选择权归属为社会权力，那么监督权则应该归属为行政权力。如果课程计划与课程标准不与著作权联系起来，那么对其选择权进行监督的要求并不迫切；如果编制课程计划与课程标准由社会单位行使，并且与著作权享有联系起来，作为一项社会权力，则需要受到监督，因为其背后将有很强的经济利益。对教科书的选择是最需要监督权的领域，因为我国的教科书市场很大，其中的经济利益凸显，如果没有对教科书选择权的监督，对教科书的选择受经济利益的驱使，那么即使很好的课程政策，也会在经济利益面前丧失价值。

6. 课程实施权的属性

由于课程的最终目的是为了实施，因而课程实施权最应该由参与实施的单位与个人享有。从个人而言，课程实施权应该是一种个人权力。考虑到个人的能力有限，需要有一个课程实施的社会支持系统，因而课程实施权也应该是一项社会权力。行政权力最好不要直接介入课程实施领域，因为行政权力具有强制性。通过强制手段实施课程，不仅不一定能够带来好的效果，而且有可能干扰课程的有效实施。社会行使课程实施权，通过自治、激励、讨论、服务等手段，可以不断挖掘出各式各样的有效的课程实施方案，充分发挥专家的作用。在课程改革过程中，提倡新的理念是必要的、也是必须的，可以激活人们参与改革的热情，然而行政权力最好不要参与，即使参与也应该是宏观调控式的参与，尽量避免采取强制手段，不然好心办坏事的情况极有可能发生，因为这属于专业自主权的领域。

7. 课程评价权的归属

课程评价包括课程计划的评价、课程标准的评价、教科书的评价和课程实施效果的评价等领域。总体上说，如果课程活动中前面许多环节以社会权力为主，那么评价控制权则应该由国家行使，作为一项行政权力，因为评价是保证课程质量的最终环节。如果前面环节的权力由行政权力行使，那么课程评价权应该由社会中介组织承担，作为一项社会权力，以便起到相互制衡、相互支撑的作用。

第三节　课程权力的主体

权力必须有自己的载体，即权力主体。权力主体既是权力的建构者，又是权力的行使者。作为建构者，他把权力的要素集中起来并进行有效的组织从而形成权力。作为行使者，他把权力付诸实施，使权力发挥现实的作用。课程活动中存在着权力，拥有权力的个人或组织是课程权力的主体。从某种意义上说，所有跟课程有利害关系的人员均有参与课程领导的必要和权力，成为课程权力主体。在以前的课程研究中，谁拥有课程权力没有得到很好的研究，以至于课程活动中的权力运用非常混乱，该有权的个人或组织没有权，而有些组织或个人却垄断了课程中的权力，从而造成课程运行低效。在社会单一化的情况下，国家和中央的集权和计划管理，在课程领域也得到充分的体现，因而课程领域的权力主体问题没有突出出来，现在由于社会的民主化改革，国家权力向社会和个人的转移和分化，相应地，课程领域中的权力主体问题也突出出来了。

根据哲学的推演，参与课程改革和课程活动的一切个人和组织均应该是课程权力的主体。这样，课程权力主体便泛化了。更具体地思考，课程权力主体包括利益主体和知识主体两个方面，对课程具有要求的个人或组织以及具有相应知识的个人或组织要求成为课程权力主体或者具备成为课程权力主体的条件。利益主体是对课程知识选择具有某种要求的组织或个人，知识主体则是具有某种知识从而能够参与课程知识活动的组织或个人。通过知识主体的活动，选择与组织特定的知识从而满足利益主体的需要，这是全部课程权力活动的目的。国家和地方的行政官员、教育行政人员、学科专家、课程论专家、教育学家、心理学家、社会学家、教师、学生、家长、社区代表、工商企业界的人士等都是课程开发和课程变革过程的合法参与者，应该享有相应的课程权力。

一、从利益主体到权力主体

社会与国家的分离，特别是政府权力的逐步收缩，为社会中各类课程利益主体在课程知识上的权力诉求提供了合法性和存在的空间。课程改革主要针对教育领域，它的利益主体可以分为直接利益主体和间接利益主体两大类。（曾东平，2007）直接利益主体主要是指课程改革政策的直接影响者，主要包括教师、学生、教育行政管理者；间接利益主体则是指课程改革的利益间接影响者，包括家长、社会、企事业用人单位等。直接利益主体是课程改革的直接实施者，他们的行为对于课程改革的成败起着决定性的作用，而间接利益主体则起一种辅助作用。对课程内容具有要求的利益主体涉及以下几个方面，包括政府、社会、学校和学生。

1. 政府

政府又包括中央政府与地方政府，中央政府作为代表国家利益的一级组织，需要保障国家整体政治利益，保障确定性、真理性的系统学科知识成为课程内容，同时保证基本的隐性知识、非学科知识进入课程内容，可以成其为一级课程利益主体，享有全面的课程行政权力。与具有全方位课程行政权力的中央政府相对应，可以派生出具有很强实力的全国性企事业单位和群众团体，这些社会组织在中央政府教育行政部门的支持下成长，在成长壮大后脱离政府的管辖，成为独立的实体，按照有关课程的规章自我积累、自我发展、自我约束，既构成中央政府教育行政部门课程建设的支持力量，又构成中央政府教育行政部门课程建设的制约力量。中央政府教育行政部门和全国性的课程社会力量互相配合、互相支持，运用各自的课程行政管理权或课程社会权力，建设国家课程，同时对地方政府教育行政部门和仅具有地方实力的社会力量建设国家课程进行限制，将其限制在地方课程的领域。为了避免过去集权制的弊端，可以组建若干个具有很强实力的全国性企事业单位和群众团体，在他们之间进行竞争，而不是让他们与地方政府力量或社会力量进行竞争，这样的竞争不公平，也不可能实现多样化的目的。

地方政府作为一级利益主体，主要保障地方生产和地方需要的地方性知识能够进入课程内容，需要享有相应的课程行政权力。这时的课程行政权力根据情况不同，有些地方政府所享有的课程行政权力可能更全面，有些地方可能不全面。在我国地方政府又包括省、市和县，具体省市县中的哪些级作为一级课程利益主体，享有哪些课程行政权力，则要看具体情况。在北京、上海这样的大城市，在市这一级层面上应该是作为中央级利益主体的下一个层次，享有较多的课程行政权力，而其中下面的区（相当于省属市的管理层次）不一定能有自己明显的独立利益要求，所享有的课程行政权力可能应该更不完全；然而其中下辖的县，如果城乡一体化比较明显，则没有自己独立的利益需要，其享有的课程行政权力可能很不完全，如果城乡区别明显，作为农村地区的县一级应该有自己独立的利益需求，可以成为相对独立的一级利益主体，其可能享有比作为城区的区一级政府更多的课程权力。在一般的农村地区省市，各级市县级政府能否成为一级课程利益主体，享有相应的课程权力，关键需要考察其管辖范围情况。如果同质性占主导地位，没有相应的特殊的利益要求，则所享有的课程权力应该更少；如果异质性比较明显，则有必要在其管辖的下属行政区域内派生相应的独立的课程利益主体，享有比前者更多的课程权力。与这些相应的地方课程行政权力主体相配合，应该支持组建、壮大若干数量的课程社会权力主体，作为地方课程行政权力的支持与制约力量。

2. 学校

学校作为课程利益主体，每一所学校所需要或能够拥有的课程权力不应该一样。有些学校为了建设特色学校的需要，利益需求强烈，可能需要更多的课程权力。有些学校由于自身条件尚不具备，可能并不需要太多的课程权力。并不是每一所学校均能够或者均可能成为特色学校，落后地区、条件差的学校也许更需要将其权力让渡给社会或更上一级的权力主体。学校作为课程利益主体，建议实行申请制，有要求、有条件的学校，在主动申请的情况下可以成为一级具有自身利益需要的课程权力主体，享有更多的课程权力，履行课程行政管理权的单位要制定完备的规章，对具备条件的学校予以鼓励，同时也对条件不具备的学校予以限制。几年课程改革下来，很多学校开展了校本课程的开发，针对学校对课程知识的需求，满足了学校特色发展的需要，做好了学校品牌，充分说明学校是课程改革中不可忽略的利益主体。

3. 学生及其个人

中国社会科学院以官方名义进行的大型研究（陆学艺，2002）表明，自改革开放以来，中国社会阶层的分化以令人意想不到的速度不断深化，现已形成10个明显的阶层。这10个阶层由上往下分别是：国家与社会管理阶层、经理阶层、私人企业主阶层、专业技术人员阶层、办事人员阶层、个体工商户阶层、商业服务人员阶层、产业工人阶层、农业劳动者阶层及城市无业、失业和半失业人员阶层。伴随着社会阶层的分化，不同社会背景的学生及其家长的课程知识需求是不同的。教育产品是“非垄断性”的“准公共物品”（劳凯声，2002），应允许不同利益群体在一定范围内的利益竞争。因而，不同社会阶层的课程知识需求的合理性应当得到承认。学生个人作为利益主体，是因为个人主体地位的凸显。只有学生个人在课程中的权力得到了尊重，课程的意义才可能得到充分的认识。问题在于，处于义务教育阶段的学生个人尚不成熟，并且尚未享有完整的社会权力，因而其作为课程权力主体的权力也应该是受到限制的。学生作为课程改革的利益主体，应该在教师的指导下、在家长的监护下行使课程权力。一般而言，我们建议其仅仅享有部分课程选择权和课程实施权。

各个地方、各个学校所具有的课程权力情况，是多是少、是全面还是不全面，取决于当地以及学校自身在知识多样化进程中的重点和难点。不发达地区、西部地区、落后地区尚处于积极进行工业化阶段，对学科知识、显性知识的需求正在上升，知识多样化过程的重点仍在学科知识、显性知识，其课程权力应该更少、更不全面，因为由中央、全国性组织建设课程，比起其自身建设课程，可能条件更优越，更能组织一流的专家。与之相反，对于发达地区，其经济发展水平已经向后工业化水平迈进，工业条件已经从机械化走向自动化，可能需要更多的课程权力，因为其知识多样化的重点可能已转到获取隐性知识、不确定性知识上面。

二、从知识主体到权力主体

具有选择课程内容能力的个人或组织，是课程权力的知识主体，是课程权力主体的重要部分。课程专家乔治·A. 比彻姆（1989）认为，有五类人员参加课程决策：专业人物，团体代表包括专业人士和一些任课教师，专职人员，非专业的市民代表，学生。在知识多样化、权力多极化的课程政策环境下，作为知识选择的课程权力主体应该更加丰富。以前，将知识看成是确定性的、学科性的，因而主要由学科专家决定课程知识选择。随着对知识本质认识的变化，具有课程内容选择资格的知识主体亦应有相应的扩展。与以前主要是学科专家把持课程内容选择的权力有别，在知识多样化背景下，学科专家、课程专家、作为政治家的政府官员、作为社会管理者的企事业单位以及社会团体负责人、能工巧匠均应该根据知识多样化中的重点和难点选择具有相应的课程权力，成为课程权力主体。

1. 学科专家

学科专家应该是课程权力中知识主体的最重要部分，由于其对人类知识的主体部分——学科知识的掌握，其承担着选择人类有价值知识进入课程的任务，因而其是课程权力的主体。以前过于强调学科知识，过于重视学科专家在课程内容选择中的作用，导致课程内容所反映的人类利益失衡，然而这不能作为削弱学科专家在课程内容选择中的作用的理由，因为，现代知识的发展已经不是从一个极端到另一个极端的霸权知识阶段，而是进入了民主知识阶段。在民主知识阶段，学科知识可以为学生掌握其他类型知识提供基础。没有这些长久以来为人类所掌握的知识作为基础，学生要掌握其他方面知识是不可能的，这就好比巧妇难为无米之炊。下面是来源于《光明日报》2005 年的一则新闻消息，题目是《姜伯驹建言重视初中数学教育》。

3 月 6 日，在政协科协界小组讨论会上，中科院院士姜伯驹委员递交了关于“现已推行的国家初中数学新标准在实践中引起混乱”的提案。他谈到这个新标准与实行了二十年的原大纲相比，水准大大降低。数学是科学的语言，思维的体操，对青少年健康成长影响巨大。因此，一些培养学生推理、思维的数学公理不能丢，并建议在修订初中数学课程标准时要吸收数学家和教学经验丰富的教师参加。

这则新闻消息充分说明了科学家在课程权力行使中的地位与重要性。其后，2005 年 4 月 30 日出版的《数学通报》，又以较大篇幅刊登了《2005 年中国数学会教育工作委员会扩大会议实录》，主题便是“义务教育阶段数学课程标准的回顾与讨论”，其中不乏数学界对初中数学新课改的批评意见。（储召生，2005）批评的焦点之一是新课标对欧氏几何（平面几何）等注重推理证明的数学内容的处理，新课标用“空间与图形”替代了“平面几何”。不少数学家却认为，作为训练学生逻辑思维的主要内容，欧氏几何在新课标中应该得到加强。清华大学萧树铁说，在我国的传统文化中，逻辑思维一直比较薄弱，数学（尤其是欧氏几何）在这方面的训练是大有可为的。但新课标里欧氏几何“几乎消失了”，就连“逻辑”这两个字在百余页的新课标中也只出现过两次。

2. 课程专家

课程专家理所应当获取相应的课程权力，成为课程权力主体。这既是课程理论的价值体现，也是国内外的事实。我国课程理论研究是在20世纪80年代以后才逐渐产生并得到发展的，在这之前是谈不上课程专家作为课程权力主体的，课程专家能够成为课程权力主体，是20世纪90年代以后的事情。课程专家的作用在于整合各课程权力主体所行使的课程权力，从而发挥最优化的作用。然而，由于课程专家所从事的专业性质受到科学知识霸权的影响，长期以来，课程理论作为社会科学的一部分，没有被认为是一门科学，其所掌握的知识被认为是低地位的知识，因而其作用没有被充分认识，往往学科专家的话语权超过了课程专家的话语权，以至于课程政策受自然科学范式的影响。一些课程领域出现的问题，有可能在于课程专家权力行使不够充分。

3. 政府官员

政府官员应当成为课程权力主体，特别是在课程决策阶段。虽然政府官员不具有课程专业知识，也没有必要成为课程专家，然而政府官员作为政治家分享课程权力有很重要的作用。其作用在于为课程政策制定把握政治方向，维护国家利益，从政治的高度审视、规划、支持课程活动。政府官员作为课程权力主体的地位和作用是其他主体不可替代的。

4. 企事业单位和社会团体负责人

作为社会事业管理者的企事业单位和社会团体负责人作为课程权力主体是为了切实体现知识多样化的需要。在单一制社会中，企事业单位和社会团体的利益需要和知识储备与政府是一致的，然而在多元化的社会状态下，这些组织掌握了众多的知识，这些知识是学科专家和政府官员所无法掌握的，因而在这些组织中的知识有些尚未学科化、有些尚未显性化，由这些组织的负责人掌握部分课程权力，有助于课程贴近生活现实。

5. 能工巧匠

能工巧匠作为课程权力主体也是转变知识观念的产物，以前只有科学家所掌握的知识才是知识，这是科学知识霸权的结果。如果我们承认知识的多样性的话，能工巧匠所掌握的知识是更接近于生活的知识，这些知识学生可能更感兴趣，同时也是很难通过自学获得的。如果能够通过一定的体制转变，让学生容易获得身边这些能人所掌握的知识，这也应该是义务教育的职责。这个体制转变过程，就是确立能工巧匠的课程权力主体地位。虽然下面的新闻是说大学的事儿，它说明了能工巧匠成为课程权力主体正在走向现实，对义务教育仍然有启示。

上海工人李斌年薪20万被上海师范大学聘为教授

新华网上海2004年6月19日电（记者冯亦珍）智能型、专家型一线工人李斌日前被上海师范大学聘为教授，他的名字被列入本校的教授名单。生产一线工人当上大学教授在上海尚属首次。

李斌对受聘大学教授非常高兴。他说："学校要培育应用型人才，教学要与实际生产相结合。我愿意将自己20多年积累的经验和知识传授给大家。国家正在发展装备制造业，我希望有更多的人能超过我。"

李斌通过在职业余学习，学完了机电大专和本科课程。受聘之后，他将定期到上海师范大学与机电行业相关的院系为学生们上课、讲座，并组织学生到工厂、车间去学习。上海师范大学的校长助理黄刚教授说："鉴于李斌熟练的操作技能，正直朴实的人格，我们相信他所能教给同学们的是我们有些在职教授未必能教的。"

上海师范大学承诺给予李斌与最高级教授的同等待遇，按标准，年薪可达20万元人民币。但李斌表示自己并不看重此事。上海师范大学已成立了"李斌班"，第一批学生来自机电学院，他们将与企业的"李斌班组"结成对子，进行交流和学习。"李斌班组"成员也将上门送教。

在上海，高级技工、有特殊技艺的工人到学校任教将越来越普遍。经上海市人大常委会审议通过的《上海市职业教育条例》将于今年7月施行。《条例》鼓励有一技之长的高级技工参与职业教育，学校可按专业需求聘用高级技工、有特殊技艺的工人，不受学历限制。

三、进一步讨论

在不同的时期，各课程权力主体的权力有无和权力大小是不一样的。有时，有些权力主体有权，有时有些权力主体无权。同时，在不同时期，各权力主体的权力内容也是不一样的，有时一个权力主体兼有几种课程权力，有时却只有一种权力。在不同时期，各权力主体的权力性质和权力内容是由当时的社会政治经济状况决定的，也受到教育传统和当时的教育思想的影响，同时，反过来，课程权力主体权力的有无、大小和性质将决定课程内容和实施课程的效果。

在专制社会中，政府是课程决策的主体，这是毫无疑问的。然而，在民主社会，比如英国，1988 年以前，国家基本上对课程放任自流，这时，政府就不是课程决策的主体。而在有些社会，比如美国，中央政府则不是课程决策的主体，而各个地方政府却具有课程决策的权力。政府具有的课程权力是由一个国家的宪法、法律决定的，政府在行使课程权力时可以运用宪法和法律赋予的强制手段，这种权力具有行政权力的性质，一般采取行政权力的运行规则运行。对政府的课程权力进行鉴别，可以明确政府在课程中的作用。在集权制下，政府在课程领域具有至高无上的权力，以至于超出了自己的本职工作，属于越权行为，干扰了课程活动的高效运行。在民主制社会中，明确政府课程权力的内容，有助于政府找准自己的位置，避免干涉课程专业自主权，从而导致课程改革低效。政府也应该承认，政府并不是万能或全能的。如果说经济领域需要政企分开的话，课程领域里也应该如此：实行政府与课程微观领域分开的政策。

社会在课程改革中的权力主体作用在于教材的编写、课程实施的指导以及课程的评价，等等。课程领域中的许多权力本来属于社会，然而由于国家的强大并且以国家暴力为手段，因而社会在相当长一段时间内丧失了课程的权力。随着市民社会的强大，以及政府职能的转变，通过国家授权自主管理的形式，社会才逐渐获得了对课程的权力。由社会掌管一部分课程权力，有助于解放政府，也有助于调动各方面的积极性，从而使课程建设提高一个水平。

学校作为课程权力的主体，是没有任何异议的。然而，学校作为课程权力主体具有什么权力却认识不清，以前学校根据上一级教育行政部门的安排和调度，组织课程实施，虽然具有课程实施权的权力主体地位，却只具有不完善的课程实施权。后来，潜在课程被提出来，只有学校才能组织、安排潜在课程，因而学校作为课程权力的主体地位突出出来了。随着学校课程、校本课程的提出，学校作为课程权力的主体的权力内容将进一步扩大，具有一定程度的决策权和开发权。

第四节　多极化课程权力的配置

各种各样具体的课程权力只有经过合理的搭配以后才能成为课程管理的骨架，构成课程管理政策，这个搭配过程就是课程权力的配置。课程权力配置是在具体课程权力内容、类别、主体之间的组合。与单极的课程权力配置相比，我们尝试提出多极化的课程权力配置需要遵循的三条原则，那就是：各就各位、分权制约、两条路线相结合。各就各位是确定各种具体权力的位置，分权制约是确定各种具体权力之间的关系，两条路线是权力配置的具体路径。

一、各种具体的权力由相应的权力主体享有

我们这里将其简称为“各就各位”，其含义是各种具体的权力内容，根据其所属的权力类别，由相应的权力主体享有。因为课程活动中存在着多个权力主体、多种类别性质的具体权力，如果各就各位的话，就可以实现权力多极化，从而保证知识多样化。具体而言，各就各位要求课程行政管理权归课程行政管理主体，由行政部门享有，从而决定课程管理的强制力；课程社会权力由社会部门享有，从而决定课程管理的多样性；课程个人权力由个人享有，从而决定课程管理的自主性。强制力、多样性和自主性相结合，是有效课程管理的前提条件。课程管理仅仅具有强制力，没有多种多样社会权力的支撑，课程政策的作用难以得到有效发挥，从而由大多数人的利益需求变成了少数人的利益需求；课程管理仅仅具有强制力，没有个人的自主性，课程政策的优点也难以被

发现，同时还有可能遭到课程活动中个体的无形抵制或者怠慢；课程管理如果仅仅社会权力和个人权力发挥作用，没有作为国家强制力量的课程行政权力的支持，只能是小打小闹、表面热闹，不可能有实质性的进展，其成效只能是业务水平上的改进，很难取得政治性进展。各就各位的课程权力配置原则要求，各级各类课程权力找准自己的位置，避免权力落空。对各级各类权力的要求均是加强，不是削弱。不能从一个极端走向另一个极端，这也是知识民主阶段对课程权力结构的要求。

比如，课程编制权归位于社会权力，得到社会力量的支持，成为一项日常性的活动，课程行政管理部门则可以从繁杂的课程管理事务中解脱出来。而如果同时课程决策权归位于行政权力，作为国家权力的课程行政权力强大，则有条件为社会的课程编制行为提供政策支持、资金支持。这样，各就各位的课程编制权与课程决策权相互配合，就可以相得益彰。如果课程编制权与课程决策权集于课程行政部门或者集于社会部门，前者陷入杂务之中，后者则陷入不力的困境。

单极性课程权力格局的弊病在于，一方面表现为中央集权，课程管理强制有余，全国课程死水一潭，没有活力，很难实现义务教育的多样化目标，且普遍性目标也很难实现，从而使课程成为仅仅培养学科专家后备队伍的内容体系。单级课程权力格局的另一种表现是行政性的地方分权，在地方分权时，削弱了中央控制力，从而导致各自为战，不能保证国家的长远利益，同时地方分权的另一弊端在于地方的实力与中央的实力相比弱小，因而其课程建设的力度不如中央。

当然，各就各位时，必须保证真正的各就各位，要特别避免社会权力和个人权力仅仅作为一种摆设的各就各位。

二、分权制约

有分权就有制约，就必须达到一种均衡状态，权力分工与制约（吴德星，1995）原理是一条基本的政治原理。从单极化的课程权力结构到多极化的课程权力结构，除了需要各种性质的权力各就各位外，还需要建立相应的制约机制。不同的课程权力之间，不仅需要从自身出发确定其性质归属，而且需要从建立整个权力的制约机制方面进行考虑。即使是同一种性质的课程权力，其间也需要建立制约机制。只有在分工的基础上建立了制约机制，这样的分工才可能最终在实质上实现知识多样化的目的。可以说，分工基础上的制约，是课程权力配置合理的标志。只有分工，没有制约，可能产生单极课程权力结构中没有的混乱状态。建立制约机制，才可能保证多极化权力结构中的正常秩序。

课程权力的制约机制从横向与纵向两个方向展开。从横向方面考虑，国家的多种课程行政权力内部、地方的多种课程行政权力内部需要制约；国家课程行政权力与国家水平的社会课程权力、地方课程行政权力与地方水平的社会课程权力之间需要制约；教师个人在课程中的权力与学生个人在课程中的权力之间也需要互相制约，教师的课程实施权受到学生兴趣、爱好的制约，学生的课程选择权受到教师的指导。从纵向方面考虑，上级课程行政权力与下级课程行政权力之间要建立制约关系，习惯上是上级制约下级，在法治社会则是相互制约，是在法律规范内的制约。

我国最先对课程权力分工基础上的制约有所认识，是在教材多样化时实行的编审分开制度。编审分开即是说教材编写权与教材审查权要分开行使，通过审查权与编写权的分开行使，从而达到以权制权的目的，从而提高课程建设的质量。在教材多样化政策出台之前的中央集中课程权力的课程管理体制下，我国的课程管理机构中有一个单位，即教材编审委员会，在实行教材多样化以后，中央部门开始编审分开，很多地方却仍然是编审合一。这样，课程权力机制中，制约机制建立的迟缓，导致了教材竞争的无序状况。这只是现象方面的危害，本质的危害在于阻碍了知识多样化的进程。

为了提高行政工作质量，建立行政系统内的分工与制约机制，深圳市已经试验实行行政权力中三权分离：即决策权、执行权和监督权分离。在行政系统内建立决策局，专门负责决策；建立若干执行局，专门负责政策执行；建立综合监督局，对政策决策和执行情况进行监督。课程管理的权力结构可以借鉴其中合理的成分。在课程行政权力内，分决策权、执行权和监督权三个部分。课程决策权由课程业务管理部门行使，课程执行权由有关事业单位或社会中介组织行使，监督权由教育行政部门中的督导、监察机构行使，从而构成相互制约的机制。

具体制约机制的建立，可以考虑几个方面。课程行政权力、课程社会权力与个人权力在法律、法规、规章的范围内互相监督、制约；课程编制权与课程决策权相分离并制约；课程审查权与课程编制权相分离并制约；课程选择权与课程编写权相分离并制约；课程监督权与课程选择权相分离并制约。这里分离的意思是不由同一个部门行使，或者不属于同一个类别的课程权力，只有这样进行分离，才有可能实现制约。课程政策制定以后，要保证其实施的有效性，还需要确保课程政策的执行者和评价者与制定者分属于不同的主体（石筠弢，2003），课程政策的制定者与课程政策的执行者或评价者不能是相同的主体。我国基础教育课程发展的历史表明，我们在这方面还需要继续改进。

我们虽然开始推行三级课程管理体制，但是在赋权的过程中，依然存在很多问题：其一，权责不称。国家依然掌握着绝大部分课程决策权力，地方和学校的权力并未真正落实，但是却要为改革担负很大的责任，尤其在贫穷、落后的地区，课程改革的财政投入已经成为政府的包袱，对这些地区而言，改革不是雪中送炭而是雪上加霜。其二，权力搁置。虽然国家赋予地方和学校一定的权力，但是有些地方和学校却不知如何使用，或者根本不想使用，依然故我的按照旧有模式运行。其三，权力滥用。由于缺乏有效的规范，分权竟成了新的权力专制的理由，当前一些地区和学校以分权为名，在教材选用方面，为所欲为，疯狂敛财。这些问题的存在并不是课程改革的本义，相反它会激化矛盾，引发人们排斥与抵制课改的情绪。因此，我们在课程制度创新的过程中，要有效解决权力配置与利益协调，明确各级机构的职能，规范权力配给机制，继续完善三级课程管理制度。

三、两条路线

两条路线的意思是课程权力配置应该按照中央、地方与学校一条路线和国家、社会、个人一条路线总共两条路线进行。

原有在计划经济体制中的“权力下放”，不是建立在政府职能转变的基础之上，并没有改变行政权力的运行机制，而只是对中央集权课程体制弊端的一种机械的、被动的克服与补充。这样的分权，只注意了中央、地方与学校这条路线。因此，这种“权力下放”只能是暂时的，没有根基的，很自然地出现了在计划经济条件下的行政权力上收、下放，几起几落的局面。

权力下放效果不佳的原因，在于对行政职能调整的忽视与回避，课程权力领域深受这种权力分配的影响。单纯地把注意力集中于权力下放，没有同时进行政府职能的转变，因而从根本上是无效的。由于权限改革过程中中央权力下放不合理，造成地方分散，改革将因此受阻。在这种情况下，转变政府职能便成为了课程管理体制改革的主题。旧体制各种弊端的根源是仅仅用行政命令的方式推行课程改革和指导课程实施。

而我们这里讲的课程权力的分化不仅是指对中央与地方之间的行政权力的合理配置，而且还希望把重点放在国家向社会、个人分权，这样的分权建立在行政体制改革与政府职能转变基础之上，并以事权范围划分为前提。因此，将改变过去中央部门集权的现状，将中央、地方的事权范围加以细化和分化，凡属全面性知识需求、涉及全国利益事务，均应由中央政府统一管辖；凡属地方性知识需求、涉及地方利益者，应由地方政府自主管辖；凡属超出地方政府管辖范围、但又不涉及全国利益的事务，则应以中央政府为主、中央政府与地方政府共同管辖。同时，对国家事务、社会事务和个人事务进行区分，实现在政府与社会之间进行分权。

第八章

改进课程管理的政策思路

前一章阐明权力多极化的内涵，只是从政治学的思维出发思考课程管理政策中的基本问题。对于一个国家的课程管理政策而言，要实现权力多极化的课程管理，需要在权力多极化的思维框架下，针对具体的课程权力状况，提出相应的改进课程管理的政策思路。这项工作需要进行价值选择，主观性较强，基于研究者对现实课程管理政策中权力状况的把握。我们在这里提出需在三个方面加强：就是国家课程权力、社会课程权力和个人课程权力均需要得到加强。这是在对现实课程管理政策状况把握的基础上，提出的若干政策思路。只有这三个方面均得到了加强，课程权力中的各极才真正能成其为一“极”。也只有课程权力多极化，课程管理政策才会与整个社会政治经济管理框架相协调，与社会总体知识发展状况相适应。

第一节　强化课程行政管理权

以权力多极化为基础的课程管理体制的建立，是一个漫长的过程，其中强化课程行政管理权是一项非常重要的工作。通过前面课程权力具体内容和类别的分析，课程权力很丰富，作为政府行使的课程行政权力只是其中的一部分。政府所享有的课程权力在不同的时期、不同国家是不一样的。在一元社会结构情况下，政府包揽了全部的课程权力，所有课程权力均归属为行政管理权。在三元社会结构状况下，需要将政府的课程行政管理权分离、凸显出来，予以加强。通过加强课程行政权力，构成权力多极化中最重要的一极。可以说，课程行政管理权的强弱与否、恰当与否直接关系到什么知识可以成为课程内容，决定着课程内容中知识多样化的程度，从而决定着义务教育的实施。强化课程行政管理权的实质就是不仅要权力下放，更要转变职能，切实改变由以前的中央集中行政管理的弊病转化为各地方集权的弊病。从而保证全国的政令统一、保证国家利益和长远利益。

这一加强课程行政权力的思路，并不意味着我们要否定政府的功能与职责。政府作为各种利益主体中最重要的一个维度，可以根据自己的利益特别是公共利益的需求，通过政策导引，进行课程管理，而不是亲自操作。在我国当前开展的新一轮基础教育课程改革进入反思阶段中，更需要依靠政府的权威，通过相应的政策，影响各利益主体的价值选择，使他们负责地在冲突、妥协甚至是痛苦的挣扎中，转变旧有观念，突破传统的惯性，认可和选择新的课程内容，从而促进学生的发展和中华民族的伟大复兴。

一、为什么要强化课程行政管理权

1. 与国家行政管理体制改革相适应

从宏观方面看，强化课程行政管理权是国家行政管理体制改革在教育领域的深化，也是国家行政管理体制改革在教育领域的表现。国家行政权力的分配是与整个经济体制改革相适应的，建立在社会主义市场经济条件下的国家行政管理体制改革，主要体现在政企、政社、政事分开三个方面。在经济管理领域，实行政企分开，将企业自身的权力赋予企业，政府进行行政方面的宏观管理；在社会事业管理领域，实行政社、政事分开，同样需要政府将应该赋予社会和事业单位的权力赋予社会和事业单位，政府对社会和事业单位实行宏观的行政管理。

只有这样，课程管理体制才是与社会事业管理体制相适应的，从而避免课程行政管理体制落后于时代的要求。正因为是为了与国家行政管理体制相适应，因而尽管课程权力分配中存在着权力下放现象，然而其绝不是课程管理改革的全部。权力下放只是课程管理体制改革的一个方面，并且是多年以前人们就已经认识到的一个方面，并不具有任何新意，其新意在于转变职能。转变职能就是课程行政管理部门要切实履行好课程行政管理权力，而不是包揽所有课程权力，从而淡化了课程行政管理权。这样说，初看起来，好像是建议削弱行政权力。其实不然，只有政事分开，行政部门才可以集中力量、握紧拳头，履行课程行政管理权。

2. 克服课程管理的弊端

一般而言，政府在基础教育课程上的责任是促进课程质量的提高与变革，维护基础教育课程领域的公正。“政府失灵”必将导致不公正（郭晓明，2002）问题的积累，甚至完全失控。这不仅损害政府的威信，损害公众对政府建构与维护课程公正秩序这一合法性基础的认同，而且将削弱公众支持和参与课程改革的热情。政府首先要制定强制性的课程政策，切实保证弱势群体的基本课程权利，成为弱势群体的扶助者。特别要加强中央和省级教育财政的转移支付能力，改善弱势学校的课程实施条件，强化师资培训，提高其课程开发能力。历史业已证明，真正有效的课程改革是在政府所提供的平台上，由所有学校与政府共同推进的。试图独立推进课程改革的政府，是不可能成功的。“政府失灵”必将导致不公正问题的积累，甚至完全失控。这不仅损害政府的威信，损害公众对政府建构与维护课程公正秩序这一合法性基础的认同，而且将削弱公众支持和参与课程改革的热情。

长期以来，与社会主义计划经济体制相适应，我国建立了高度集权的社会和事业管理体制，社团附属于行政权力，事业单位也附属于行政部门，这样就出现了政社、政事合一的局面。这种情况的出现直接导致行政权力被隐藏在各种性质的权力之中，没有凸显行政权力的重要性和价值。尽管企业改革已经对社会、事业改革产生了很大的影响，社会、事业领域的改革仍然大大地滞后于企业改革。教育领域作为社会、事业中的一个重要部门，课程作为教育领域的核心部门仍然需要进一步实行政社、政事分离。将社会和事业部门所有的课程权力还予社会和事业部门，从而将自身的课程行政权力做得更加到位，为课程改革把握方向、建立规矩、保驾护航。

正像党政分开一样，将政府的行政权力还给政府，党主要抓大事、实行思想领导、对政府工作起支持保障作用一样，课程管理体制的构建也需要逐渐转移到行政权力抓大事、进行思想和政治领导、提供支持保障方面来。这样进行改革，不是弱化行政权力在课程建设中的作用，恰好是强化课程行政管理权。只有这样，行政权力才可能从事务性的工作中解脱出来，更好地为社会、事业部门从事课程建设提供支持。

3. 课程改革的要求

强化课程行政管理权也是课程改革的要求。在课程改革中，强调要赋予地方课程管理的权力，在实施教材多样化时，许多地方以行政区划为单位自编整套教材、自己选用，为了保证改革的成功，还自己建立一套评价制度，可谓自成一统。在全国范围内是实现多样化了，然而在某个地域范围内仍然没有实现多样化，由以前的大一统变成了小一统（吕达，2001）。没有地方势力范围的教材编写出版单位，则运用经济手段与尚不具备条件的大地方或小地方联合编写教材，自编自选自用。这些情况是行政权力与经济权力介入课程专业领域的表现，也更是课程行政管理权特别是中央课程行政管理权弱化的结果。

这些现象，不可能体现义务教育的普遍利益追求，不可能促进课程知识的多样化。有一种倾向，认为课程管理改革就是权力下放，有人甚至认为课程改革的成败取决于中央是否向地方放权。从权力理论而言，我们认为，应该加强对教材编写权力的管理，教材编写权不应该成为课程行政权的一部分，应该禁止行政部门以各种形式参与教材编写。同时，在教材选用问题上也是这样，教材选用权应该受到监督。对教材编写权进行管理，对教材选用权进行监督，这些权力是需要加强的课程行政管理权。

强化课程行政管理权与经济管理的思路是相协调的，对课程行政管理权的强化有助于保证国家利益和地方利益的实现，同时也有助于保持义务教育的基本水准。过去，与计划经济体制相适应，课程管理体制也具有计划性质，预设国家能够按照工农业中产品管理的思路管理课程。这样，采取各种措施强化对课程领域的微观管理的状况需要得到改变。因为，对课程微观领域特别是课程实施的干预侵犯了教师的专业自主权，同时也可能是导致课堂无生气、学生厌学的政策根源。

同时由于对课程微观领域的干预，相应地没有突出对课程的宏观行政管理，在微观权力下放以后，宏观行政管理权力的缺失就突出出来，以至于权力下放就意味着混乱，前言中所说的1993年的教材大战就是一个明显的例子，这是教材选择权管理弱化的表现。

二、如何强化课程行政管理权

为什么要强化课程行政管理权属于理念问题，怎样强化课程行政管理权则属于措施问题。在这里，我们建议三条具体措施。

1. 课程管理法制化

强化课程行政管理权需要建立相应机构，赋予相应的行政职能，最终走向法制化。所谓课程行政权力的法制化是指排除课程行政权力及其运行过程中的人治行为，以法律来界定、规范课程行政权力及与其他各种课程权力的界限和运作，并以法制来保障、促进课程行政权力的弱化、强化、分化和转化的过程。只有课程管理法制化以后，课程行政管理的力度才能达到相应的水平，也只有法制化，才能克服教育行政领导部门在做出课程决策时虽说也有专家咨询，但并没有稳定的咨询机构和专家系统，甚至有“召之即来，挥之即去”（彭泽平，2006）[61]的作风，课程改革的随意性较大。

课程行政管理机构是课程行政管理权的载体，没有相应的课程行政管理机构，课程行政管理权最终将会落空。有了相应的课程行政管理机构后，需要明确课程行政管理机构相应的工作职责，承担相应的课程行政管理权力。一定的课程行政管理机构在运行到一定程度、积累了一定的经验以后，需要法制化，在与上位法律法规不相抵触的情况下上升到部门规章的水平，制定部门规章是教育部门可为并且比较现实的一项法制选择。

我国课程管理中，长期以来有一个缺点，就是规范化不够，每隔几年要进行一次课程改革，并且每一次课程改革均号称是力度最大的、改革最全面的、最有历史意义的一次，其原因就在于课程管理的规章制度不健全、国家行政权力对课程的管理不到位所致，以至于不得不每隔几年进行一次。因此，人们在反思基础教育课程改革的时候，认为基础教育课程改革这项事关国家未来、民族振兴的伟大事业，应该列入中共中央国务院的议事日程，“应该在《基础教育课程改革纲要（试行）》（2001）的基础上，委托专门小组，制定进一步的法规与条例，以保障课程改革的顺利推进。”（崔允漷 等，2006）[35]

法律制度可以为课程运作设定基本的运行框架，搭建配套的支撑平台。在制度的框架内，使集体成员明白“什么可为，什么不可为”，它为集体成员的行动提供了一个价值标杆和行为方式。一种合理的制度，可以为课程运作提供一种良好的秩序。课程改革本身意味着对旧有秩序的突破，甚至颠覆，它可能会造成课程秩序的失范。在中央集权制背景下，原有的课程制度遵循严格的科层制度，国家掌控了大部分课程权力，今天随着课程权力下放，也在进行责任下放，这要求建立一个各级机构和各种主体各司其职、各负其责的新的课程制度，这就需要进行课程改革的法治化建设。

2. 进行经费支持

有人（崔允漷 等，2006）[36]撰文指出：由于课程改革第二期经费未到位，改革的后续研究无法如期展开，原定于2004年完成的义务教育各科课程标准的修订稿未能如期公布，教学专业支持小组无法正常运转。省级以下试验区课程改革的经费投入总体来说明显不足，个别试验区甚至对课程改革工作没有投入。课程改革的投入不足又导致了相关课程资源的匮乏，突出表现在学校班额过大，有些班级甚至在100人以上；课程实施缺乏必备的场地、器材、教具等；教师培训步履艰难。以上问题在农村地区表现得尤为突出。

因此，通过各种渠道筹措课程改革经费、公开透明分配课程改革经费、监督课程改革经费的使用，就成了强化课程行政管理权的重要内容，也应该是各级政府教育行政部门课程管理的重点。因为，政府部门不在于有足够的智慧实施课程改革，而在于需要有充足的经费购买智慧，从而组建课程改革的支撑体系。

3. 行政部门从课程微观权力中退出

课程行政管理权从课程微观权力中退出才可能将课程行政管理权从众多的课程权力中突出出来。到底从哪些微观权力中退出，这是一项现实的政策选择，需要根据当时社会权力的发展状况做出选择，这样才可能在行政权力退出以后而不至于出现权力真空。就现阶段而言，我们觉得课程行政管理权应该从课程实施权和教材编写权中退出，将这些权力赋予社会、事业和经济部门去承担。

与中央课程行政管理权相对应，国家课程实施权和国家教材编写权由具有承担全国范围任务实力的社会、事业、企业承担；与地方课程行政管理权相对应，地方课程实施权和地方教材编写权由仅具有地方范围实力的社会、事业和企业单位承担。由于教育部门、课程行业是一个极大的领域，这些组织具有参与教育活动特别是课程活动的积极性，行政权力退出以后，不会出现权力真空状态，而行政权力则可以履行对这些社会组织的公共行政管理，通过制定准入规则，选择优秀的社会力量进入课程建设领域，或者通过经费资助的方式奖优罚劣，直至勒令有些单位退出这一领域。这样，既减轻了课程行政部门的负担，又调动了社会参与课程建设的积极性。

我国的义务教育课程建设不仅是一项重大的教育活动，现在已经转换成了强大的经济活动，引来了众多的逐利者。对这些逐利者逐利活动的规范是课程行政部门的本职工作，必须加强。同时，只有行政权力退出课程权力的微观领域以后，社会力量之间的竞争才可能是公平的。这一公平的机制将最大化地将社会对课程内容的利益需求反映到课程中去，因为多样化知识的形成需要社会多主体的参与。这样，可以改变“全能政府”的局面，使政府行政权力从计划经济时期对微观课程领域的强权管理中退让出来，还一片自由的空间给社会及市场。

从理论上讲，课程行政权力的部分退出实质上是一个重塑行政权力与社会、市场权力关系的模式问题。在传统的计划经济体制下，政府的课程行政权力与具体课程权力直接相联，合为一体，不给社会与市场留有余地。在这种关系模式下，社会、学校和师生的积极性、创造性被抑制，课程缺乏生机和活力。而社会主义市场经济体制的确立与逐步完善，则要求课程行政权力与具体的、微观的课程权力相剥离。退出课程微观权力后，要对课程改革做出全面、科学的规划，要对课程改革进行认真动员和部署，并组织各方力量落实，还要加强对课程改革工作的跟踪和评估，发现问题及时指导改进工作，及时总结经验并加以推广。

4. 识别课程行政管理权的内容

课程行政管理权包括中央课程行政管理权和地方课程行政管理权。中央课程行政管理权是由中共中央、国务院掌握的课程行政权力，其具体职能部门就是教育部基础教育司，这一课程行政权力主要保障满足国家整体利益需要的确定性知识、非确定性知识等能够体现到课程中去，对地方课程行政管理权进行指挥、监督，对支撑实现国家利益的课程的社会企事业单位进行监督、管理，维持课程建设秩序。

地方课程行政管理权则有两个方面的职责，一方面是要保证中央课程行政管理权在本地区的贯彻执行，另一方面是要维持地方课程和学校课程建设的秩序，对地方课程和学校课程履行行政管理权。地方课程行政管理权对中央课程行政管理权的执行是坚决执行，而不是通过拥有课程行政管理权而消极执行中央课程政策，通过地方课程所掌管的课程权力蚕食国家课程权益。

只有根据社会整体权力状况进行恰当的分析，明确了课程行政管理权的具体内容，行政权力退出课程微观权力才有正确的依据。当前，可以建议课程行政管理权包括课程改革决策权、课程计划制定权、课程标准审查权、教材审查权和考试评价权、教材选用监督权，等等，这些权力是需要加强的，这包括国家课程和地方课程两个层面。其他课程权力包括课程标准制定权、课程实施权、课程选择权、教材选用权、教材编写权，这些权力是需要行政力量退出的权力，应该由社会掌握这些权力。因为这些权力属于课程专业自主权，更多地体现了专业的特征，作为行政权力更多的是掌握政治而不是掌握专业，政治是其强项，专业恐怕不是其强项，即使是强项也不是自己的职责。中央教育行政部门承担国家课程改革决策权、国家课程标准审查权、国家课程计划制定权、国家教材审查权和国家考试评价权、国家教材选用监督权，有助于维护国家的整体利益。地方教育行政部门承担地方课程改革决策权、地方课程标准审查权、地方课程计划制定权、地方教材审查权和地方考试评价权、地方教材选用监督权，有助于实现各个地方的利益。

教育行政部门行使课程行政管理权，其实质就是维持课程管理秩序，为民间参与课程建设保驾护航，仅仅充当课程建设的裁判，而不是既当裁判又当运动员。教育行政部门行使课程行政管理权需要认识到自己的职责或者能力主要限于课程行政管理领域，而不是在整个课程领域。同时，课程改革要获得成功，尤其需要真正有效的执行，需要课程执行力。（陈亚鹏，2006）行政部门在这方面大有可为，也必须作为。

第二节　壮大课程建设的民间力量

课程领域的民间力量行使课程领域的社会权力，这一性质的权力在法制的规范下自我运行、自我发展、自我约束，在法制的框架下不受行政权力的直接干预。课程作为社会的一个部分，其所享有的社会权力主要包括三个方面：社团的权力、企业的权力和事业单位的权力，其中相当一部分社团和事业单位可以构成社会中介组织，架起政府与社会之间的桥梁。有了这个桥梁，政府工作将会变得更加轻松，社会参与课程建设的积极性将会得到保护。现在，有积极性参与课程建设的社会力量非常广泛，因为课程建设是有些事可干、也能干成些事的领域。如果行政权力能够将社会力量为我所用，课程建设将会更加科学、合理。

具体课程领域的社会权力应该包括哪些，在不同时期、不同国家，是不一样的，这取决于各个时期、各个国家当时的社会权力状况和课程发展的传统，最终落实到政策选择上，这具有相当大的主观性。就目前我国的实际情况而言，课程实施权、教材编写权、教材选用权应该归属于社会权力，由社会力量行使。当然课程中的其他权力也可以由社会行使，包括课程计划制定权、课程纲要制定权、教材审查权，等等，不过最后行政部门应该保留课程决策权。

一、为什么要壮大课程建设的民间力量

1. 课程权力配置不符合行政管理体制改革的要求

过去课程管理体制中的权力配置是参照整个社会的权力配置思路进行，主要在中央与地方进行权力分配。有时将课程权力集中到中央，有时又将课程权力在中央与地方之间进行分享，其实质仍然是行政权力之间的分配，其主要体现的是以政府名义代表的国家利益和地方利益。这种权力分配机制已经显露出弊端：就是权力分配受行政权力特别是上级行政权力机构的愿望支配，因而权力在放与收这个怪圈中循环。

这样，政府管了许多管不了、管不好的事情。政府力量渗透于课程领域的方方面面，从课程计划到课程标准，从教科书编写到教学辅助材料的控制，最后还通过全国统一的考试评价制度进行硬性约束。由于课程领域中的权力主体只有政府，政府依靠少数专家进行决策，实质上最后课程中只有少数人的声音，因而只能代表少数人的利益，从而导致课程单一化。我国教育领域行政权力过大、过于广泛，在不属于政府政策调控的范围内开展活动，侵蚀了教育领域的社会权力。这种状况的出现是受“全能”政府观念影响的。

课程作为教育领域具有专业自主权的最大领域，不可避免受到这种政府治理观念的支配，以至于课程政策调整的核心内容淹没在一大堆烦琐的事物之中。进行课程改革，需要将其中涉及的社会权力剥离出来，驱使国家行政力量的功能由过去的包揽一切转变为主要通过经济杠杆、法律规范对课程改革进行间接调控、约束。政治体制改革所确立的目标之一，是要从根本上改变行政权力直接从事社会活动的弊端，把整个社会系统中属于社会的职能和权力统统转给社会，从而最终实现国家和社会的二元分野。

之所以需要壮大民间力量，还因为以前民间基本上没有课程方面的权力。以前有很多力量参与课程建设，然而也只是行政力量组织下的一种参与，其权力是有限的，因为这些力量没有成其为一种单独的力量。课程建设中，许多人说的话均不抵一位行政首长的指示，就是明证。如果民间力量受到课程政策甚至法律法规的保障，根据个别领导意愿和爱

好进行课程改革的状况就可能得到改变。

2. 权力分工制约的需要

壮大课程领域的民间力量，实质上就是要在社会领域中发展出对政府行政力量进行支持和制衡的力量。从支持的角度看，社会力量对政府行政力量进行支持，有可能提高课程建设的科学性，也有助于减轻政府的工作负担，避免政府工作的盲区。从制衡角度考虑，社会力量可以构成对行政力量扩张本性的制约，从而约束政府力量更好地履行好政府职责，从而避免课程内容中的利益失衡。

课程建设涉及的课程载体，特别是教科书、教学辅助资料及其音像产品的生产、销售还具有极强的经济功能，极有可能转化为社会各方追求经济利益的手段。从作为一件容易获利的商品而言，壮大民间课程力量，将课程建设中涉及经济利益的部分从行政权力中解放出来，一方面有可能使行政部门集中精力优化课程内容，同时行政部门也可以承担课程建设中经济利益分配的裁判角色，处于中间人地位，从而净化课程建设的经济环境，不让经济因素干扰课程改革的健康运行。

3. 义务教育的要求

义务教育的基本普及对课程建设中民间力量的发展提出了更加紧迫的要求。因为义务教育是强制的全民的教育，需要全社会力量的参与，而不仅仅是政府力量的参与。只有全社会力量的参与，才可能体现全社会的基本的和细分的利益需求。同时，既然义务教育是强制的教育，那么强制方就负有义不容辞的责任发挥全社会的积极性。壮大课程领域中的民间力量，可以发挥全社会的积极性。如果课程领域发展出强大的社会力量，那么课程改革就有可能按照自身的规律发展，而不是受行政权力变动的影响。

二、怎样壮大课程建设的民间力量

1. 对现有力量的整合完善

课程领域中民间力量的建设不是从头开始，因为现在已经有很多企事业单位和社团参与了课程教材建设，现在主要的工作是需要进行力量整合、完善。只有经过整合、完善，这些社会力量才可能逐渐壮大发展。

现在，就协会而言，我国各种协会已经得到了很大的发展，各种协会均能代表一定群体的利益，也可以代表该群体行使权力。这些协会分别代表国家利益、地方利益、女性利益、少数民族利益、农民利益、城市人利益，等等。现在这些协会分布于各个部门、各个行业，受制于各个主管单位，承担着与自己协会相关的许多任务，对这些协会在课程方面的兴趣进行整合、协调、发展、完善，在统一的国家课程协会的旗帜下，授权其对课程提供咨询意见或者更重要的任务，即承担某些方面的课程建设任务、行使某些方面的课程权力。当然，在现阶段，各种协会没有足够的能力承担起课程建设的繁重任务。然而，如果没有艰难的开始，就不可能有以后的繁荣。

就事业单位而言，由于我国长期在行政机构外发展了很多事业单位。特别是众多高等学校、科研院所是属于事业单位行列，因此事业单位比协会发展更加完善，更有可能承担课程建设的任务。事实上，现在已经有很多事业单位承担了课程建设的任务，并且为课程建设做出了很大的贡献。现在需要的是事业单位要向民间化发展，成为独立的民间制衡力量，而不是行政单位的附属。由于我国的传统，特别是事业单位属于国有资产，行政隶属性强，事业单位的独立品格不足，更需要事业单位发展壮大到足以与行政力量抗衡的状态，方能作为课程权力多极化的一极，从而为课程建设做出自己的贡献，特别是在课程知识多样化的进程中，发出来自民间的声音。

现在有很多文化企业单位，力图通过为教育部门服务，从而体现自己的价值。然而，由于规范不够，许多文化企业单位成了加重学生负担、误导教育的实体。特别是有些组织编印辅导资料的企业，不仅未经许可随意配套教材编印资料，而且还通过各种不正当的竞争手段向学校、学生销售资料，既加重了学校和学生的负担，又干扰了教育教学秩序。如果我们的行政部门能够通过政策引导和严格管理，这些单位参与教育服务工作的积极性能够得到正确地发挥，一定是课程建设民间力量的重要方面军。我们进行课程建设，时时刻刻处于缺经费的尴尬境地，如果能够将民间资本利用好，既解决了课程建设的经费问题，又符合课程建设需要民间参与的教育规律。

2. 需要得到政府支持和帮助

本来，民间是有力量的。然而，长期的行政力量主导甚至主宰，已经导致民间力量的习惯性弱化。因此，民间力量的发展和完善，离不开行政力量的扶持。可以说，尽管民间力量发展起来以后，可能导致行政力量受到制衡，然而在权力生态的发展中，如果仅仅有行政力量，没有民间力量，行政力量也会逐渐萎缩，从而对课程建设没有好处，对国家也没有好处。行政力量一定会在与民间力量的合作与冲突中更加壮大发展。害怕矛盾、逃避挑战，绝对不是由具有公务员资格的人格主体所组成的行政力量的本色。

课程改革中的民间力量，是社会从国家中分离和壮大起来的，然而这种分离和壮大是一个漫长的过程。有时甚至不完全是自发发展壮大的，需要国家行政权力的支持。在民间力量尚未发展壮大起来之时，行政力量对民间力量的支持，主要表现在为其提供经费、制定活动规则。在民间力量已经发展起来以后，就需要政府本着政事分开、政社分开的原则，进行宏观的、法制化的管理。

因为课程领域的民间权力随市场经济体制而产生，因而其与市场经济体制一样，尚不完善，需要政府的支持和帮助，扶上马、再送一程，因此，从政策取向而言，需要壮大课程建设中的民间力量。

3. 支持、鼓励、宽容学术争鸣

学术争鸣是社会力量发挥作用的很好的组织形式。一项好的课程政策，在决策前，应允许不同意见的争论；在课程政策出台后，也应允许课程政策的参与者在一定范围内发表不同意见（石筠弢，2003）[19]。新课程改革中，就已经注意了充分发挥社会力量的作用（赵小雅，2005）。比如1999年末，在8种与数学教育有关的杂志上发表了《关于义务教育阶段数学课程标准研制的初步设想》，面向社会广泛征求各界意见；先后分片区召开了4次调研工作会议；先后召开了两次知名数学家参加的座谈会；还先后两次与教育学和心理学方面的专家学者进行交流，听取意见。1999年10月，研制组在北京召开了一次重要的新课标研制工作研讨会，有代表性的数学课程领域专家、学者、教师、教育行政部门领导近200人参加了会议。2000年1月新课标初稿完成，印发了4万份向各界征求意见；2000年7月—2001年2月，研制组多次就标准的文本，分别召开不同规模的征求意见会10余次。在此基础上，2001年4月，形成了新课标试验稿。试验稿完成后，分送多位数学课程领域的资深学者、专家审读，并根据他们的意见进行了最后的调整。当然，围绕数学课程标准的争论说明各种专业团体与专业人士的有效参与离真正的民主开放还有一定距离。还有一些问题需要解决：比如一些观点如何展开“讨价还价式”的充分讨论，提出的意见是不是都应采纳等。一些完全可以建立的制度如专业团体的定期联系制度、媒体通报制度等却没能建立起来。社会公众、研究团体、媒体力量参与了，但是由于缺少制度与规划，有许多变成了个体行为。义务教育数学课程标准和教材能够引起争论，能够在大众媒体上公开讨论，说明了时代的进步。这种争论是课程改革的福音，也是国家与民族的福音。应当允许有不同的声音，有赞扬，有批评，这才有利于民主决策。当然，并不见得所有的民意都是好的，都是对的，重要的是来自民间方方面面、多种角度的声音可以为决策者提供更加平衡的决策参考。（黄忠敬，2007）从世界范围看，无论是20世纪六七十年代的课程现代化运动，还是八九十年代的课程改革计划，发达国家都开展了广泛的社会大讨论（吴刚平，2000b）[80]。

4. 一些具体设想

鉴于作为课程建设领域民间力量的一些企业、事业单位，对参与课程建设的兴趣非常浓厚，应该在各级课程行政权力之外派生出相应数量和质量的企事业单位，这些企事业单位的竞争与合作，是促进课程建设的有效力量。在中央一级，参与国家课程建设的企事业单位若干个；在各地方一级，参与课程教材建设的企事业单位也有若干。这样，国家课程教材建设将会出现竞争局面，地方课程建设也会出现竞争局面。

我们设想，有足够的国家级的企事业单位在国家课程教材建设层面进行竞争，同时有足够的国家级或地方级企事业单位进行地方课程教材建设的竞争，这样的竞争将有可能促进课程教材建设的发展。通过国家课程和地方课程的分开分水平竞争，课程教材建设才可能向高水平发展。1988年，国家规划了八套半国家教材，可惜由各地行政部门承担了教材建设的任务，行政权力直接介入教材编写以后，由于在选用环节各地方用行政力量推销自己所主持编写的教材，从而导致无序竞争局面的产生，干扰了课程教材改革。

总之，如果所有作为非政府组织的民间力量参与课程建设的权力得到保障，得到壮大发展，将满足社会方方面面的利益需要，从而使课程更加具有代表性。同时，课程民间力量的壮大也可以克服长期以来我国行政领域中“集权—放权—再集权—再放权”的怪圈。所有课程权力在行政权力内部的调整，最终完全有可能很容易地被收回。如果课程权力已经回归民间，那么，行政权力的扩张将会是一个困难的过程。特别是在民间力量的课程权力受到课程法律、规章的保护以后，行政力量的权力回收过程必须以法律、规章的修改为前提。这样，就很难出现权力“下放—回收—再下放—再回收”的恶性局面。

第三节　增强个人的课程权力

课程问题是关于应该教什么和学什么的问题，由此，课程的实施离不开施教和受教的主体——教师和学生。对我国中央集权型课程政策的研究表明，我国的教师和学生在决定应当教什么和学什么方面的课程权力是被忽略的，教师和学生在如何实施课程中的权力也很有限。相应地，导致了在课程专家权威们看来是高质量的课程，对于广大的教师和学生来说很多时候却是不合需要的。

课程领域中的个人权力包括教师和学生两个方面。在过去，这两个方面的权力均受到行政权力的侵蚀。在行政权力退出一部分课程权力领域，课程社会权力壮大的同时，如果不注意增强个人的课程权力，权力多极化在个人权力这一极仍将会是薄弱环节。可以说，这是由于个人的力量有限，与行政力量和社会力量相比处于弱势地位。因此，在课程知识多样化的过程中，如果需要建立权力多极化的课程管理体制，这就是需要增强的权力领域。个人权力没有得到充分的重视，是导致学生学习无兴趣、教学活动枯燥、教师沦为教书匠的政策根源之一。

一、教师方面

教师在课程改革中被赋予权力，或者教师具有行使权力的能力，是课程改革成功的重要因素之一。校长既是学校的最高管理者，也是学校教师的一员，其能否在课程改革实践中拥有恰当的课程权力，具备履行权力的能力，是教师课程权力的集中表现。所谓“一个好校长就是一所好学校”就是这个道理。在科层式管理体制中，学校是一个普通的行政单位，校长由上级主管部门直接任命。校长的领导权威来自行政部门的授权，而非自身的专业能力、道德水准、教育信念或教育理想。在社会变革时期，教师特别是校长应该通过掌握知识增强自身的权力行使能力，这就是贯穿本书的一个主导思想：知识就是权力。

1. 教师个人权力的重要性

受等级严明、分工明确的现代科层管理体制的影响，很多组织的工作在经过一段时间的发展之后日益分化，结果陷入了过度专门化的泥沼而难以自拔。组织中的雇员被视为“没有思考的机器”，工作动机极弱。针对这种状况，管理界于20世纪80年代开始认识到让雇员参与与其工作相关事务的决策，会提高工作质量和生产率，从而强调雇员的赋权增能。在美国，从80年代开始的第二次教育改革浪潮，发现60年代开始的有关学校教育革新受到了各种力量的阻碍而停滞不前以致失败，教师被忽视是重要原因之一。于是，人们认识到，教师应是教育改革的主导者、行动者，而不应被视为学校教育改革的对象。到了90年代，“教师赋权增能”（操太圣 等，2006）已经与“教学专业化”成为当时最响亮的两句口号，教育领导者被要求交出一些权力与教师共享，而非将权力加诸于教师身上。实践证明，增加教师的决策权力，可以提升教师的教学兴趣，减少教师的疏离感，以及提升教师对他们的工作与私人生活的自尊心。一定意义上，教师士气高涨、教师之间交往关系改善以及学生学习动机提高等都是教师参与决策带来的结果。赋权增能使教师摆脱了那种“受雇者”、“装配生产线上的工人”的角色，拥有了领导者与专业人员的地位。增强教师的个人权力包括“权”和“能”两个方面。就“权”而言，可以通过改革学校结构，让教师有机会参与学校范围内重大事项的决策，从而赋予他们基本的权威和责任。就“能”而言，可以设立更高的教师入职标准，使教师在达标的过程中提高自身的能力，并通过调动教师的积极性，促进其专业知识不断更新和充实，从而达到赋权的目标。在新一轮国家课程改革中，教师被赋予以下课程权力：教学自主权，课程领导权，专业发展权，这紧跟国际教师权力发展的方向，也有助于构成权力多样化课程管理体制的重要一极。

2. 我国教师个人课程权力的现状

教师的个人权力包括制定课程政策的参与权、对国家和地方课程政策的建议权、教材选择权、教材改编权、课程实施权等方面，这些权力的实质体现了教师的专业自主权。过去，在这些方面，教师基本没有多少权力，即使课程实施权这一看起来最应该由教师享有的权力，也在机械的、强硬的评价制度面前被剥夺，以至于教师不得不按照如何能够获得肯定的评价而改变教育方法。特别是有一些具有改革精神的年轻教师，往往在自身的课程权力得到充分体现的时候，在传统评价体制下，其教学效果却不尽如人意，以至于已经得到彰显的教师的个人权力又将被压制回去。

参与课程政策的制定权是一项难于获得的权力，随着课程改革的深入，有一些教师参与了课程政策的制定过程。然而，这种参与活动没有制度化，没有从教师权力的角度进行认识，其效益很难得到发挥。具体表现在往往是优秀教师、知名教师、大城市重点学校的极少数教师参与了课程政策的制定，这种状况，侵犯了落后地区、教学水平差的教师在课程政策制定中的权力，因此，所制定的课程政策往往超出教育的实际。每次课程改革需要克服的问题就是教学内容“难”，可是每一次课程改革均导致教学内容更难。其实，水平低一些的教师、落后地区的教师，即使在提出具体的课程知识选择上有困难，然而，他们却可以告诉我们的决策部门，“这太难了，我们不可为”；或者，他们也可以告诉决策部门，“这太容易了，对学生、对国家没有益处”。

只有优秀教师才有权参与课程政策制定的这种状况，其实是强势教师的话语权压抑了弱势教师的话语权，只反映了少数人的利益，与义务教育的特性是不相符的。现实中，优秀教师、发达地区只是一个国家的极少一部分，课程改革的成功，就好比“水桶效应”① 所解释的道理一

① 水桶效应是说一只水桶能盛多少水，并不取决于最长的那块木板，而是取决于最短的那块木板。

样，主要是取决于其中教学水平差的一部分教师。因此，增强教师的个人权力应该是普遍性的增强，而不是仅仅增强某一部分教师的个人权力。

究竟应该增强哪些教师的哪些个人权力，这是一项政策选择，取决于各个地区、各个学校以及教师自身的条件。课程实施权和教材选择权应该是最容易操作的权力，教师应该有权在保证教学质量得到提高的前提下，选择自己认为适合的教材、采取能够提高教学效果的教学方法。课程实施权，名义上是教师已经取得了的权力，在实际工作中，却并非如此，许多学校的教学常规恰恰侵犯了教师的课程实施权。现行的评价制度，机械、僵硬，是悬在教师头上的无形的剑，无形中严重侵犯了教师的课程实施权。

3. 增强教师的权力行使能力

要增强教师个人的课程权力，需要增强教师的权力行使能力。由于在很长时期里，我国实行全国统一的教学计划、教学大纲以及使用统编的教材，广大教师的任务是执行教学计划和依据教学大纲讲授教材，这就铸就了教师在课程上只是被动执行者的角色，基本上没有自己的权力。特别是在社会传媒和网络对学生的影响日益普遍化和经常化的情况下，教师的“专业权威”和“知识权威”也在很大程度上被弱化。在以往的知识授受中，教师几乎是课程知识的“垄断者”；今天，这种垄断在某些时候和知识的某些方面尽管还依然存在，但程度和范围已大为减轻或缩小。更多的情况是，学生可以很方便地获得与教师同等的课程知识，甚至获得比教师多得多的知识，比教师更先获得知识。这使教师以往赖以为“业”的所谓“闻道在先”、“术业有专攻”的优势都在相当程度上失去了支撑。在教师群体今天普遍认同的“教师难当”的感叹中，我们依稀可见教师权威节节下挫的身影。

要增强教师的课程权力，使教师从以往的被动执行者的角色转变为主动参与课程的角色，涉及其思想、学习和工作的各个方面，概括起来主要有三个重要方面：（1）更新观念。在过去长期的“全国统一”的课程管理体制下，课程规划是教育行政部门和专家学者的事，与教师几无联系，使教师形成了“教学计划和教学大纲全国统一、教材全国统编、自己是被动执行者”的僵化观念。显然，这种旧观念不适应当前课程改革不断深化的新形势。（2）更新知识结构。面对当前的课程改革，以往的师范教育和师资培训模式，使教师已有的知识结构隐藏着两方面的缺陷：缺乏课程理论知识；专业知识过窄和老化。为了行使相应的课程权力，教师需要增加课程理论知识、拓宽知识面和补充专业新知识，形成新的知识结构。（3）更新素质结构。这里的素质主要指技能和能力。当前，教师普遍缺乏研制课程的技能，尤其缺乏课程规划和课程评价方面的技能。不仅如此，教师还缺乏对课程内容、教材的选择能力和创新能力。作为课程权力主体，教师应当形成和发展相应的技能和能力，从而更新素质结构。（黄甫全，1995）

从是否侵犯了教师个人的课程权力角度审视课程管理和教学管理制度，特别是教学评价制度的改革更加迫切，要改变以前只评价学生对确定性知识、显性知识掌握情况的评价观念，在对学生进行评价时，同时应该评价学生对不确定性知识、隐性知识的掌握情况。与确定性知识、显性知识相比，对不确定性知识和隐性知识的掌握，是教师行使课程权力的重要体现，更需要教师权力的作用。同时，还应该建立鼓励教师自编、改编教材的机制，要给教师编写的优秀教材进入课堂以机会。这样，可以增强教师的教材编写权。教师的教材选择权是一个被忽略的领域，教师的教材选择权应该受到尊重，在教材选择过程中，应该有教师的参与，同时应该是有效地参与，即是说，应该在民主原则支配下，不仅能够参与，而且还能说上话，并且说话还很有分量。

二、学生方面

传统模式的学校建立起层级分明、等级森严的结构，形成管理者和被管理者之间或者行政人员与教师之间控制与被控制、监督与被监督的关系。在这样等级森严的层级结构中，学生被置于最底层，他们的兴趣、愿望、要求很难被真正考虑。

学生在课程中的权力最小，与教师相比，更是弱势群体。由于学生尚处于成长阶段，又是受教育的对象，其权力往往受到忽视。如果学生的课程权力得到发挥，其学习积极性将更加高涨。学生作为未成年人，其行使课程权力应该受到教师和家长的指导，然而这并不是抑制其行使权力的理由。从教学的角度讲，增强学生的课程权力可以称为发挥学生的主体性。从政策的角度看，发挥学生的主体性就是增强其课程权力。

增强学生的课程权力包括课程选择权、教学选择权。对学生的课程选择权的尊重，可以形成各具发展特色的学生，而现在增加的选修课，为学生课程选择权的行使提供了条件。同时，学生应该具有教学选择权，学生应该有权选择自己喜欢的教师、喜欢的教学。这既有利于提高学生的学习兴趣，也有助于促使教师不断提高教学水平。

学生参与课程决策至少有两个方面的理由：其一是如果学生对某个专题学习感兴趣，那么他们的学习动机就会得到提高；其二是如果学生被认为是决定他们学习课程的伙伴，那么将促进学校生活的自主或民主化进程。提倡课程决策学生中心策略的目的，很大程度上是希望使学生能够自己解决问题、探求知识，并把这样的知识运用到日常生活情境中去。过去，学生一般被迫接受学校传授给他们的东西，在教学语言、内容或安排方面都是如此。今天，公众越来越认为在有关教学组织安排的决定方面，他们有权发表意见（联合国教科文组织总部中文科，1996）。

增强学生的个人权力也受到评价机制的制约，需要评价机制的改变。如果评价体系仍然受到传统知识霸权的主宰，仍然以评价确定性知识、显性知识、书面知识为主，那么学生行使权力的空间也大大窄化了。现在公务员招聘录用中已经开始了对评价体制的改革，不仅仅对应考者确定性知识、显性知识的考查，而且进行了更重要的能力测试。通过考评，能够对应考者的记忆力、注意力、分析问题和解决问题的能力、协调能力进行区分，同时，辅之以结构化面试，考查应考者的隐性知识，可能可以对现行仅仅考评确定性知识的义务教育教学评价制度有参考价值。只有通过评价体制的改革，才可能最终拓展学生行使课程权力的空间。

学生行使课程权力作用的大小、有无，取决于教师和家长对学生权力的调控能力。如果仅仅按照学生自己的意志行使权力，走向杜威的儿童中心主义，将会淡化国家的义务教育目标，因为教育是需要对学生的发展进行一定限定的，使其朝着有利于社会、有利于家庭、有利于自己的方向发展。在这个意义上说，增强学生的课程权力，与其说是课程政策的发展规律，不如说是调动学生学习积极性的有效策略。

从微观层面而言，增强教师与学生在课程各个环节中的权力，可以更加有效地达到知识多样化的目的，同时也是社会权力结构转移在课程权力结构中的重要表现。自从班级授课制诞生以后，教师和学生在课程各个环节中的个人权力就受到了制度的压制，不少教育家均为增强这一权力作了很多有益的工作，然而仅仅在教育学视野中进行论证，从改善教学的角度进行论证，这样的认识视角很难上升到政策的层面。

第四节　课程管理建议框架

课程管理体制改革的关键是课程管理权的重新划分。分权的策略是将课程管理权先作横向的分解，然后再进行纵向的分配，而不应不加分析地将权力整体下放给地方和学校。我们“必须清醒地分析哪些权力应当保留给中央、哪些权力可以下放给地方、哪些权力适合由学校掌握，从而积极稳妥地推进课程管理体制的改革。”（郭继东，1998）[6]国家、地方和学校这三个层次各有自己的特定功能：在课程决策上坚持国家的部分职责与权力，能保证全国范围内的学生在基本方面获得统一的、平衡的教育，以及使全国范围内的各个学校的课程达到一定的水准，并为全国范围内的教育评价提供必要的共同基础和指导作用；保证地方足够的职责与权力，能够使课程符合地方的社会发展实际；保证学校适当的职责与权力，能够使课程符合、体现学校和学生个人的实际，同时充分发挥学校、教师的自主性和积极性。在这一节，我们就尝试在前面各章分析的基础上，提出一个课程管理的建议框架。因为，“目前我国虽然确立了中央、地方和学校三级课程管理体制的基本政策，地方特别是学校首次作为课程行政主体的地位得到了确认，但三级之间的课程权限和责任范围还不明确，在原有的与计划经济体制相适应的中央集权课程开发机制继续一统天下的格局下，三级管理基本政策中的地方尤其是学校的课程主体地位很容易落空，变得名不副实。”（吴刚平，2000b）[79]

一、中央一级

1. 行政权力

权力概述：国家课程决策与管理，保障国家利益；对地方实施国家课程进行监督、管理；对民间力量建设国家课程进行支持、监督、管理；对地方课程和学校课程实施行政监督和管理。

权力主体：教育部基础教育司。

权力内容：课程决策权、课程教材审定权、课程教材选择监督权。

权力特征：维护国家利益，强制。

注意事项：只需履行宏观的行政管理权，不必直接介入微观的课程活动，从具体课程事务中解脱出来，避开矛盾焦点，对地方课程的业务管理可以通过民间力量的中介功能实施。

2. 社会权力

权力概述：多个社会组织对中央课程行政权力进行支撑，在保证国家利益的课程中进行有效的竞争，作为业务单位的社会组织对课程专业更具有发言权。

权力主体：教育部基础教育课程教材发展中心，中央教育科学研究所，部分有资质的出版机构，教育部重点高等学校，中国教育学会，教育部考试中心，等等。

权力内容：课程计划、课程标准制定权，教材编写权，课程教材审查权，课程教材实施权；其中课程计划、课程标准制定权与教材编写权要分离，课程计划、课程标准制定权、教材编写权与课程教材审查权要分离，需要符合权力分配制衡原则；对地方课程实施业务指导。

权力特征：维护国家利益，实现自身利益；课程管理法规内的自治。

注意事项：以业务竞争的方式获得行政部门和全社会的认可，从而在实现自己利益的同时实现公益。由于传统管理体制使然，所有这些权力主体均归属教育部管理，随着国家行政管理体制改革的深化，将逐渐实现政事分开。

3. 个人权力

权力概述：体现在参与国家课程建设中的各个具体的人员。

权力主体：专家、教师、政府官员、学生、家长、企事业单位和社会团体负责人。

权力内容：课程实施权，课程教材选择权，课程教材政策建议权。

权力特征：公共选择理论中的集体选择模式，少数服从多数和弱势补偿均要坚持。

注意事项：人员应该具有代表性。

二、地方一级

1. 行政权力

权力概述：是国家课程在各个地方的代表，负责国家利益在本地域的实施，分级对本地域内国家课程实施工作进行监督、管理；是地方课程建设的监督管理者。

权力主体：各省、自治区、直辖市教育委员会、教育厅、局基础教育处。

权力内容：国家课程在本地域的执行权，地方课程决策权、地方课程教材审定权、国家和地方课程教材选择监督权。

权力特征：维护国家利益、满足地方利益；强制。

注意事项：只能作为中央课程行政权力在本地域内的行政权力支撑，而不能混淆自身的权力性质，与民间力量竞争课程教材建设领域内的社会权力。即使对支撑中央课程行政权力的社会权力，在本地域内的活动也是进行支持、监督和管理，从而切实履行自身的行政管理权。

2. 社会权力

权力主体：各地教研室、教科所、地方高等学校、教育学会、企事业单位、出版机构、考试机构，等等。

权力内容：通过集体决策原则享有国家课程建议权；地方课程计划、地方课程标准制定权，地方教材编写权，地方课程教材审查权，地方课程教材实施权，地方课程教材评价权。其中课程计划、课程标准制定权与教材编写权要分离，课程计划、课程标准制定权、教材编写权与课程教材审查权要分离，地方课程教材评价权要与其他权相分离，需要符合权力分配的制衡原则。

权力特征：支撑地方行政权力维护国家利益、维护地方利益，实现自身利益；课程管理法规内的自治。

3. 个人权力

权力主体：专家、教师、地方政府官员、学生、家长、企事业单位社会团体负责人。

权力内容：课程实施权，课程教材选择权，课程教材政策建议权。

权力特征：公共选择理论中的集体选择模式，少数服从多数和弱势补偿均要坚持。

注意事项：人员应该具有代表性。

三、学校一级

1. 行政权力

权力主体：学校。

权力内容：通过集体决策原则享有国家和地方课程建议权；学校课程管理权；校本课程决策权，校本课程教材审查权，校本课程教材实施权。

权力特征：支撑地方行政权力维护国家利益、维护地方利益，实现自身利益；权力比较笼统，各种权力交织一体，很难区分；权力比较小，只影响一个学校范围。

2. 社会权力

权力主体：社会企事业组织。

权力内容：校本课程计划、校本课程标准制定权，校本教材编写权，课程教材实施权。由于层级比较低，影响只限于一个学校，其中课程计划、课程标准制定权与教材编写权，课程计划、课程标准制定权、教材编写权与课程教材审查权不必分离，可以不符合权力分配制衡原则。

权力特征：对校本课程进行支撑。

注意事项：只是学校校本课程建设的伙伴。

3. 个人权力

权力主体：专家、教师、学生、家长。

权力内容：课程实施权，课程教材选择权，课程教材政策建议权。

权力特征：公共选择理论中的集体选择模式，少数服从多数和弱势补偿均要坚持。

结 语

在研究过程中，虽然说仍觉得有许多问题没有弄清楚，留下了许多遗憾。然而，通过对课程政策研究的开拓，对怎样进行政策研究，对现行的课程政策均有所体会。这些，也许可以作为结论。这样，我们可以从政策研究的特性，完善现行的课程内容政策和课程管理政策三个方面为本书做一个总结。

一、政策研究的特性

在写作过程中，在许多问题的表述上，笔者始终感到为难。且不说写出来是否有道理，即使有道理，也有可能遭致利益相关者的反感甚至反对。政策研究是最需要利益平衡、协调的，如果招致反感甚至反对，那说明政策研究的不成功。尽管自己对别人怎么看并不特别介意，可是，这事关自己对政策研究特性的把握和运用能力。基于此，在完稿以后，自己感觉似乎言犹未尽，觉得有些话没有在前面的文字里体现出来。也许，这就是政策研究的一个特色。政策研究与一般的学术研究相比而言，不仅需要讲政策，而且需要讲策略。这个策略就是不能心直口快，不能图“一时之口快”，将想到的、应该做的全都说出来。有时可能是不合时宜的，因为政策的采纳与实施是需要条件的；有时是因为条件不具备，不能实施；有时则是因为政策关涉利益调整，实施起来难度很大，需要一步一步地推进。

在研究工作中，常常听到许多专家对政策实施持激烈的批评态度。也许，这是政策研究的一个方面。因为政策研究不仅需要政策支持，也需要政策批评，这样才可能达成政策研究的均衡。然而，现在有一种现象，一项政策出台以后，总有很多人站在反方的立场发表意见甚至进行研究。这其中的原因，除了政策批评是政策研究的一个重要方面外，还有可能是限于传统的微观研究视野，没有把握政策研究的宏观研究特性，因此只是在细节问题上进行纠缠，从而没有深刻领会政策研究的本质。

在亚洲大专辩论赛以及许多有名的辩论赛上，我们可以看见就同一个议题设置正方与反方进行辩论。尽管，各自所处的立场不同，可各自在辩论时都非常精彩。这也许可以给政策研究以启示。尽管站在反方立场可以带来精彩，其实，站在正方立场进行政策研究，同样也可能很精彩。也许，站在反方立场进行政策研究属于解构主义的，而站在正方立场上进行政策研究则属于建构主义的。尽管两种立场均有拳拳之心，然而，站在正方立场上进行政策研究，可能更便于接受和理解。因此，我们建议，进行政策研究，主要还是要站在正方立场进行。

人们进行研究时提倡要有问题意识。站在正方立场进行政策研究，关键在于要对问题有正确的理解。不能将问题仅仅理解为缺陷，理解为负面的问题。作为研究的问题，我们觉得，更应该将其理解为一个课题，一个在学术上是真问题的课题，这个课题是值得在学术视野中进行研究的。通过对政策领域的真问题研究，对政策活动起到支撑作用，从而有助于政策的优化，有助于社会的发展。站在正方进行政策研究，有可能比站在反方进行政策研究，更能为政策活动带来实际的推动。

当然，站在正方进行政策研究，与传统上所谓的政策研究是有本质区别的，尽管传统上很多政策研究的立场属于正方。传统上的许多政策研究，有可能还不能称其为研究，因为其更多地像政策解读、政策宣传，研究的含量很低。我们所指的站在正方进行政策研究其一在于其直接针对具体政策，其二在于其站在正方说话。只有站在正方，具有一定的理论视野，且对一系列政策问题进行系统的研究，才可能更具有政策研究的味道。通过这样的研究，虽然不能直接得出具体的政策条文，可是已经让人深深地体会到了其对具体政策条文的启发。

具体到政策研究采用定性方法还是采用定量方法，也许是一个大问题。现在，许多通过调查、通过数据进行的政策研究，的确给人们很多启示，并且在政策活动中体现了自身的价值。然而，其是不是应该以政治学视野进行研究，才更有政策研究的味道，更能把握数据后面的政治本质？数据是鲜活的，但是数据不会说话，最后还是人在说话。停留于数据研究，会不会抹杀数据背后的政治本质，从而掩盖了数据背后的政治意图？

我们觉得，研究课程政策的思路，就是要从知识和权力的角度研究课程，这样的研究结论才可能是课程政策的结论，因为用权力这个概念将知识和课程联系起来，其结论具有政治学意味，接近政策的政治本质和课程的政策本质，应该是课程政策。

通过对义务教育阶段课程政策进行研究，我们认识到政策研究的两个基本观点：一是进行政策研究，需要从政治的视野入手；二是政策研究属于问题研究，就课程政策研究而言，就是要研究课程内容与课程管理中的政策问题。作为对课程的政策研究，应该有一条主线，就是对课程本质的把握，我们觉得，在政策视野，应该将课程的本质理解为知识特别是法定知识。这样，需要首先分析知识领域的政治，通过对知识领域的政治分析，才可能确立课程政策研究的理论工具。这个理论工具，是进一步分析课程内容与课程管理中政策问题的基础。

如何从政治问题过渡到政策问题，我们认为应坚持两个基本观点：一是如果说政治学研究还可以坚持事实研究的思路的话，政策研究则必须坚持价值研究，因此我们这里直接提出了针对课程政策的结论，那就是走向课程知识多样化和走向课程权力多极化这样的价值命题；二是在对课程内容领域和课程管理领域的政治基础进行研究以后，在得出课程政策的取向是课程知识多样化和课程权力多极化这一观点以后，还需要提出系统化的政策思维。这样的转换，才可能使政治研究转换到政策研究上来，从而具有了政策研究的味道，因为人们总是认为，政策应该体现到具体措施上来。

二、完善现行的课程内容政策

我们认为，以前的课程内容政策具有单一性的特征，其所反映的利益关系失衡。现在正处于利益分化时期，根据义务教育的特性，利益取向应该是满足大众的普遍的利益需求，因此，要按照走向课程知识多样化的取向完善课程内容政策。课程知识多样化应该朝着四个方面发展：知识的特性方面、知识的种类方面、知识的载体方面和知识的需求方面。（1）从知识的性质方面考虑，不仅要选择具有客观性、确定性、显性、普遍性、中立性的知识，而且还要选择具有主观性、不确定性、隐性、地域性和价值性的知识。（2）知识的民主阶段，更多的知识具有社会政治经济的合法性基础，从而被人们所认识，这些被人们所认识的知识尚未或者说根本就不能学科化。就种类而言，按照是否学科化，可以将知识分为学科知识和非学科知识。（3）从知识的需求方面考虑，从纵向维度看，基于知识需求的普遍性水平，有全球普遍的需求，一个国家的需求，国家内部一个地区的需求，也有个人的需求。从横向方面考虑知识需求，则需要考虑性别的知识需求、民族的知识需求、城市与乡村的知识需求、发达地区与落后地区的知识需求。（4）从知识载体方面考虑，知识多样化就是需要将口头知识和数字化知识纳入课程，与书面知识一样，成为课程知识选择的源泉。

为了取得更好的教育教学效果，课程知识多样化需要有效的策略：就是建立冲突性和生活化的知识体系。这样的知识体系，用于解决现在的教育教学危机，可能比现在过多从教学改革入手更有效，也比将课程理解为师生在教学过程中进行不断地建构、从而造就有“生命”的课程更易于操作。因为这是在政策层面，从源头上解决了课程无生气、学生厌学、课堂没有充满智力气氛的问题。以前知识具有霸道的品行，导致课程无生气，也不能激发学生积极的思考问题。如果在理论上消解了科学知识霸权，构建冲突性的知识，学生一定会更加感兴趣，因为其中存在着冲突和对抗，同时学生也可以从冲突的知识体系中受到启发，从而使课堂教学充满智慧的活跃气氛。

同时，仅仅确立课程知识多样化是不够的，还需要确立其中的重点和难点。在课程知识选择上所谓的重点，就是在教育教学过程中，在知识选择中分量要重，安排的时间要多的内容，这些内容构成课程内容选择中的重点，是需要采取措施予以重点保证的；所谓难点，就是在教育教学活动中，以前没有多少经验，难以在课程中体现出来的知识点。对于难点知识的选择，需要进行专门研究，要有新的办法，从而保证在课程知识总体中占有相应的地位。重点要突出，难点需要突破。可以说，在知识多样化这个“化”的渐变过程中，不同地方、不同时期甚至于不同学校、不同个人的重点和难点也是不同的。在实际运作中如果不能把握多样化中的重点和难点，将会干扰教育教学工作。实际中，就有将重点当成难点，将难点当成重点的情况，将个别重点当成普遍重点、将个别难点当成普遍难点的情况。以前，教学中对于学生能力培养、态度培养重视不够，带来了很多问题，由于对重点和难点没有区分，不同程度上出现了为了克服难点而削弱重点的情况，这也许是人们呼吁要“认真对待轻视知识的教育思潮”的原因之一。

具体到如何选择多样化的知识进入课程，可以从学科知识与非学科知识这个维度进行考察。对于学科知识而言，要消解科学知识霸权，故事化的科学知识和生活化的科学知识是这方面的有益尝试；同时要解放被压迫的学科知识，人文科学知识和社会科学知识要摆脱自然科学知识选择思维的影响，根据自身的特性进行知识选择；最后，还要将非学科知识包括尚未学科化的知识、地方知识、隐性知识等纳入课程内容。这些办法，在预制的课程层面解决人们普遍关注的教育现实问题，也许可以克服把课程外延无限延伸，跨越了课程改革的边界，从而导致课程改革演变为教学改革，呼吁行政力量介入教学改革的误区。

三、完善现行的课程管理政策

与课程内容政策相对应，需要从权力多极化出发完善课程管理政策。这种权力定位是以分权为基础、以细分课程权力为手段的，各种权力由相应的权力主体行使而不是笼统地提集权、分权或共有的课程权力分配体制。权力多极化的课程权力定位，核心是向社会分权而不是仅仅向下级教育行政部门和学校分权，分权的基本前提在于摆脱中央和行政权力对课程的微观控制从而实现宏观控制的目的。

现实中，并不是每一项课程权力都能凸显出来，根据我国现实的状况和可以预见的发展，一项新的课程管理政策包括以下环节：决策、编制、审查、选择、监督、实施和评价几个环节。相应地，凸显出以下一些具体课程权力：课程决策权，课程编制权，课程审查权，课程选择权，课程教材选择监督权，课程实施权和课程评价权。所有这些权力在不同时期、不同国家、不同的课程权力定位情况下又可以分两条路径属于不同的类别：课程行政权力、课程社会权力和课程个人权力；中央课程权力、地方课程权力和学校课程权力。

属于不同类别的具体课程权力应该由相应的课程权力主体行使，然而在以前的课程研究中，谁拥有课程权力没有得到很好的研究，以至于课程活动中的权力运用非常混乱，该有权的个人或组织没有权，而有些组织或个人却垄断了课程中的权力，从而造成课程运行低效，也是导致课程知识单一化的政策根源。根据哲学的推演，参与课程改革和课程活动的一切个人或组织均应该是课程权力的主体。更具体地思考，课程权力主体包括利益主体和知识主体两个方面。利益主体是对课程知识选择具有某种要求的组织或个人，知识主体则是具有某种知识从而能够参与课程知识活动的组织或个人。对课程内容具有要求的利益主体涉及以下几个方面：政府、社会、学校和学生，这构成课程的利益主体。与以前主要是学科专家把持课程内容选择有别，在知识多样化背景下，学科专家、课程专家、作为政治家的政府官员、作为社会管理者的企事业单位以及社会团体负责人、能工巧匠均应该根据知识多样化中的重点和难点具有相应的课程权力，成为课程权力主体。

各种各样具体的课程权力只有经过合理的搭配以后才能构成课程管理的框架，构成课程管理政策的基础。这个搭配过程，就是课程权力的配置。课程权力配置是在具体课程权力内容、类别和主体之间的组合。与单级的课程权力配置相比，多极化的课程权力配置需要遵循三条原则，那就是：各就各位、分权制约、两条路线相结合。各就各位是确定各种具体权力的位置，分权制约是确定各种具体权力之间的关系，两条路线是权力配置的具体路径。

对于一个国家的课程管理政策而言，要实现权力多极化的课程管理，需要在权力多极化的思维框架下，针对具体的课程权力状况，提出相应的课程管理政策具体思路。这项工作需要进行价值选择，主观性较强，基于各位研究者对现实课程管理政策中权力状况的把握，我们认为，应该有三个方面得到加强，就是国家课程权力、社会课程权力和个人课程权力均需要得到加强，这是基于对现实课程管理政策状况的把握。只有这三个方面均得到了加强，课程权力中的各极才真正能成其为一“极”。

更具体而言，应该在各级课程行政权力之外派生出相应数量和质量的企事业单位，这些企事业单位的竞争与合作，是促进课程建设的有效力量。在中央一级，参与国家课程建设的企事业单位若干个；在各地方一级，参与地方课程教材建设的企事业单位也有若干。这样，国家课程教材建设将会出现竞争局面，地方课程建设也会出现竞争局面。在教材领域里，已经开展了地方编写教材向人民教育出版社教材的竞争，实际上没有起到良性竞争的效果，因为前者属于行政权力，后者属于社会权力，这两种权力之间不可能进行有效的竞争。况且，前者的权力内容应该是地方课程建设，而不是国家课程建设；同样，后者也应该是国家课程建设，而不是地方甚至校本课程建设。

过去，课程领域中的个人权力受到行政权力的侵蚀。在行政权力退出一部分课程权力领域、课程社会权力壮大的同时，如果不注意增强个人的课程权力，权力多极化在个人权力这一极仍将会是薄弱环节。个人权力没有得到充分的重视，是导致学生学习无兴趣，教学活动枯燥，教师沦为教书匠的政策根源。这一点，也是完善课程政策的一项内容。

参考文献

白月桥. 2001. 素质教育课程构建研究[M]. 北京:教育科学出版社.

鲍嵘. 2006. 学科的制度及其反思[J]. 学位与研究生教育(7):8—11.

操太圣,卢乃桂. 2006 . 教师赋权增能内涵意义与策略[J]. 课程·教材·教法(10):78—81.

程刚. 2000. 知识教育:素质教育中的核心问题[J]. 沈阳师范学院学报:社科版(1):72—76,101.

陈桂生. 1997. 教育学视界辨析[M]. 上海:华东师范大学出版社:117—119.

陈侠. 1989. 课程论[M]. 北京:人民教育出版社: 312.

陈亚鹏. 2006. 课程改革亟待关注执行力研究[J]. 教育科学论坛(7):17—19.

陈佑清. 1998. 论知识在教育中的价值与地位[J]. 江西教育科研(3):16—19.

成有信. 2000. 教育政治学[M]. 南京:江苏教育出版社:385.

昌家立. 1995. 知识本质与知识形态新探:兼论几种知识的界定[J]. 求实学刊(4):10—14,9.

丛立新. 2000. 课程论问题[M]. 北京:教育科学出版社.

崔允漷. 2000. 校本课程开发:理论与实践[M]. 北京:教育科学出版社: 1.

崔允漷,汪贤泽. 2006. 基础教育课程改革的意义、进展及问题[J]. 全球教育展望(1):35—41.

崔允漷,俞英. 2006. 进一步推进课程改革的政策建议[J]. 教育理论与实践(21):35—37.

储召生. 2005. 对话义务教育数学新课标[N]. 中国教育报:2005-06-01(3).

达尼洛夫.1981.教学论[M].北京:人民教育出版社:63.

丹尼斯·朗.2001.权力论[M].陆震纶,郑明哲,译.北京:中国社会科学出版社:引言:1.

邓正来.1997.国家与社会:中国市民社会研究[M].成都:四川人民出版社.

戴维·米勒,韦农·波格丹诺.1992.布莱克维尔政治学百科全书[M].北京:中国政法大学出版社:125—126.

21世纪中国数学教育展望编写组.1993.21世纪中国数学教育展望(第一辑)[G].北京师范大学出版社.

樊亚峤,靳玉乐.2007.新课程改革:中庸哲学的视点[J].西南大学学报:人文社会科学版(1):134—137.

方俊明.1998.信息加工认知心理学的发展和面临的挑战[J].心理科学(6):481—484,574.

冯建军.2000.课程范式的转变与创新人才的培养[J].内蒙古师范大学学报:哲学社会科学版(9):67—74.

高民,周卫.1999.亚太地区中小学课程发展的现状及趋势:学校课程比较研究国际会议综述[J].教育研究(7):66—69.

郭继东.1998.我国课程管理体制改革刍议[J].教学与管理(Z2):3—6.

郭晓明.2002.论基础教育课程政策的公正问题[J].教育理论与实践(4):27—30.

郭晓明.2003.课程知识与个体精神自由:对课程知识观一个侧面的哲学审思[D].南京:南京师范大学.

郭晓明.2004.让知识与人的心灵开展对话[N].中国教育报:2004-02-21(3).

郭晓明.2005.课程知识与个体精神自由:对课程知识观一个侧面的哲学审思[M].北京:教育科学出版社.

郭元祥.2005.新课程背景下课程知识观的转向[J].全球教育展望(4):15—20.

何清涟.2000.当前中国社会结构演变的总体性分析[J].书屋(3):5—18.

胡定荣.2005.课程改革的文化研究[M].北京:教育科学出版社:209.

胡东芳.1999.拓展教育研究 走向教育政策分析[J].教育发展研究(9):39—44.

胡东芳.2001a.课程政策研究:对"课程共有"的理论探索[D].上海:华东师范大学教育学系.

胡东芳.2001b.课程政策:一个亟待关注的课程研究领域[J].集美大学学报:教育版2(3):20.

胡玉鸿.1997.市场经济与国家权力[J].政治与法律(4):45—47,12.

华勒斯坦.1997.开放社会科学[M].北京:生活·读书·新知三联书店.

华勒斯坦.1999.学科·知识·权力[M].北京:生活·读书·新知三联书店,牛津大学出版社.

黄甫全. 1995.略论教师的课程研制者角色[J].教育理论与实践(1):56—58.

黄甫全.2000. 大课程论初探:兼论课程(论)与教学(论)的关系[J].课程·教材·教法(5):3—9.

黄忠敬.2002.我们应当确立什么样的课程知识观[J].南京师大学报:社会科学版(6):67—73.

黄忠敬.2007.我国教育政策制定过程之探讨[J].教育理论与实践(5):24.

季国清.2001.权力话语政治经济学和中国式的知识生产[J]. 北方论丛(1):11—24.

蒋建华.2002.科学知识霸权与被压迫知识解放[N].中国教育报:2002-03-14(8).

蒋建华.2004.重视能力对 轻视知识错[N].中国教育报:2004-03-06(3).

蒋建华.2005. 编写教材不妨来点新闻手段[N].中国教育报:2005-02-05(3).

江山野.1991.简明国际教育百科全书:课程[M].北京:教育科学出版社.

靳玉乐,董小平.2007.论学校课程领导的范式转型[J]. 教育理论与实践(4):44—48.

景天魁.1994.现代社会科学基础[M].北京:中国社会科学出版社.

凯洛夫.1957.教育学[M].北京:人民教育出版社:105.

康晓光.1999.权力的转移:转型时期中国权力格局的变迁[M]. 杭州:浙江人民出版社.

夸美纽斯.1984.大教学论[M].北京:人民教育出版社:1.

拉尔夫·泰勒.1994.课程与教学的基本原理[M]. 施良方,译.北京:人民教育出版社.

劳凯声. 2002.社会转型与教育的重新定位[J].教育研究(2):3—7,30.

联合国教科文组织总部中文科.1996.教育:财富蕴藏其中[M].北京:教育科学出版社:146.

梁平.1999.用广义知识观重建智育理论:知识分类与目标导向教学理论评述[J].教育研究与实验(2):51—55.

廖哲勋.1999.评学科知识中心课程观:与孙喜亭教授商榷[J].教育研究与实验(2):23—28,72.

廖哲勋.2000.论我国课程理论学科群的建设[J].课程·教材·教法(2):7—12.

刘复兴.2001.教育政策的价值分析[D].北京师范大学教育政策与法律研究所.

刘宏武,陈贵虎.1999.试论行政权力与政府效能[J].学术论坛(5):11—17.

刘继平. 2001. 课程的迷失与回归:个人文主义者的追索[J]. 教育理论与实践(3): 36—39.

刘良华. 2004. 什么知识最有力量[J]. 全球教育展望(10):14—18.

刘启迪. 1998. 试论课程设计的客观要求[J]. 课程·教材·教法(5):13—17.

刘儒德. 2005. 建构主义:知识观、学习观、教学观[J]. 人民教育(17):13—14.

刘硕. 2003. 关于基础教育课程改革的几点思考:正确学习领会和贯彻落实《基础教育课程改革纲要(试行)》[J]. 北京师范大学学报:社会科学版(1):96—103.

刘硕. 2006. "重建知识概念"辨[J]. 教育学报(1):50—55.

刘铁芳. 1999. 沉重的书包与教的权力[J]. 清华大学教育研究(4):101—107.

刘旺洪. 1999. 国家与社会:权力控制的法理学思考[J]. 法律科学:西北政法学院学报(1):25—31.

卢乃桂,柯政. 2007. 教育政策研究的类别特征和启示[J]. 比较教育研究(2):28.

陆学艺. 2002. 当代中国阶层研究报告[M]. 北京:社会科学文献出版社:25.

罗素. 1998. 自由之路(下)[M]. 朱国山 等,译. 北京:文化艺术出版社:532.

吕达. 2001. 关于我国基础教育课程改革的思考[G]//全国课程专业委员会秘书处编:21 世纪中国课程研究与改革. 北京:人民教育出版社:66.

吕金波,何海鹰. 1998. 市场化改革中的利益重组与社会结构变迁[J]. 当代世界与社会主义(2):22—25.

吕乃基. 1999. 论意会知识、编码知识与中国现代化[J]. 学海(6):57—60.

麦克·F. D. 扬. 2002. 知识与控制:教育社会学新探[M]. 谢维和,朱旭东,译. 上海:华东师范大学出版社:37.

迈克尔·W. 阿普尔. 2001. 意识形态与课程[M]. 黄忠敬,译. 华东师范大学出版社.

孟强. 2004. 科学划界:从本质主义到建构论[J]. 科学学研究(6):2—6.

南京师大"课程的社会学研究"课题组. 1997. 课程的社会学研究简论[J]. 教育研究(9):30.

尼葛洛庞帝. 1997. 数字化生存[M]. 胡泳,范海燕,译. 海口:海南出版社:276—278.

潘洪建. 2003. 知识本质:内在、开放、动态:新知识观的思考[J]. 教育理论与实践(1):2.

潘新民,张薇薇. 2006. 必须走出后现代知识观:试论科学知识教育的作用与价值[J]. 教育学报(4):18—21,96.

彭彩霞. 2009. 当代西方课程政策研究之回眸与审视[J]. 清华大学教育研究(4):107.

彭泽平. 2006. 课程改革需要处理好五个关系:新中国基础教育课程改革历程反思的启示[J]. 江西教育科研(6):63—64.

皮连生. 1996. 智育心理学[M]. 北京:人民教育出版社:40—41.

皮连生. 1997. 论智力的知识观[J]. 华东师范学报:教育科学版(3):54—60.

乔治·A. 比彻姆. 1989. 课程理论[M]. 黄明皖,译. 北京:人民教育出版社:139.

瞿葆奎,施良方. 1988 ."形式教育"与"实质教育":上[J]. 华东师范大学学报:教育科学版(1):15—29.

单中惠. 2007. 当代英国基础教育政策及其影响浅析[J]. 外国教育研究(2):30—34.

邵瑞珍. 1980. 教育大词典第五卷[M]. 上海教育出版社:189.

盛晓明. 2000. 地方性知识的构造[J]. 哲学研究(12):37—45,77—78.

石筠弢. 2003. 好的课程政策及其制定[J]. 课程·教材·教法(1): 20—24.

石中英,尚志远. 1999. 后现代知识状况与基础教育课程改革[J]. 教育探索(2):15—18.

石中英. 2001. 知识转型与教育改革[M]. 北京:教育科学出版社.

孙绵涛. 2001. 关于国家教育政策体系的探讨[J]. 教育研究(3): 9—11,59.

孙喜亭. 1998. 当前基础教育的改革是要取代以学科知识为中心的课程体系吗:与一种课程观讨论[J]. 教育研究与实验(2):6—10,73.

索尔蒂斯. 1993. 教育与知识的概念[G]//瞿葆奎 等. 教育学文集:智育. 北京:人民教育出版社:62.

涂端午,陈学飞. 2007. 我国教育政策研究现状分析[J]. 教育科学(1):25.

万斌. 1995. 权力和政治权力的一般考察[J]. 浙江社会科学(2):35—40,9.

王策三. 1985. 教学论稿[M]. 北京:人民教育出版社:168.

王策三. 1999. 教育理论和教育实践的几个问题[J]. 教育研究与实验(1):1—9,71.

王策三. 2004. 认真对待轻视知识的教育思潮:再评由"应试教育"向素质教育转轨提法的讨论[J]. 北京大学教育评论(3):6—24.

王红宇. 1995. 新的知识观与课程观[J]. 比较教育研究(4):20—24.

王丽. 1997. 中学语文教学手记[J]. 北京文学(11):8—12,18.

王铭铭. 1999. 知识的现状:学科之乱[N]. 中国图书商报:1999-01-30(1).

维娜·艾莉. 1998. 知识的进化[M]. 珠海:珠海出版社: 73.

吴德星. 1995. 国家权利的分工与制约[J]. 中央政法管理干部学院学报(1):9—15.

吴定初. 2005. 知识另一半的失落及其教学叙事解读[J]. 教育导刊(4):15—18.

吴刚. 2002. 知识演化与社会控制:中国教育知识史的比较社会学分析[M]. 北京:教育科学出版社:197—226.

吴刚平. 2000b. 国外课程开发机制的基本类型及改革经验[J]. 教育研究(10):77—80.

吴康宁. 2002. 课程社会学的研究对象[J]. 上海教育科研(9):5—8.

吴永军. 1998. 课程社会学[M]. 南京:南京师范大学出版社.

肖广岭. 1999. 隐性知识、隐性认识和科学研究[J]. 自然辩证法研究(8):20—23,34.

解守宗. 1996. 中学化学课程改革的趋势与动态[J]. 中学化学教学参考(12):1—4.

熊和平. 2005. 课程、知识与认识论[J]. 教育理论与实践(13):32—35.

许纪霖. 1998. 从范型的确立转向范例的论证[G]//张静. 国家与社会. 杭州:浙江人民出版社.

许洁英. 2005. 国家课程、地方课程和校本课程的含义、目的及地位[J]. 教育研究(8):34—37,59.

许锡良. 2006. 试论知识在我国教育中的命运:一种知识观的另类思考[J]. 教育研究与实验(1):34—39.

徐冰. 2005. 权力依附困扰中国知识分子[N]. 北京科技报:2005-03-30.

徐国栋. 1995. 民法典与权力控制[J]. 法学研究(1):65—70.

杨超. 2000. 机构改革中政府的职能转变和权力转移[J]. 云南行政学院学报(1):50.

杨小微. 2000. 近二十年我国基础教育课程研究的方法论探析[J]. 教育研究(3):37.

游铭钧. 1994. 试论"基本知识"和"基本技能"(双基)教学观[J]. 课程研究(1):1—4.

俞可平. 1999. 中国公民社会的兴起与治理的变迁[J]. 香港:中国社会科学季刊:秋季号(27):110.

袁振国. 1999. 教育研究重心的转移[J]. 教育研究(7):11—14.

袁振国. 2000. 中国教育政策评论[G]. 北京:教育科学出版社:1—3.

约翰·D. 麦克尼尔. 1990. 课程导论[M]. 沈阳:辽宁教育出版社:340.

曾东平. 2007. 课程改革的合法性分析[J]. 中国教育学刊(4):54—57.

曾峻. 1995. 权利:义务对称与当代中国权力关系重组[J]. 社会科学(11):25—29.

查有梁. 2007. 论新课程改革的"软着陆"[J]. 教育学报(4):18—25.

张斗和. 2005. 教育需设防[N]. 中国教育报:2005 - 03 - 26(4).

张国庆. 1990. 行政管理学概论[M]. 北京:北京大学出版社:218.

张华,石伟平,马庆华. 2000. 课程流派研究[M]. 济南:山东教育出版社.

张廷凯. 1999. 当前我国基础教育课程改革的趋势和问题[J]. 小学自然教学(10):7—9.

张万波. 2006. 三级课程管理制度实施的新制度经济学分析[J]. 现代中小学教育(10):22—24.

张胤,杨启亮. 2001. 对于"知识口袋"式课程的若干反思:兼谈对创新教育课程体系的几点设想[J]. 教育理论与实践(2):38—41.

赵昌木,徐继存. 2002. 我国课程改革研究 20 年:回顾与前瞻[J]. 课程·教材·教法(1):3—10.

赵亮宏,史习江. 1989. 义务教育[M]. 哈尔滨:黑龙江教育出版社: 1.

赵小雅. 2005. 数学新课标的大方向应当肯定[N]. 中国教育报:2005 - 06 - 01(3).

钟启泉. 2000a. 当代中小学课程研究丛书[M]. 济南:山东教育出版社: 总序 8.

钟启泉. 2000b. "学校知识"与课程标准[J]. 教育研究(11):50—54,68.

钟启泉. 2005a. 概念重建与我国课程创新:与《认真对待"轻视知识"的教育思潮》作者商榷[J]. 北京大学教育评论(1):48—57.

钟启泉. 2005b. 中国课程改革挑战与反思[J]. 比较教育研究(12):18—23.

钟启泉,岳刚德. 2006. 学校层面的课程领导内涵权限责任和困境[J]. 全球教育展望(3):7—14.

邹静之. 1998. 女儿的作业//中国语文教育忧思录[G]. 北京:教育科学出版社:6—10.

周迅,王斯敏,凌莲莲. 2005. 课程改革要突破"三个瓶颈"[N]. 光明日报:2005 - 09 - 21.

致　谢

特别要感谢博士学业阶段劳凯声教授的指导，因为这是在博士论文的基础上修改而成的，他在那时就非常关注课堂生活研究，希望从教育基本理论视野、站在社会转型的高度审视课堂生活，建立起教育政治学、教育法学和教育政策研究与课堂生活之间的桥梁，本书是“变革时期课堂生活研究”的一部分，重点研究如何构建社会转型背景下课堂生活的知识基础。

感谢裴娣娜教授的栽培，因为她提供了将此书纳入文库的机会，她的严格要求又让我在博士学位论文的基础上进行了大量的修改；感谢田慧生研究员提供的博士后工作机会，感谢中国教育报刊社各级领导不同情况下不同程度上的宽松环境的支持……这本不太专、也不一定都在著的“专著”就献给他们。

感谢首都师范大学校长助理、教育学院院长孟繁华教授，教育科学出版社李东总编辑，多年前，就与他们商议本书的出版，由于媒体工作事物的繁杂被耽误下来了。感谢教育科学出版社参与本书前期编辑的郑豪杰，当然更铭记与直接从事本书编辑工作的孙袁华分享编辑、修改工作的酸甜苦辣。

蒋建华

2010 年 8 月

策划编辑　李　东
责任编辑　孙袁华
版式设计　孙欢欢
责任校对　曲凤玲
责任印制　曲凤玲

图书在版编目（CIP）数据

知识·权力·课程——政策视野中的课程研究／蒋建华著. —北京：教育科学出版社，2010.10
（现代课程与教学研究新视野文库／裴娣娜主编）
ISBN 978-7-5041-5268-8

Ⅰ.①知…　Ⅱ.①蒋…　Ⅲ.①课程—教学改革　Ⅳ.①G423

中国版本图书馆 CIP 数据核字（2010）第 197547 号

出版发行　教育科学出版社
社　　址　北京·朝阳区安慧北里安园甲 9 号　　市场部电话　010－64989009
邮　　编　100101　　编辑部电话　010－64989559
传　　真　010－64891796　　网　　址　http：//www.esph.com.cn

经　　销　各地新华书店
制　　作　北京金奥都图文制作中心
印　　刷　北京中科印刷有限公司　　版　　次　2010 年 10 月第 1 版
开　　本　169 毫米×239 毫米　16 开　　印　　次　2010 年 10 月第 1 次印刷
印　　张　16.5　　印　　数　1—3 000 册
字　　数　238 千　　定　　价　35.00 元
